アメリカ聴覚障害教育における コミュニケーション動向

草薙進郎
齋藤友介

著

福村出版

|JCOPY| 〈(社)出版者著作権管理機構 委託出版物〉
本書の無断複写は著作権法上での例外を除き禁じられています。複写される場合は、そのつど事前に、(社)出版者著作権管理機構（電話 03-3513-6969、FAX 03-3513-6979、e-mail: info@jcopy.or.jp）の許諾を得てください。

序　言

　聴覚障害は，音声言語の聴覚受容を妨げ，聴覚障害児のコミュニケーションや言語の発達に影響を及ぼすことは，周知のことである。このことから聴覚障害教育においては，最重要な教育目標の1つとして「コミュニケーション能力の確立」「言語能力の向上」が設定され，歴史的にもこの問題が一貫して，真剣に追求されてきた。

　また，コミュニケーションの成立は，教育活動，学習活動の必須な条件であり，このことなくしては，教育成果の向上，蓄積は望めない。こうした理由から，いかなるコミュニケーション方法を用いて聴覚障害児とコミュニケーションするか，あるいは教育指導をするかといった問題が，古くから論議の対象となってきた。

　音声言語（聴覚口話）をコミュニケーション方法とするのか，手話言語・指文字（視覚・手指）をその方法とするのか，あるいは両者を併用するのかという問題は，古くかつ新しい問題でもある。歴史的には，「口話手話論争」と言われてきた。その論点や実践の特徴は，時代とともに変遷してきており，その様相は，最近より個別化，多様化してきていると言えるかもしれない。

　アメリカでは，1960年代末のトータル・コミュニケーションの台頭によって，それまでの聴覚口話法一辺倒の教育方法が大きく変革し，手話・指文字が発達段階の早期から実践の場に導入されてきた。トータル・コミュニケーションの方式は，聴覚口話と手話・指文字の同時使用に特徴があり，音声言語に対応して手話・指文字が，手指英語方式によって使用されてきた。1970年代のトータル・コミュニケーションの急速な発展は，聴覚障害教育に大きなインパクトを与えたことは事実である。

　このトータル・コミュニケーションの急速な発展は，それ以前の聴覚障害教育者のだれもが予想しなかったことであると言われている。それは，まさに画期的な変革であった。やがて，アメリカ手話言語の導入を経て，1990年頃から，二言語教育（アメリカ手話言語と英語）の先導的実践が，マサチューセッツ州の聾児学習センターなどで始まった。トータル・コミュニケーションの発展が，二言語教育の台頭をもたらしたことは，間違いないと言える。

最近の聴覚障害教育におけるコミュニケーション方法として，アメリカ聾者年報（American Annals of the Deaf）の統計資料が，次の5つの方法を挙げている。①聴覚口話，②キュード・スピーチ，③ASL（アメリカ手話言語），④手話とスピーチ（トータル・コミュニケーション），⑤二言語教育（ASLと英語）である。

　このように，近年のコミュニケーション方法は，プログラムの方針や子どものニーズに応じて，適切な方法を用いるという方向で，個別化，多様化してきていると言えるだろう。子どもや親にとっては，選択肢が増えてきていると言える。ある聾学校やある公立学校（聴覚障害児が統合）やあるプログラムが，唯一のコミュニケーション方法に限定している事例は少なく，複数のコミュニケーション方法を採用している所が多い。また，子どもの方も，1つの方法で教育を受けている事例は多くはなく，ニーズや発達段階に応じて，複数の方法を使用している場合がみられる。たとえば，公立学校に統合している聴覚障害児の場合，手話通訳者の介在がみられるし，人工内耳を装用している子どもが，ASLあるいはトータル・コミュニケーションを併用している場合もみられる。

　筆者らは，本書において1990年代中頃より現在までのアメリカ聴覚障害教育における，最近のコミュニケーション方法の動向を，様々な視点より解明しようと意図した。こうした意図が十分達成できているか，筆者らにとって荷が重いが，本書が聴覚障害教育に携わる方，関係者，関心のある方に，少しでも参考になれば幸いである。

　なお，執筆に当たって東海学院大学講師の川崎億子氏，ならびに新見公立大学講師の矢嶋裕樹氏に，いろいろとお世話になりました。ここに謝意を表します。

　最後になりましたが，福村出版取締役の宮下基幸氏，同編集部の松永幸枝氏に様々な点で，ご尽力をいただきました。心からお礼を申し上げます。

　　　　　　　　　　　　　　　　　　　　　　平成22年7月　草薙進郎
　　　　　　　　　　　　　　　　　　　　　　　　　　　　　齋藤友介

目　次

序言

第1章　トータル・コミュニケーションの台頭 — 9
第1節　コミュニケーション方法の歴史的変遷 — 9
　　1. 初期の施設とコミュニケーション方法　2. 口話法の台頭と併用法の成立
　　3. 19世紀末葉の口話法の進展　4. 20世紀前半の口話法の隆盛
　　5. 口話法の有効性と成果　6. 口話法の実際
　　7. 併用法校への批判と改善策
第2節　トータル・コミュニケーションの台頭 — 15
　　1. サンタ・アナ学校区の実践　2. メリーランド聾学校の実践
第3節　トータル・コミュニケーション台頭の要因 — 20
　　1. 手指使用状況の意義　2. 手指使用の主張の高揚
　　3. 手指使用の先駆的実践の展開　4. 両親聾者の聾児の研究

第2章　トータル・コミュニケーションの発展 — 26
第1節　トータル・コミュニケーションの原理 — 26
　　1. トータル・コミュニケーションの定義
　　2. トータル・コミュニケーションの理念
　　3. トータル・コミュニケーションの方法論
第2節　トータル・コミュニケーションの導入・普及 — 30
第3節　トータル・コミュニケーションにおける手指英語方式 — 31
　　1. 手指英語方式の概要　2. 手指英語方式の使用状況
第4節　トータル・コミュニケーションの実践と成果 — 34
　　1. 実践の基本　2. トータル・コミュニケーションの成果と有効性
第5節　トータル・コミュニケーションにおける口話と手指の対応 — 47
　　1. 教師の実際について　2. 聾児の実際について　3. 母親の実際について

第3章　最近のコミュニケーション方法の全般的状況 — 52
第1節　1994年のコミュニケーション方法の状況 — 52
第2節　2004年のコミュニケーション方法の状況 — 55

1. 2004年のコミュニケーション方法　　2. 10年間の変化
　　　3. 手指関係の使用状況　　4. 聴覚口話関係の使用状況
　第3節　その他の調査 …………………………………………………………… 60
　第4節　ロチェスター法と指文字利用 ………………………………………… 62
　　　1. ロチェスター法　2. 指文字の利用　3. 指文字の特徴と利点
　　　4. 指文字の問題点　5. Paddenの見解　6. Grushkinの見解
　第5節　キュード・スピーチの最近の動向 …………………………………… 66
　　　1. キュード・スピーチの台頭　　2. キュード・スピーチの展開
　　　3. キュード・スピーチの成果
　　　4. キュード・スピーチとトータル・コミュニケーション
　　　5. キュード・スピーチの最近の状況
　　　6. 最近のキュード・スピーチについての見解と研究
　第6節　要約 ……………………………………………………………………… 78

第4章　聴覚口話法教育の歴史的経緯と近年の動向 ── 83

　第1節　口話教育の展開 ………………………………………………………… 83
　　　1. 1940年代以降の口話教育の経緯　　2. 先進校の口話教育
　第2節　口話主義からのトータル・コミュニケーション批判 ……………… 90
　　　1. 口話法の正当性　2. トータル・コミュニケーション支持の研究批判
　　　3. 聴覚口話の有効性を示す研究
　第3節　早期発見と早期介入 …………………………………………………… 97
　　　1. 早期発見・診断の状況　　2. 個別家庭サービス計画
　　　3. 家族中心の早期介入プログラム　　4. コロラド大学の発達研究
　第4節　最近の聴覚口話法の展開 ……………………………………………… 104
　　　1. 口話法における幾つかのアプローチ　2. 聴能言語と聴能口話アプローチの違い
　　　3. 口話教育の成果
　第5節　要約 ……………………………………………………………………… 111

第5章　人工内耳装用児の現況 ── 116

　第1節　小児人工内耳の小史 …………………………………………………… 116
　第2節　人工内耳装用児における構音 ………………………………………… 117
　　　1. 人工内耳装用児の発話明瞭度　　2. 装用開始時期と構音
　　　3. コード化法と構音　4. コミュニケーション様式及び教育の場と構音

第 3 節　人工内耳装用児の言語 ………………………………………… 128
　　1. 語彙　　2. 文法
第 4 節　人工内耳装用児のリテラシー …………………………………… 138
　　1. Geers らの研究　　2. Spencer らの研究　　3. Connor らの研究
第 5 節　人工内耳装用児の学力と学習の実態 …………………………… 145
　　1. 学力　　2. 学習の実態
第 6 節　人工内耳装用児の言語発達の諸相 ……………………………… 150
第 7 節　要約 ………………………………………………………………… 159
　　1. 構音　　2. 言語　　3. リテラシー　　4. 学力・学習の実態

第 6 章　最近のトータル・コミュニケーションの動向 ─── 166
第 1 節　コミュニケーション・言語に関する研究 ……………………… 167
　　1. Calderon らの研究　　2. Rottenberg の研究　　3. Wilson と Hyde の研究
　　4. Allman の研究　　5. Mayer と Akamatsu の研究　　6. Akamatsu らの研究
　　7. Nicholas と Geers の研究　　8. Stewart らの研究　　9. 要約
第 2 節　家族の心理的問題に関する研究 ………………………………… 190
　　1. Mapp と Hudson の研究　　2. Desselle の研究
　　3. Kluwin と Gaustad の研究　　4. 要約
第 3 節　総括 ………………………………………………………………… 195
　　1. トータル・コミュニケーションの成果
　　2. トータル・コミュニケーションの方法上の特徴
　　3. トータル・コミュニケーションの今後

第 7 章　二言語教育の台頭 ─────────────── 203
第 1 節　二言語使用の主張 ………………………………………………… 203
第 2 節　二言語教育の原理 ………………………………………………… 205
第 3 節　アメスランを用いた試行的実践 ………………………………… 205
第 4 節　アメスランについての実験的研究 ……………………………… 206
第 5 節　二言語教育の先駆的実践の台頭 ………………………………… 207
第 6 節　トータル・コミュニケーション批判 …………………………… 207
　　1. 成果に対する疑問　　2. 手指英語方式に対する批判
　　3. 同時コミュニケーションに対する批判　　4.「隠れ口話主義」批判
　　5. 弾力的扱いを許容する見解

第 8 章　最近の二言語教育の動向 ―― 213

第 1 節　Strong による調査研究 …… 213
　　1. カリフォルニア・フレモント聾学校　2. インディアナ聾学校
　　3. 聾児学習センター　4. マグネット聾学校　5. 手話子どもセンター
　　6. テキサス聾学校　7. クリアリー聾学校　8. アリゾナ盲聾学校
　　9. メリーランド聾学校　10. 全体を通しての結論　11. 要約

第 2 節　LaSasso と Lollis の調査研究 …… 230

第 3 節　聾学校等の実践報告 …… 233
　　1. メトロ聾学校　2. ミシシッピ聾学校　3. テキサス州公立学校　4. 要約

第 4 節　二言語教育に関する諸研究 …… 239
　　1. Evans の研究　2. Humphries らの研究　3. Strong らの研究
　　4. Watkins らの研究　5. Galvan の研究　6. Schick と Gale の研究
　　7. DeLana らの研究　8. 要約

第 5 節　ASL（二言語教育）の問題点について …… 257
　　1. ASL の誤った神話について　2. ASL 学習の問題点
　　3. 二言語教育批判　4. 要約

第 6 節　総括 …… 263
　　1. 実践・研究報告の少なさ　2. 二言語教育プログラムの意思統一
　　3. ASL が基本のコミュニケーション　4. ASL の習得の困難さ
　　5. ASL から読み書きへの移行　6. 他の手指方式と ASL の関係
　　7. 実践・研究から学ぶもの

第 9 章　結語 ―― 271

第 1 節　最近の聴覚障害教育における動向 …… 271
　　1. 法律面の変化　2. 最近の統合教育の進展

第 2 節　聴覚口話法の展開と人工内耳装用児の現況 …… 279
　　1. 聴覚障害の早期発見と介入　2. 聴覚口話法の展開
　　3. 人工内耳装用児の言語およびその他の成績

第 3 節　手指コミュニケーションに関する結び …… 284
　　1. 個性化と多様化　2. トータル・コミュニケーションの経緯
　　3. 二言語教育の展開　4. 手指コミュニケーションの今後の課題

第1章
トータル・コミュニケーションの台頭

第1節　コミュニケーション方法の歴史的変遷

1. 初期の施設とコミュニケーション方法

　アメリカ最初の聾唖教育施設は，1817年にコネチカット州ハートフォードに設立された，コネチカット・アサイラムである。この施設を創設するに当たって，エール大学出身のトーマス・ホプキンス・ギャローデットは，当時先進国であったイギリス，フランスに渡って，その教育方法等について学んだ。

　当初，イギリスの口話法を学ぶことを意図したが，聾唖学校の秘密主義のため受け入れられず，十分その目的を達することができなかった。そこで，フランスに渡り，パリ聾唖学校の校長シカールのもとで手話法を学び，シカールの助教師であったクレールを伴って帰国した。こうした事情から，コネチカット・アサイラムでは，フランスの手話法を導入して教育が開始された。

　後に続く施設は，このコネチカット・アサイラムの方法を学んで教育を開始したため，初期のコミュニケーション方法は（1830年頃まで），手話，指文字，書きことばの結合による無音法が主流であった。その後，各施設で経験をもとにいろいろ創意工夫がなされ，無音法の手話に代えて，指文字を主としたマニュアル法（書きことばに結合）を発展させた。このマニュアル法が，1830年頃から口話法が台頭してくる1867年頃まで約35年間アメリカの聾唖学校で使用された。

2. 口話法の台頭と併用法の成立

　こうしたマニュアル法と書きことば重視の教育に対して，1867年開設のレキシントン聾学校およびクラーク聾学校が，開設時より発音，読唇による話しことばを柱とする口話教育を開始した。とくに，クラーク校はその後の口話法発展の先進校として，大きな役割を果たしてきた。

　一方，アレクサンダー・グラハム・ベルは，視話法（Visible Speech）をボスト

ン通学制聾唖学校（1871年設立）やクラーク校に導入し，年少児の発音指導に用いたが，方法を理解する上で困難が伴ったため，結果は失敗に終った。しかし，その後彼は口話教育の促進に大きな貢献を果たした。

　口話学校の設置と口話法の発展によって，従来のマニュアル法に対する批判が高まり，既存校の間に動揺が生起した。これを受けてコロンビア聾唖院長のエドワード・マイナー・ギャローデットは，ヨーロッパ諸校の現状視察を行い，その報告の中で，読唇，発音指導の導入を提唱した。1868年開催の第1回聾唖学校長会議で討議した結果，「利益のえられる児童に読唇・発音指導を提供することは，施設の義務である」と決議がなされた。

　マニュアル法採用の既存校では，次第に口話指導の対象者を広げると共に，手話，指文字と口話の併用，あるいは口話クラスと手話・指文字クラスの設置（併用システム）などが進み，併用法（コンバインド法）の成立をみるに至った。一方，西ニューヨーク聾唖学校（後のロチェスター校）は，ロチェスター法として知られる，独自の方法を1878年に開始している。これは，幼児期から口話と同時に指文字を結合して使用するもので，手話を排し，口話の不完全さを指文字によって補うことを目指している。

3. 19世紀末葉の口話法の進展

　通学制聾唖学校は，1871年に設立されたボストン通学制聾唖学校が最初であるが，19世紀末までに設置された通学制聾唖学校の多くは口話法を採用した。それは，寄宿制校に比べて，通学制校の方が「口話環境」に優れているという理由からであった。

　1880年の第2回聾教育国際会議（ミラノ会議）において，口話法の優秀性とその採用に関する決議，宣言が採択されるなどして，19世紀末葉は世界的に口話法が進展していった。アメリカでは，口話法と併用法の間で実践をもとにした優秀性の論争が続いていくが，次第に口話法の優位が確立していく。

表1－1　1890年の方法別学校・児童数（含，カナダ）

方法別学校	学校数	児童数
手指法校	13	402
口話法校	19	1,104
併用システム校	52	8,146 ※
計	84	9,652

※この内発音，読唇を教えられている児童数は2,818名。

イギリス，ドイツ，フランスなどヨーロッパ諸国において，口話法が唯一の方法として統一されていく中で，アメリカのみは公立寄宿制聾学校の中に併用システム（クラス別指導）が存続し，主として指文字と口話の併用指導が高学年で用いられるという独自の状況が存続してきた点に，特徴がある。この状況は，1960年代末のトータル・コミュニケーション台頭の直前まで一部でみられた。

表1－1に，1890年当時の方法別，児童数の統計を示す（American Annals of the Deaf, 1891）。

4．20世紀前半の口話法の隆盛

20世紀前半の40年間は，口話法の隆盛期と言える。アメリカ聾者年報の統計資料（American Annals of the Deaf, 1894, 1901, 1911, 1921, 1941）より作成した表1－2にみられるように，1900年にはスピーチ（口話）を教えられている者が約半数であったが，1920年以降は80％以上の者が，スピーチを教えられている。一方，スピーチを教えられていない児童は，逆に1900年より著しい減少傾向を示し，1940年には約14％となっている。

また，主として聴話法で教えられている児童数の割合は，1900年には1％程度であったが，補聴器の開発や聴覚活用の台頭を反映して，1940年には約14％に増加している。

こうしたことから，口話法は1920年代におよそピークに達したと評価できる。1924～25学年度に聾学校長会が聾学校（対象は，寄宿制29校，通学制13校）の実態調査を行っている。その結果，寄宿制校においては，①口話を軸にいろいろな方法を併用していること，②多くの学校は手話の使用を抑制していること，③殆どの学校は口話主義の動向に同調しており，組織的に手話の排除に着手して

表1－2　スピーチ教授の状況（1893－1940）

年	寄宿・通学制学校数	児童数	スピーチを教えられている児童数（％）	スピーチを教えられていない児童数（％）	主として聴話法で教えられている児童数（％）
1893	79	8,304	4,485　（54.0）	3,819　（46.0）	80　（0.96）
1900	115	10,608	5,687　（53.6）	4,921　（46.4）	108　（1.02）
1910	145	12,332	8,868　（71.9）	3,464　（28.1）	134　（1.09）
1920	155	13,653	11,182　（81.9）	2,471　（18.1）	270　（1.98）
1930	200	18,136	15,163　（83.6）	2,973　（16.4）	813　（4.48）
1940	218	19,472	16,778　（86.2）	2,694　（13.8）	2,658　（13.65）

表1－3　寄宿制校で採用している教育方法（1924－1925）

1つの方法	
併　用	9
口　話	2
2つの方法	
口話と手指	3
口話と併用	2
口話と指文字	1
口話と聴話	1
3つの方法	
口話，手指，聴話	6
口話，手指，併用	2
口話，聴話，併用	1
4つの方法	
口話，手指，聴話，併用	1
計	28校

いること，が明らかにされた。

通学制校では，13校中12校は口話法を使用しており，これらの学校では指文字，手話の使用の禁止，排除に努力が払われていることが明らかとなった。こうした調査からも，1925年当時の口話教育の全聾学校への広範な浸透とその圧倒的優位を，うかがい知ることができる（表1－3参照 Scouten, E.L.: Turning Points in the Deaf People. Interstate, 1984, 256-261）。

5. 口話法の有効性と成果

聾学校長等のリーダー達の発言，報告から，口話法の有効性とその成果については，およそ次のように要約できるであろう。

①口話法は単に発音，読唇スキルの向上ではなく，言語で考え，言語で表現することを可能にする。

②口話法によって口話能力の獲得が可能であり，学習面での進歩がみられる。

③口話法は，併用校の学習成果と同等あるいはそれ以上の成果を挙げている。

④手話言語と指文字の使用は，間もなく教育システムから完全に排除されるであろう。

最後の手話言語と指文字の使用が，教育システムから完全に消滅するとされた予測は，その後の歴史が示すように，現在まで実現していない。

6. 口話法の実際

口話法の三要素は，読話（読唇），発語（スピーチ），聴能（聴覚活用）である。聴覚補償機器の開発によって聴能訓練の試みが，1920～30年代に台頭し，急速な発展を示した。初期の読話，発語に新しく聴能訓練が加わった。これらの指導は，どのように行われたのか，次にみてみたい。

（1）読話指導は，当初は成人聾者への読話指導の経験から，聾学校では要素的

方法に頼った。これは，単音，音節，音節の結合，語句，文へと順序を追って指導を進めていく方法である。一方，物語や会話から導入し，語や音の練習に進み，再び文章の練習に戻すという総合的な方法や，子どもの心理を重視してゲーム，絵，劇化，日常会話などによって自然に読話を学ぶことを基本とする，自然法の試みが生起した。

　時を経るにつれて，発達の初期には子どもの心理，経験を重視した総合法，自然法（使うことによって学び，必要によって学ぶ）へと進み，年長の発達段階で要素的，分析的指導を加えていく方法へと発展していった。

　この頃より，言語能力と読話の関係についての考察がみられる。つまり，言語能力の低い幼少児が読話することには困難が伴い，不明確な読話から言語獲得が十分可能なのか，という問題提起である。このことは，後述するトータル・コミュニケーション台頭の1つの要因となった事柄である。

　（2）発語（スピーチ）指導は，20世紀に入って当初は，19世紀後葉の発語指導の模索と要素法の影響が残っていたが，次第に子どもの心理や思考を重視する方向へと進展してきた。つまり，当初はまだ要素的な，ドリル的な発語指導が重きをなしていたが，次第に総合的，自然的な方法へと発展していった。読話と発語は，実際場面，指導場面では密接に関連した活動であることから，読話と発語の指導に共通した展開をみることができる。

　こうした自然なスピーチの発達を支えるものとして，あらゆる場面での「口話環境」の提供が重視されている。また，発語の明瞭度を高める点でも，単音の明瞭度の追求から，音声の質や語調の改善の方向へと指導法も開発されていく。

　発語指導では，クラーク聾学校の「ノーサンプトン図表」（1935）や語文法の開発，実践が有名である。同校では，語文法の開発により要素的な色彩を残しつつ，自然な，総合的な指導法に力点を移していったと言える。レキシントン聾学校は，子どもの心理を重視し，意味のあるコミュニケーションのやりとりを基本とする自然法の実践で有名である。発音はスピーチ・プロセスの基礎ではなく，その結果とみなされ，スピーチのリズム，音声の質が重視された。

　（3）聴能訓練（聴覚活用）は，19世紀末に試みられているが，20世紀に入って本格的にその研究，実践を開始したのは，セントルイスの聾中央研究所のマックス・アーロン・ゴールドスタインである。その方法は「聴覚法」（Acoustic Method）

と名づけられた。ゴールドスタインは，この方法を「音声や音響機器で与えられた音の振動によって，聴覚器官を刺激し，訓練すること」と定義しており，その成果として話しことばの理解力と声の調節が向上することを示した（1933）。

ライト口話学校も聴能訓練を重視しており，同校は聴話訓練（Auricular Training）の目的として，①耳を通して語彙を教えること，②スピーチの改善，③音響心理センターの活動の活発化を図ること，を挙げている（1925）。

補聴器やオージオメーターの開発によって，1920年代には，ペンシルベニア聾学校など先進的な聾学校が，集団補聴器や個人補聴器を用いて聴能訓練の研究，実践を開始している。1930年代には，クラーク聾学校など多くの聾学校が集団補聴器を設置し，聴能訓練に取り組んでいる。

レキシントン聾学校では，聴能訓練の目的として，①スピーチの改善，②音に対する心理的改善，③聴覚センスの改善（音楽など），④聴覚的語彙の拡充，を設定している。同校の校長 O'Connor（1936）は，重度な聴覚障害児の場合，聴覚のみでは明瞭な音の弁別を十分発達させることはできないと考えている。聴覚弁別力は，それだけでは不十分でも，読唇と結合して初めて有効となる，と述べている。

7. 併用法校への批判と改善策

20世紀に入ってからは，口話法の発展につれて，併用法および併用システムに対する批判が高まってきた。併用システムを採用する学校での大きな問題として，「口話環境」の維持の問題がある。クラスの授業で口話法を教えられているものの，クラス外の場面や活動では手話，指文字が使われているため，口話能力の維持，向上が十分ではない。

こうした問題の改善策として，ライト口話学校の創立者で校長の Wright は，幼少児と年長児の建物を分離，独立することによって，口話環境を守り，併用システムを維持することを提唱している。こうした主張の中には，手話，指文字が口話能力の向上を妨害するという一貫した考えがあり，このような口話陣営からの批判は，後述するトータル・コミュニケーションの台頭まで続き，一部では現在も口話校の中に存続していると言える。

一方，手話言語を支持する主張や意見もみられる。20世紀に入り，アメリカでは年長児に対して併用法または併用システムが存続してきたが，その中で手話は

次第に抑制され，指文字が口話と併用されてきた。こうした動向に危惧を感じた一部の者（主に先天性または中途失聴の聾者）からは，手話の有効性についての主張がみられた。

彼らは手話は，①宗教・道徳教育，②クラス外の活動，③児童の理解のため，④聾者の知的，社会的，道徳的生活等に有効だと主張した。その手話は，適切な条件，そして適切な制限のもと，手話の特性を生かして用いられることが重要で，アイオワ聾学校の教師 Long（聾者，1908）は，「聾教育の教育方法の不完全さの罪を不当に手話に負わせるべきではない」と述べている。

しかし，口話法が発展していく中で，手話の有効性についての主張と聾学校での手話の積極的な使用は，次第に衰退していった。

第2節　トータル・コミュニケーションの台頭

前節でみてきたように，1867年にクラーク聾学校，レキシントン聾学校で台頭した口話法は次第に勢力を拡大し，19世紀末には併用法を圧倒し，聾学校においてほぼその優位を確立した。20世紀に入っての40年間は，まさに口話法の隆盛期と考えられている。

ところが，1960年代末に手話の早期導入を意図したトータル・コミュニケーションの実践が台頭し，聾学校に大きな変革をもたらした。1940年代から1960年代に至る間にコミュニケーション方法の実践において，何が生起したかは，トータル・コミュニケーションの台頭要因の1つとして重要であり，後に取り上げたい。本節では，まずトータル・コミュニケーションの台頭について明らかにしたい。

1968年秋，カリフォルニア州サンタ・アナ学校区の聴覚障害児教育担当の指導主事 Holcomb は，ジェームズ・マジソン校でトータル・コミュニケーションの実践指導を最初に開始した。その翌年の1969年秋には，メリーランド州立聾学校が Denton 校長の指導によって，トータル・コミュニケーションを採用し，その実践を開始した。

前者は，聾児の通常学校の統合状況における実践であり，後者は，聾学校におけるものである。その後の聾学校教育への影響を考えたとき，後者のメリーランド聾学校の実践は前者にも増して大きなものがある。1968年から1969年にかけて

の，この2つの実践の開始をもって，「トータル・コミュニケーションの台頭」として把握する。

1. サンタ・アナ学校区の実践

サンタ・アナ学校区の聴覚障害児プログラムは，当初「口話プログラム」として1948年に開設された。1968年の夏，サンタ・アナ学校区は，同プログラムの担当指導主事として新しいポストを設け，9月にこの地位にHolcombが就任した。Holcomb自身聴覚障害者であり，インディアナ聾学校で教師をしている間に，このトータル・アプローチとトータル・コミュニケーションの計画を立案した。

1968年に，トータル・コミュニケーションは，ジェームズ・マジソン校の聴覚障害児プログラム（3～12歳）で開始された。同プログラムには当初は難聴児も在学したが，1959年には聾児のみのクラスになった。

トータル・アプローチとトータル・コミュニケーションの関係は図1－1の如くである。トータル・コミュニケーションは，トータル・アプローチの構成要素であり，それは図からわかるように，「スピーチ，手話言語，読話，聴能訓練，指文字」から構成されている。

Holcombは，それまでの聾教育におけるコミュニケーション方法をめぐる状況について，どう考えていたのだろうか。彼は，次のように述べている。

「就学前，小学部児童のためのアメリカ聾教育は，多年例外なしに厳密に口話であった。一般の見解とは逆に，寄宿制と州立聾学校は，通学制学校と同じく，またはそれ以上に就学前，小学部児童に対して，口話的であった。ごく最近，少数の学校が読話，発語と共に，指文字使用を実験するようになった。聾者の大多数がそうすべきだと自ら信じているように，聾児にあえてコミュニケーションのす

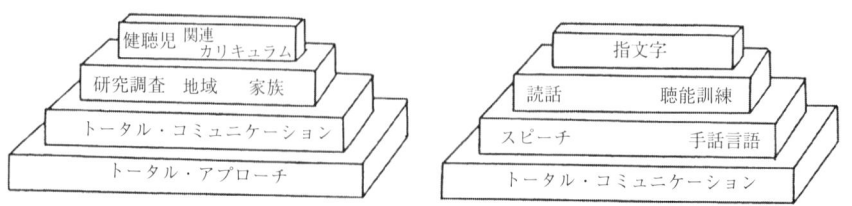

Holcomb, R. K. :Three Years of the Total Approach. 1968 - 1971. 45 Meeting of C. A. I. D., 1971, 522-530.

図1－1　トータル・アプローチとトータル・コミュニケーションの関係（1968年）

べての手段を，とくに手話言語の使用を教えようとした者はだれもいなかった」

1968年の秋，マジソン校には，聾児が6学級で34名，健聴児は800名以上が在学していた。多くの聾児は，1つ以上の知的教科で通常学級に統合している。そのほか，美術，体育，昼食においても統合している。

Holcombのトータル・コミュニケーションの提唱の最も重要な点は，「可能なあらゆる方法で聾児とコミニケートせよ」という点にある。そして「聾児が十分な発達可能性を実現する機会を持つべきであれば，健聴児が聞くことを，聾児は見なければならない」という主張にも見られる。とくに，手話言語を発達段階の早期（幼児期）から，コミュニケーション手段として初めて導入したことは，歴史的に画期的なことであった。

マジソン校では，健聴児も手話，指文字を覚え，聾児と交流をもち，健聴児の反応もきわめて良好であった。こうした実践の成果は，聾児の言語能力，学力の向上や心理的発達の面で現れた。このトータル・アプローチの実践は，教育委員会をはじめ，通常学級の教師，聾児の両親，健聴児の両親，聾者協会，ボランティアなどの多くの人々の協力と支持の上に成立したものであり，Holcombの力量が高く評価されている。

アメリカ聾教育の長い歴史の中で，口話手話論争として，究極的な解決，決着をみないできた問題が，トータル・コミュニケーションという形で，口話と手指を統合できるというHolcombの計画とその実践は，まさに当時の聾学校教師と聾教育関係者に大きな影響を与えたものと言える。

最後に，サンタ・アナ学校区のプログラムで用いられた手話について確認しておきたい。Holcombは「サンタ・アナのプログラムで使われている手話は，古い手話とSEE1（Seeing Essential English）の手話と学校の聴覚障害者の教師によって作られた新しい手話から成る。新しい手話は，ことばの頭文字を使いつつ，古い基本的手話をもとに作られた」と述べている。

つまり，手話は音声英語に対応して同時に使用され，この際の手話は，古い手話（伝統的なアメリカ手話言語）とSEE1（後述する手指英語方式の1つで，英語を手話で表すために創案された方式）と新しい手話（頭文字化された手話，Initialized Signと言われる）から成る。ここに，トータル・コミュニケーションの原型をみることができる。

2. メリーランド聾学校の実践

1969年にメリーランド聾学校は，正式にトータル・コミュニケーションの実践を開始した。同校の実践の発展に果たしたDenton校長の指導力は，高く評価されている。

Dentonは，ノース・カロライナ聾学校の主事から，1967年メリーランド校の校長に就任した。彼は以前よりコミュニケーションの問題に関心をもち，指文字導入をノース・カロライナ校で全校的に指導したが，聾幼児にとって指文字は解決策でないと感じつつ，メリーランド校に移った。彼は同校のKent主事らと協力して，トータル・コミュニケーションの実践を開始したが，1つの契機となったのは，先のHolcombによるサンタ・アナ学校区の実践であった。

メリーランド校がトータル・コミュニケーションを標榜して開始した実践は，公式的には1969年秋であるが，実質的にはすでに1968年夏の同校の「就学前・両親カウンセリング・センター」の設立と，その活動開始に，その原型をみることができる。同センターでは，聾幼児との明確な，意味ある，自由なコミュニケーションの成立を目的として，口話と手指（手話と指文字）によるコミュニケーションの方法を採用し，その使用を奨励している（1985年夏，Denton校長が筑波大学で講演をした時，彼は同校のトータル・コミュニケーションの開始を「1968年」と述べていた）。

同校のトータル・コミュニケーション方式の基本的方針として，次の点が挙げられる。

① トータル・コミュニケーションは，言語能力の発達のために役立つ，すべてのコミュニケーション手段の使用を，聾児が学ぶところの権利を意味する。
② トータル・コミュニケーションは，子どもが，自己実現へ向かって成長する権利を肯定する。
③ 手話言語は，聾者の文化的言語である。
④ クラス内だけの学習では，十分な言語の習得はできず，あらゆる場面での自然な言語交渉が重要である。両親との早期からのコミュニケーションの成立は，きわめて重要である。
⑤ トータル・コミュニケーションは，子ども自身が自己生成的な言語規則を獲得していけるように，援助する。

⑥手話の使用は，英語のシンタックスと一致させて，スピーチと同時に用いられる。従って，手話とスピーチは両立しうる。手話は，読話，聴覚活用を強化し，スピーチを明確にする。

⑦トータル・コミュニケーションでは，読話指導，スピーチ指導はもとより，補聴器による聴覚活用の訓練も重視する。トータル・コミュニケーションは，包括的方式であって，口話主義のように独占的，排他的方式ではない。

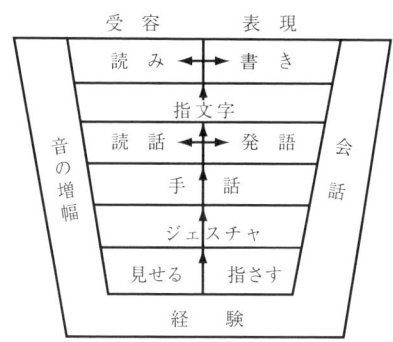

Kent, M.S. :Total Communication at Maryland School for the Deaf. Deaf American, 1971, Jan., 6.

図1-2　先天聾児のコミュニケーション体系

⑧トータル・コミュニケーションは，理念を強調しており，特定の子どもに対する，特定の具体的な方法を示しているわけではない。

⑨コミュニケーションの発達の順序性に関しては，早期に自然なジェスチャ（「ホーム・サイン」ともいう）と正式な手話を導入し，それを基礎に，あるいはそれと結合して，音声言語，指文字，文字言語へのコミュニケーション能力，広くは言語能力を向上させていくというプロセスを，Kentは提起している（図1-2参照）。

こうしたトータル・コミュニケーションの実践の成果として，聾児の行動に積極的変化が現れ，人間関係，心理面で改善がみられた。また，コミュニケーションの面では，すべてのコミュニケーション手段がお互いに強化し合って，口話聴覚能力を高め，また手指能力を向上させた。言語面でも，容易に使えるコミュニケーション手段を身につけることによって，言語の拡充がみられ，読み・書きのスキルの向上は知的発達を促し，学業成績の改善に役立つものとなった，と報告している。

歴史的には，1960年代末までは，聾学校の幼少児には手話の使用は完全に排除され，抑圧されてきた。こうした状況の中でメリーランド聾学校が，初めて聾学校で幼少児に口話に結合して手話を導入したことは，その後のトータル・コミュニケーションの急速な発展をみたとき，教育的に大きな意義がある。それまでの教師や両親の中にあった，手話使用への抵抗感が，これによって解き放たれたと言える。

第3節 トータル・コミュニケーション台頭の要因

　トータル・コミュニケーションの台頭は，突然に生起したわけではなく，台頭をもたらした，いくつかの要因を指摘することができる。まず，一次的な，直接的な要因について考察したい。

1. 手指使用状況の意義

　手指使用の教育状況の存在と手指使用の主張が，1940年代より存在し，その動向は，トータル・コミュニケーション台頭に至る経緯の中で，次第に発展と高揚を示してきたことが，台頭の要因となったと評価される。

　手指使用の状況としては，1940年代以降における大多数の公立寄宿制聾学校での併用方式の存在を，指摘しなければならない。公立寄宿制校では，幼稚部の入学よりすべての子どもを口話法で教育を開始し，口話教育での進歩がみられない子どもの場合，次善の策として手指使用が導入された。早くは小学部高学年より，一般に中学部，高等部で手指クラスが設けられており，教科，職業科での指文字の使用が許容された。通常，指文字と口話の併用が行われたが，必要に応じて指文字が主となることもあった。

　これら寄宿制聾学校において，手話の使用は一般に抑圧，禁止された。手話の使用は，クラス外のクラブ，集会，宗教活動などでは認める傾向がみられたが，クラス内の教育方法としては，一般に位置づけられていなかった（口話法優位）。

　こうした中で，1945～46年頃のギャローデット大学での「同時法」(Simultaneous Method)の開始を受けて，1950年代中期に聾学校でこれを導入する動きが出現した。同時法は，音声英語と対応した手話の同時的使用を重視した方法である。こうした手話の導入が，聾学校の高学年を中心に，同時法という方法で試行され始めたことは注目に価する。

　同時法（口話，手話，指文字使用）で教えられている生徒数は，1958年には併用法（口話，指文字使用）よりも多くなり，1960年代に入っても，この傾向は持続していく。

　さて，手指使用の全般的状況は，トータル・コミュニケーション台頭までは急激な変化はなく，1940年以降1962年までの「口話のみで教えられている児童」の

割合は，全聾児の約70～80％台で安定していることが確認されている。しかしながら，トータル・コミュニケーション台頭に向けて，手指使用の状況は，量的には著しい変化はみられないものの，新しい実践の試み（同時法の開始や指文字の早期導入など）にみるように，質的に次第に変化をみせ始めてきたと言える。

2. 手指使用の主張の高揚

コミュニケーション方法における手指使用の有効性についての主張が，1940年代以降次第に高揚してきた。

まず，1940年代において，手指使用の主張は一面では，口話教育の批判として表れる。人道的立場より「方法に子どもを適合させるのではなく，子どもに方法を適合させよ」という主張は，繰り返し強調されてきた。そして，指文字，手話を禁止，排除することによって，より良い教育環境が提供できるという口話主義者の主張は，聾教育に害を与えるものである，と批判された。

ここで注意しなければならないのは，手指使用の主張が，手指法のみによって教育することを考えているわけではなく，口話法の必要性，有効性を認めていることである。つまり，基本的には両者の対立は，「口話独占」対「口話プラス手指」の対立として把握すべきである。

とくに，1940年代末に提唱されたCoats（聾者，1948）の「手指英語」の考えは，極めて重要である。これは，ギャローデット大学の同時法の中で具体化しつつあったものであるが，この方式は，その後，聾学校教育の中への同時法の導入という経過をへて，やがてトータル・コミュニケーションの台頭の中で，重要な方法論となったものである。Coatsの考えた方式は，伝統的な手話言語（成人聾者の中で使われてきたアメリカ手話言語）をそのまま採用しようとするものではなく，英語の語順との対応，一致をねらったものである。

1950年代に入ると，手指使用の主張は，さらに一段と高揚し，早期教育の発展を受けて，発達の早期からの手話，指文字使用についての主張が生起してくる。とくに，「手話の早期導入」についての主張が出現してくる点に注目すべきである。手話の使用については，英語と対応して，正しい語順と文法で用いるという考え方が，ますます強調されてきた。

1960年代に入ると，口話・手話論争について，感情が優先した，あるいは確固

たる科学的データに欠けた，長年の「口話主義対手話主義」ではなく，「効果的コミュニケーション対非効果的コミュニケーション」「教育機会の拡大対教育機会の制約」として把握されるようになってきた，と指摘されている。

一方，口話教育批判はますます高まりをみせ，聾教育において重要なのは「手段，方法ではなく，利用できるすべての手段を用いてコミュニケーションを成立させることにある」とする主張がみられる。これはまさしく，マジソン校，メリーランド聾学校の基本原理に共通するものである。

手話支持者の見解は，①手話は自己表現の最も満足のいく手段である，②聾児にとって自然的言語であるという手話の特性から，手話は早期段階において有効性を発揮する，③文法的に英語と一致して用いること（後の手指英語方式）により，英語能力の獲得に有効性を発揮する，などの点にある。

1960年代は，まさに1940年代にみられた手指コミュニケーションについての主張が，様々な角度より拡張され，一段と強力に主張されるようになったと言える。その手指使用の有効性は，要約すれば，コミュニケーションの成立，人間関係の成立，言語能力の発達，知識・学力の向上，心理的・社会的適応などに及ぶと考えられている。

3. 手指使用の先駆的実践の展開

トータル・コミュニケーションの台頭に影響を及ぼした実践として，ギャローデット大学の同時法の展開とニューメキシコ聾学校に端を発した「指文字の早期導入」の実践がある。

ギャローデット大学の同時法の特徴は，口話と手話，指文字の同時使用にある。歴史的には，20世紀に入ってからは高等教育レベルにおいても，口話法が基本的な教育方法として位置づけられ，採用されてきた。1940年代中期に至り，第3代学長Elstadの指導によって，様々な教育的背景をもって入学してくる学生に対して，高度の学問内容を伝達するには，むしろ手指コミュニケーションを口話と同時に使用した方が適切であるとする，同時法が提唱され，実践化された。

同時法によって学生は，自己の最適のコミュニケーション手段の選択が可能となり，学習情報の獲得が保障されることになった。手話，指文字は，英語の語順に従って同時使用されるので，各手段は補完し合って，聴能，口話の能力を向上

させると考えられた。これは，まさにトータル・コミュニケーションの理念，方法論と共通するものである。

　1950年代には，この同時法は，次第に発達段階からみて下降現象をみせ始め，聾学校の高等部，中等部，そして，時には小学部高学年まで浸透をみせ始める。

　一方，聾幼児に指文字を導入した実践は，20世紀に入って，Hester校長の指導による1958年のニューメキシコ聾学校が，最初である。同校の実践は，Hester校長が言うように，長年の口話教育の成果，口話教育の実際についての疑問から，聾児の言語能力，学力の向上を目指して，開始されたものである。

　その後，ルイジアナ聾学校，フロリダ聾学校が同様の実践を開始している。これらの実践は，①指文字と手話の間に一線を画し，手話言語を排除している，②指文字は，口話のコミュニケーション手段としての欠陥を補助するものとしている点で，後のトータル・コミュニケーションと本質的に相違する。このことは，ルイジアナ校の方法をScouten（1967）は，口話法の概念に属するものとして「口話多感覚法」と称していることからも明らかである。

　いずれにしても，ニューメキシコ校が，ソ連の新口話主義の影響もあって，聾幼児に指文字の使用を導入したことは，正に画期的なことであった。このことが，やがてトータル・コミュニケーション台頭への1つのステップとなったものとして，高く評価できる。

4. 両親聾者の聾児の研究

　両親聾者の聾児の発達や学習上の優秀性については，1940年代から経験的に指摘されていたが，特に1960年代に入って，両親聾者の聾児の事例を取り上げた研究が出現した。こうした子どもの場合，親子間の心理的安定，信頼関係が形成されやすく，また，コミュニケーションでも，手指，特に手話言語の使用による，意思の疎通が円滑になるため，諸能力の発達において好影響がみられるであろう，という仮説が設定され検証された。

　こうした研究の結果，仮説が支持されたことから，Stevenson（1964）は，聾児の言語能力，教育レベルの向上の解決策として「指文字の早期導入」の妥当性を提唱した。これは1960年代に入って指文字の早期導入の実験的試行が広まりをみせ，実践的課題について関心が高まりつつあった時期に合致しており，Stevenson

の研究は，これらの実践の展開に実証的支持を与えることになった。

さらに，同一線上にある，Stuckless & Birch（1966）や Meadow（1968）の研究は，幼児期における手話の有効性について立証し，聾幼児をもつ両親たちにとっての早期からの手指コミュニケーション導入の有効性を提唱したものとして，大きな教育的意義を有する。とくに，Meadow の研究は早期からの手指と口話の併用が，けっしてマイナスの結果をもたらさないことを明らかにすることによって，従来の口話主義者が手指コミュニケーション使用禁止の最大の根拠としていた，「早期手指使用は，口話能力，言語能力の発達を妨害し，遅滞させる」という定説を覆した点に，大きな意義があった，と評価できる。

以上みてきた両親聾者の聾児の研究は，けっして特殊な事例として限定された解釈にとどまらず，手指使用の試行的実践の展開と相まって，トータル・コミュニケーションの台頭に少なからぬ影響を及ぼしたと考えられる。メリーランド聾学校のトータル・コミュニケーション開始の根拠として，Denton 校長もこれらの研究結果の影響を認めている。

さて，以上のような一次的要因に加えて，二次的，間接的要因として，次の事柄を挙げることができる。

（1）口話法の困難性（聾児にとっての習得上の困難性と口話法自体の方法上の制約）および口話教育の成果（言語能力，学力など）についての不満足が存在していたこと。

1960年代に入ると，口話教育批判は，ますます高まりをみせ，①口話法はすべての子にとって適さない，②口話教育の成果は失望的である，③読話は言語能力の乏しい聾児にとって不確実で，困難な作業である，④聾児のスピーチはしばしば不明瞭である，⑤口話教育では十分なコミュニケーション手段を持たずに成長していく聾児が存在する，⑥手指使用は，スピーチの受容，表現の意欲，能力を妨害するという，口話主義者の主張は誤りである，⑦口話法は健聴者によってデザインされた健聴者のための方法である，などの諸点から批判されている。

（2）手話言語への社会的，学問的関心が，とくに，1950～1960年代に増大した。このことが，手話の教育方法としての地位を高める役割を果たし，手話方式の開発の試みをもたらしたこと。

ギャローデット大学の Stokoe による，アメリカ手話言語の1950年代後半の先駆

的研究を忘れることはできない。彼の未開拓の分野への挑戦と精力的な研究は，「手話言語の構造」(1960) として結実し，手話辞典 (1965) として刊行された。

（3） 成人聾者の団体（全国聾者協会）などが，聾教育における手指コミュニケーションの有効性について支持する見解を，一貫して表明してきたこと。

（4） Cornett が，1967 年にキュード・スピーチを公表し，手指記号を用いて口話法を補助しようと考え，その実践を開始したこと。

トータル・コミュニケーションは，以上のような一次的・二次的要因によって，1960 年代末に台頭し，1970 年代に入って急速に発展していった。

参考文献
1) 草薙進郎「アメリカ聾教育におけるトータル・コミュニケーションの台頭」1989, イセブ印刷
2) 荒川勇「欧米聾教育通史」1970, 峯文閣
3) 上野益男「十九世紀アメリカ聾教育方法史の研究 —1840〜1860 年代を中心に—」1991, 風間書房

第2章
トータル・コミュニケーションの発展

　本章では，トータル・コミュニケーション台頭後の発展を，1990年代中頃まで辿り，その概要を明らかにしたい。
　1960年代末に台頭したトータル・コミュニケーションは，急速に普及，展開し，1970年代末には，アメリカ聾教育の中に，その独自の地位を確立したと言える。こうした状況の中で，トータル・コミュニケーションの実践について，統一見解を示すべきだという気運が高まり，その定義についての論議が行われた。

第1節　トータル・コミュニケーションの原理

1. トータル・コミュニケーションの定義

　全米聾学校長会議は，定義についていろいろと検討した結果，1976年の同会議において，次のような定義を正式に採択した。
　「トータル・コミュニケーションは，聴覚障害者同士，および聴覚障害者との効果的コミュニケーションを確実にするために，適切な聴覚，手指，口話コミュニケーション様式を統合した理念である」
　こうした定義の採択について，メリーランド聾学校長のDentonは，賛成せず，定義を簡潔にまとめることが，トータル・コミュニケーションの中心的意味を不明確にし，教育理念の豊かさを損なうことになると主張した。メリーランド校の定義が報告書の中で付記されたとはいえ，Dentonは，この定義には不満であった。
　草薙は，1985年にDenton校長が来学した折に，この点を質問したところ，氏は，採択された定義は，「辞書的定義」で，すべての見解を包括しようとしたものである，と述べていた。メリーランド校の定義は，教育理念，聾児の言語発達，教育方式，権利，コミュニケーションの多様性などに強調点を置いたものと解することができる。
　校長会議の定義では，理念が強調されている。このことは，トータル・コミュニケーションの性格を考える上で重要ではあるが，それは単に理念としてのみ，

アメリカ聾教育の中で採用され，展開していったわけではない。サンタ・アナ学校区とメリーランド聾学校の実践は，「あらゆるコミュニケーション手段を用いて聾児とのコミュニケーションの成立」を意図して，開始された点に特徴がある。

Denton 校長らは，その実践の初期において，トータル・コミュニケーションは，具体的な1つの教育方法というよりも口話，手指，聴覚の併用方式（システム）であり，包括的方式であると指摘している。

2. トータル・コミュニケーションの理念

1） 教育目的をめぐる問題

聾児をどのような目的で教育するかは，聾教育の根幹にかかわる問題である。聾児を正常者の社会に統合させること，すなわち，すべての聾児を可能な限り「正常児」に近づけようとする「正常化論」は，歴史的に口話教育の理念的基礎であった。

ミスティック口話学校長の Owsley らは「口話教育者は"正常な"スピーチを目標に努力している。（中略）もし，聴覚障害児・者が"聾の世界"でなく，一般社会で活躍していこうとするならば，彼らはスピーチと言語スキルを身につけねばならない」と説明している。

これに対して，メリーランド校の Denton 校長は，聾者の「自己実現」に目的を置き，自己実現は，自己の価値を認め，家族の価値を認め，家族の立派な一員として生活していく中で，初めて可能になると考えている。

また，現実の社会をどう見るかという社会観が，教育目的と関連して重要になってくる。口話法の立場は，聾者の社会と健聴者の社会の2つの世界を想定し，聾者に健聴者の社会へ統合することを要求する。聾者の社会は，下位文化（subculture）の社会とみられており，健聴者の世界を，聾者の生きるべき唯一の理想の社会と考え，2つの世界の選択を強いる。

トータル・コミュニケーションの指導的推進者の Vernon は，聾者と健聴者の世界を対立した，二者択一的なものとは考えていない。誤った二者択一の考えが，両親に非現実的なプログラムを強制する一方，異常な教育的努力を正当化するのが常であった。殆どの聾者は，職業などでは健聴者と共に働いており，近隣では健聴者と交際している。一方，結婚は95％が聾者同士の結婚であることから，聾者同士の親密なコンタクトも認められる。こうしたことから，聾者は「健聴者の

世界対聾者の世界」の選択を強制されるべきではない，と主張する。

2）聾者の権利としての観点

Muir は，最近のトータル・コミュニケーションの激しい潮流に抗するためには，最新の科学的，学問的成果の取り入れによる口話教育が必要であると主張し，「スピーチは，人間の奪うことのできない権利であり，聾児が口話能力を獲得するためにすべての努力が払われねばならない，と信じている」と強調している。

トータル・コミュニケーション主張者の場合は，聾者の権利としてトータル・コミュニケーションを認めている。Denton らは「記憶されねばならないことは，コミュニケーション方法は，口話であれ，手話であれ，どちらも悪くも良くもないということである。そうではなく，方法の制約や効果を評価するとき，子どもの優先権が先行することを，みんなが認めることである。我々は，増幅によって残存聴力を最大限活用した学習を勧める。しかし，第一に我々は最重度の聾児が，確実な視覚シンボル方式でコミュニケーションを学ぶ機会をもつ権利を尊重する」と述べている。

トータル・コミュニケーションは，聾者自身の権利であるばかりでなく，親が子どもとコミュニケーションする権利を保障すると考えられている。このように，子どもの権利ということが強調され，教師中心，あるいは方法中心から，子ども中心の方式への転換を要求している点に，新しい動きをみることができる。

3）「口話の失敗」の評価をめぐって

トータル・コミュニケーション主張者の「口話の失敗」に対する評価は，厳しいものがある。Vernon は，「口話教育の 100 年の失敗は，この種のアプローチが愚行であったことの証明である」と述べている。彼は，その理由として，聴力損失の実態，聴能の効果，読話のコミュニケーション手段としての不確実性などを指摘する。

さらに，Vernon は，従来の研究結果を概括して，トータル・コミュニケーションを受けた就学前児は，言語・教育的成績で向上し続けるが，対照的に口話訓練を受けた就学前児は，学力やコミュニケーションへの効果が持続しない，と述べている。

こうした批判に対して，口話主義者は，その失敗は口話法の不徹底にあり，指導法の改善や教師の指導技術の向上，条件の整備，早期よりの聴覚活用，最新の科学的，学問的成果の取り入れなどによって，将来は必ず克服されると反論する。

従来の口話教育の実績について，Miller は「口話プログラムで教育された多数の

重度聴覚障害者は,成功裏に社会的地位を得ている。これは事実であり,容易に実証されうる」と指摘している。

3. トータル・コミュニケーションの方法論

　口話教育の立場からは,手話言語の多くは話しことばとは違う文法的システムをもつ。また,アメリカ手話言語は英語との関連は殆どなく,とくに聾幼児に用いるには大きな改変を必要とすると指摘する。Lane は,「トータル・コミュニケーションの教育者は,はっきりとはスピーチの排除を主張しないが,彼らは,プログラムの中の口話の部分に対する強調の仕方が違う」と述べている。聴覚活用についても,十分な配慮がされ,強力な指導が行われていない,と批判する。

　とくに,繰り返し強調されるのは,口話と手話の同時的提示に関して,異なる感覚様式に競合する刺激を同時に提示することは,人間に過重な負担を与え,知覚,学習に逆効果をもたらし,読話,聴能への手指コミュニケーションの添加からは,良い結果は得られないということである。

　さて,アメリカ手話言語は英語と異なる文法システムをもつことは事実であるが,トータル・コミュニケーションでは,英語に対応して同時に手話を用いることを基本にしており,一言語二様式である（英語に対して,聴覚・音声と視覚・運動の二様式）。

　また,異なる感覚様式への競合する刺激の同時提示の問題は,トータル・コミュニケーションの実践が展開していく中で検証されており,聴覚口話と手指の同時提示によるコミュニケーションの成立が確かめられている。トータル・コミュニケーションでは,聴能,読話,手指,指文字などの情報が補完し合って,より明確な情報伝達を可能にすると考えている。

　また,トータル・コミュニケーションでは,聴能,スピーチ,読話の能力の向上を重視しており,そのための方策も検討している。このことは,「トータル」という概念が,すべての有効なコミュニケーション手段の活用を意図していることから,当然の事柄である。

第2節　トータル・コミュニケーションの導入・普及

　1968年にサンタ・アナ学校区で開始された，トータル・コミュニケーションは，だれもが予想しなかったほど，急速に，広範囲にアメリカ聾教育の中に普及していった。1974年草薙が視察旅行に参加した際，ロサンゼルスのベネット聾学校のBaker校長は，「現在アメリカの聾学校の50～60％が，トータル・コミュニケーションに基づく教育実践を行っている」と述べていた。

　Jordan（1979）は，教育実践の場で使用されているコミュニケーション形式について大規模な調査を行っている。全体で，1,051の教育機関（聾学校，学級）のうち，642機関からの回答があった（回収率61％）。これらの機関が採用しているコミュニケーション形式は，表2－1に示す通りである。数字は，使用学級数を表しており，全体で64.7％の学級がトータル・コミュニケーションを使用していることが判明した。

　また，Jordanらは，1982～1983年度に聴覚障害児童・生徒の「手話使用」について，初めて大規模な調査を実施している。ここで取り上げられた手話は，アメリカ手話言語（ASL），手指コード英語，同時コミュニケーションなどいろいろな種類の手指コミュニケーションを意味している。

　調査結果から，次のようなことが明らかになった。①年齢上昇とともに手指使用者は増加する。6～8歳が約50％で，18～20歳未満で約80％となった。②手話使用は，重度未満（70dB以下）が26％，重度（71～90dB）が74％，最重度（91dB以上）が87％であった。③3歳前失聴児の66％，3歳以後失聴児の37％が，手話使用であった。④通学制・寄宿制聾学校と聾学級で，特殊教育を全時間受けている子の86％が，手話使用者であった。通常学級と特殊学級の両方の教育を受けている者の47％，通常学級のみで教育を受けている者の10％が，手話使用者であった。

表2－1　学部別のコミュニケーション形式の使用学級数[1]

学部レベル	就学前	小学	中学	高校	計
	＜1977－1978年度　学級数＞				（　）内％
キュード・スピーチ	0（ 0.0）	9（ 0.4）	0（ 0.0）	3（ 0.3）	12（ 0.2）
口話―聴覚	341（37.6）	946（37.5）	273（31.7）	247（26.3）	1,807（34.6）
ロチェスター法	3（ 0.3）	19（ 0.7）	3（ 0.4）	0（ 0.0）	25（ 0.5）
トータル・コミュニケーション	563（62.1）	1,546（61.4）	585（67.9）	691（73.4）	3,385（64.7）
合　計	907	2,520	861	941	5,229

さて，聾学校では，1970年代の中頃には，50～60％の学校が，トータル・コミュニケーションを採用しており，1980年代の中頃には，これが80～90％に上昇している。この数字は，使用している児童・生徒に関してみても，ほぼ同程度の割合となっている。

トータル・コミュニケーション以外では，聴覚口話法が比較的多く用いられており，キュード・スピーチとロチェスター法（聴覚口話と指文字の併用）は，極めて少数であった。諸調査の結果から，1970年代以降のトータル・コミュニケーションの急速な普及・展開を知ることができる。

第3節　トータル・コミュニケーションにおける手指英語方式

1.　手指英語方式の概要

サンタ・アナ学校区とメリーランド聾学校の実践の方法は，「音声英語（口話）と対応した手話，指文字の同時使用」に特徴があった。こうした音声英語と手話，指文字の使用を「手指英語」(manual English, signed English) あるいは「手指コード英語」(manually coded English) 方式と一般に称している。

この手指英語方式として，SEE1（Seeing Essential English），SEE2（Signing Exact English），Signed English，LOVE（Linguistics of Visual English）などの方式がある。これらの方式は，英語（スピーチ）を可能な限り手話，指文字を用いて，視覚的に受容可能にし，表現にも使用していこうとするねらいをもち，英語の言語能力を高めるために開発されたものである。

このほか，手指を用いる教育方法として，古くは「併用法」「ロチェスター法」があり，近年「同時法」「キュード・スピーチ」などがある。本書では，「手指英語」を含めて，広く聾児，聾者，教師，両親などが用いる手話，指文字，キューに関するこれらの方式を一括して「手指方式」という名称で表す。そして，「手指英語」(SEE1 など) の方式をまとめて「手指英語方式」という用語を用いる（表2－2参照）。

なお，これらの方式について，英語への近似度を図2－1に示す。

アメスラン（Ameslan）は，アメリカ手話言語（American Sign Language）の短縮形で，ASLと表されることが最近は多いようである。ASLは英語とは異なった独自の言語である。なお，シグリッシュ（Siglish）は，Sign English，アメスリッ

表2-2 聾児・聾者のための手指方式のまとめ2)

手指方式	開始時	創案者	ねらい	方　法	備　考
ロチェスター法	1878	Westervelt, Z.F.	口話法による読話と発語の不確実性を補うことを目的とした。手話とルター派的キリスト教に対抗して開始。	口話と指文字を併用する。初期には幼稚部・大学等初より使ったが、後年には指文字が口話能力を助長するよう配慮して、中学部で使用。	1951年リパーサイド校が導入。1950年代後半から1960年代にかけて、ニューメキシコ校、インディアナ校などで幼児に指文字導入。
キュード・スピーチ	1967	Cornett, O.R.	読話の補助として、キュー（手指記号）を用いて、スピーチの受容を確実にしようとするもの。(口話法と位置づける)	母音のキュー・二重母音のキューを用いてスピーチを読話と併用して視覚的に弁別可能にする。	アメリカでは、独自のシンテグレーション状況で使用されているケースが多い。
SEE₁	1971	Anthony, D.A. ほか	手話を用いて英語を視覚的に受容可能にしようと意図したもの。英語の獲得をねらう。(口話法と併用)	英語の文法機能が可能なかぎり、手話および特徴をもつシンボルを用いて、英語を表現する。英語の語形変化なども手話で表すよう工夫している。	テキストでは独自の手話のシンボルを表す手話は約600語。アメスランからかけ離れた形をしている。83の接辞をもつ。
SEE₂	1972	Gustason, G. ほか	同　上	可能な限り、アメスランの特徴または法則および英語に近い形を用いて、完全に表すように工夫する。(指文字の使用も認める)	テキストでは絵によって手話を表す。手話は、約3700語。現在、教育の場で最も多く使われている。80の手話マーカーまたは接辞をもつ。
Signed English	1973	Bornstein, H. ほか	聾幼児のために、英語を視覚的に受容可能表現するよう意図したもの。	英語のスピーチと同時に手話を用いて英語を表現する。14のマーカーも用いる。年長では指文字の使用も加えている。	テキストでは絵による手話。14のマーカーに応じる手話利用能力を発達させる。幼児期の段階（親子関係）手話は約2200語。後に3500語に増加。
LOVE	1971	Wampler, D.	同　上	英語のスピーチと同時に手話を用いて英語を表現するように工夫した。スピーチのリズムに対応するように工夫し、英語の形態素を重視。	ストーキーの記号を修正したものを使う。現在、広くは使われていない。教育の現場では約2000語。
同時法	1940年代中頃	ギャローデット大学	様々な教育的背景をもった学生生のコミュニケーションの成立をねらいとして、開発されたもの。	スピーチと「同時に」指文字、手話を使用することによって、コミュニケーションの成立をはかる。	大学レベルだけでなく、1950年代の小学部高学年、中等部で使われるようになっている。
併用法	1868	Gallaudet, E.M.	発音・読話の併用、聾児の精神発達と言語獲得をねらう。	口話と手話の併用で、その方法は時代とともに変容してきている。州立寄宿舎校が主となって使われている。	併用方式（システム）という時は、1つの学校で口話法と併用クラスが存在する学校のシステムを言う。
シグリッシュ			英語とアメスランの両方の知識をもった成人聾者によって使われた標準的コミュニケーション様式。健聴者に対しても使用。	英語の語形変化は使用しない。英語のシンタックスに合うように修正されたアメスランに基づくシグリッシュ。	アメスリッシュともいう。新しい手話をつくるよりに指文字の使用を増加させる。
アメスラン(A.S.L.)			成人聾者の間で、伝統的にコミュニケーションの手段として使われてきた。それ自身が独自の言語である。	手話は概念を表し、独自のシンタックスを持って表現される。	教育との関係では、「英語」との二言語の主張があり、その実践が試されつつある。

小 ←		英語への近似度	→ 大	
自然的手話	ピジン手話英語	手指英語（サインド・イングリッシュ）	指文字・キュー	英語
ジェスチャ ASL	シグリッシュ ‖ アメスリッシュ	SEE1, SEE2, LOVE Signed English	ロチェスター法 キュード・スピーチ	

図2-1　手指方式の英語への近似度[3]

シュ（Ameslish）は，Ameslan English の短縮形で，ともに「アメスランと英語の混成語（ピジン）」（ピジン手話英語）である。

2. 手指英語方式の使用状況

手指英語方式の基礎教材となっている「手話教本」の使用状況について，Jordan ら（1979）が調査している。結果は表2-3に示す通りである。SEE2 が最も多く使用されており，SE は，その性格から早期・低学年で専ら用いられていることがわかる。

なお，SEE2 などでは，英語の接辞や複数などを表すために「手話マーカー」を

表2-3　学部別の手話教本採用の教育機関数＜1978＞[1]

	就学前	小学	中学	高校	備考
・Seeing Essential English 　: Anthony	33 (9 %)	53 (10)	25 (8)	19 (8)	SEE1
・Signed English 　: Bornstein	94 (26)	82 (16)	25 (8)	13 (5)	SE
・Ameslan 　: Fant	5 (1)	11 (2)	9 (3)	18 (7)	
・Say It with Hands 　: Fant	12 (3)	17 (3)	11 (4)	14 (6)	
・Siging Exact English 　: Gustason et al.	116 (32)	183 (36)	110 (35)	71 (28)	SEE2
・A Basic Course in Manual 　Communication : O'Rourke	42 (12)	71 (14)	62 (20)	58 (23)	
・Talk to the Deaf 　: Reikehof	13 (4)	27 (5)	17 (5)	15 (6)	
・Talk with Your Hands 　: Watson	11 (3)	27 (5)	21 (7)	18 (7)	
・Other.	39 (11)	44 (9)	31 (10)	25 (10)	
合　計	365	515	311	251	

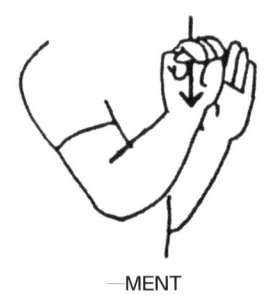

—MENT

Mの形で左手の側面を下へスライドする

図2－2　接辞の例[4]

創案している。ここでは，SEE2の「— ment」（例：achievement）のマーカーを一例として示す（図2－2参照）。

注意すべきは，手指英語方式の手話は，アメスラン（ASL）から，多くの語彙を借用していることである。

第4節　トータル・コミュニケーションの実践と成果

トータル・コミュニケーションの実践の基本的性格は，どのようのものであったのか。また，トータル・コミュニケーションの実践の成果はどのように評価できるのか。これらの点について，次に検討したい。

1．実践の基本

1）子どものニーズに基づくコミュニケーション

トータル・コミュニケーションの実践では，まず子ども同士および子どもとのコミュニケーションの成立が，最優先課題となっている。このことが，日常生活や学習生活を進めていく上での，基本と考えられている。

実践では，トータル・コミュニケーションによって，自由な，リラックスした，意味あるコミュニケーションと豊かな言語環境を提供することをねらっている。Newmanは，聾児の個別ニーズに応じる「弾力性の概念」が，トータル・コミュニケーション理念本来の性格で，このことがアピールしてトータル・コミュニケーションが聾学校等に浸透しつつある，と述べている。

2）トータル・コミュニケーションの早期導入

トータル・コミュニケーションでは，聾児が早期からトータル・コミュニケーションに接することの意義を強調している。このことは，視覚優位の聾児に対して，早くから手指を含むコミュニケーション手段を用いることによって，彼らの

情報，知識，言語力，思考力などを豊かにすることを目指しているからである。
　メリーランド校の Denton 校長は，「いかなる子も，他者と交わる機会と，自分自身で操作することを学べる，安定したシンボル体系が用意されれば，機能的言語を発展させることができるであろう」と述べ，「子どもは，正式なやり方で教えるのではなく，他者との自由な，禁止されない，制約のない言語交渉を通して，言語能力が獲得できることを，トータル・コミュニケーションは支持している」と主張し，とくに乳幼児期が重要であり，家庭教育の改善が必要である，と強調している。

3）手指英語方式の採用

　トータル・コミュニケーションは，同時コミュニケーションを基本とし，英語を表すために手指英語方式を用いる。手指英語方式では，スピーチに対応して手指を用いるために，英語の単語に対して手話の語彙を用いるとともに，複数，時制，限定詞，前置詞，接辞などに対応して，手話マーカーを用いる。

　また，英語の語順に従って手話を用いる。つまり，スピーチを聴覚と同時に，視覚（読話と手指）から受容できるように工夫している。このことにより，早期から子どもに一貫した，体系的言語モデル，あるいは正しいシンタックスと文法構造の提供を，意図している。

　一般に，トータル・コミュニケーションでは，早期段階で手話を用い，その後指文字は，文字導入のレディネスの成立（およそ3歳以後）に連動して用いていくことを基本としている。指文字は，①手話にない語彙や固有名詞などを表す，②スペルを明瞭に伝える，③英語への近似を高めるなどのために，用いられる。

2．トータル・コミュニケーションの成果と有効性

1）教育実践にみる成果

（1）セント・メリーズ聾学校

　同校は，他の多くの聾学校と同様，幼稚部，小学部では，口話法が行われていた。中学部，高等部では，同時法が使われており，指文字，手話は正式に教えられなかった。

　1969年にトータル・コミュニケーションの実践的研究を開始した。実践の成果については，就学前レベルにおいて言語発達の著しい改善を教師は報告している。

また，幼稚部・小学部レベルにおいては，書きことばと指文字を伴っての話しことばの改善がみられた。中学部・高等部においても，生徒は正しい英語パターンに以前より気づくようになった，と述べている。

　(2)　リバーサイド聾学校

1969年に聾幼児に対して，併用コミュニケーションを用いる新しい実践を開始した。その後，同校の実践はトータル・コミュニケーションと呼称されたが，Brill校長は，その成果を「3歳聾児は，300の概念の使用が手話で可能となった（口話では20くらいである）。母親は週1日登校するが，家庭でもトータル・コミュニケーションを使用している。子どもとのコミュニケーションが可能なので，母親はたいへん教育熱心である」と述べている。

　(3)　メリーランド聾学校

聾学校として初めてトータル・コミュニケーションを採用したメリーランド校のDenton校長は，観察された効果について，次の点を挙げている。

①幼い先天性聾児にとって，手話は彼自身の考えを表現するための最も容易な手段である。そして，行動上の変化と人間関係の改善がみられる。

②手話とスピーチの結合は，視覚的，聴覚的に模倣すべき構文モデルを用意することになる。

③成人が手話とスピーチを同時に使い，また子どもが十分に補聴器を活用すると，手話は読話と聴覚を強化することになる。

④高度の音の増幅は，聴覚口話能力を強化する。

⑤指文字は，読みと作文を強化する。また，指文字は，読み書きと同等の言語経験の素地・成熟のレベルを要求する。

以上のほかにニューヨーク47番聾学校，ケンダル校の親子プログラム，オレゴン州の乳幼児聴覚指導室，ジャオニオ聴覚障害幼稚園などの実践が，それぞれトータル・コミュニケーションを用いて，成果をあげている。

　2)　聴覚障害教育機関の調査

Garretson (1976) による100人以上在籍者のいる145の聴覚障害教育機関の調査によれば，1975～76学年度には回答のあった122機関のうち107機関 (87.7%) が，何らかの形でトータル・コミュニケーションを採用し，そのうち76機関 (62.3%) が「実際に就学前から卒業まで使用」していた。

表2－4　トータル・コミュニケーションの理念採用後の変化[5]

	肯定的 教育機関	否定的 教育機関	変化なし・不明確 教育機関
スピーチ	54 － 51.9 %	12 － 11.2 %	41 － 38.0 %
英語の使用	79 － 73.8 %	2 － 1.8 %	26 － 24.3 %
全体的コミュニケーション	81 － 75.7 %	4 － 3.7 %	22 － 20.5 %
自己概念	87 － 81.3 %	1 － 0.9 %	19 － 18.0 %
情緒的発達	78 － 72.8 %	1 － 0.9 %	28 － 26.0 %

この107機関のトータル・コミュニケーション採用後の変化は，表2－4の如くであった。「英語の使用」「全体的コミュニケーション」「自己概念」と「情緒的発達」において，肯定的な機関が70～80％に達した。「スピーチ」の面では50％強が肯定的に評価し，否定的な評価は10％程度であった。こうした結果からGarretsonは，全般的に採用後肯定的な変化がみられたと結論づけている。

3）就学前プログラムの評価

Mooresら（1978）は，多様なアプローチを想定して，7つの就学前プログラムを選抜し，6年間にわたって縦断的に評価した（表2－5参照）。

対象児は全体で60名で，年齢は初年度に3歳1ヵ月から5歳1ヵ月であった。全員聴力損失は70dB以上で，IQ 80以上，2歳前失聴で，重複障害はもたない。検査は，心理言語能力テスト（ITPA），学力テスト，受容コミュニケーション・テスト，知能テストなどである。

結果の全般的傾向として，主に次の点が指摘されている。

①心理言語能力テストの結果は，全体的に1年目は「標準」より劣ったが，次の3年間は標準的であった。

②学力テストでは，読みの点で健聴児と同等だが，算数はやや劣った。英語の

表2－5　データ収集の4年間にプログラムが採用した方法[6]

プログラム	1年目	2年目	3年目	4年目
A	口話聴覚法	移行	TC	TC
B	口話聴覚法	口話聴覚法	口話聴覚法	TCへ移行
C	（未参加）	TC	TC	TC
D	聴覚法	聴覚法	聴覚法	口話聴覚法
E	TC	TC	TC	TC
F	口話聴覚法から移行	ロチェスター法	ロチェスター法	ロチェスター法
G	ロチェスター法	TC・口話法へ移行	TC・口話法	TC・口話法

注　（1）TC＝トータル・コミュニケーション
　　（2）Dプログラムはアクーペディクスと言える。

表2－6　プログラム別のコミュニケーション様式にみる受容コミュニケーション・テストの正答率[6]

プログラム	人数	文字	音声のみ	音声と読話	音声と読話と指文字	音声と読話と手話	合計%
A	6	90	40	53	77	83	68
B	12	67	40	65	51	80	63
C	8	77	37	65	75	93	69
D	13	65	58	67	55	85	64
E	7	80	34	51	80	94	68
F	9	90	35	83	89	—	75
G	6	77	53	90	97	93	82

スキルは，どのプログラムも健聴児と対等な成績に達しなかった。

③受容コミュニケーション・テストの成績は，優れた様式の順に挙げれば，「文字」「音声と読話と手話」「音声と読話と指文字」「音声と読話」「音声のみ」であった（表2－6参照）。

このことから，6歳以下では，ある特定のコミュニケーション様式に依存する必要があるが，6～8歳までに，いろいろな様式でのコミュニケーション能力は，次第に関連をもつようになると推測される。1つの様式で能力のある子どもは，他の様式でも十分な能力を発達させるようになるだろう，と思われる。

結論として，本研究の結果は，早期の手指コミュニケーションの使用（トータル・コミュニケーションおよびロチェスター法）が，早期教育の基本的要素として重要であることを示唆している。そして，成功しているプログラムは，当初から認知・学習モデルと口話と手指の同時使用を採用しているもので，伝統的な，社会性中心の就学前教育体系をもつ，聴覚のみの方法は，聾幼児の一部の子どもには有効だが，大多数の子どもにとって最も有効性の低い方法であることが明らかにされた，と述べている。

4）聾幼児のコミュニケーション行動の発達

聾幼児のコミュニケーション行動の改善に及ぼす，トータル・コミュニケーションの影響について究明した，いくつかの研究がある。

（1）Greenberg の研究

Greenberg（1980）は，母子の組が使用する，コミュニケーション方法（口話と同時）とコミュニケーション能力（高能力と低能力）が，母親のコミュニケーション行動に及ぼす影響について研究している。対象は，28組の母親（健聴）と聾幼児である。母子の各組の8分30秒間の自由遊び場面が，ビデオ・テープの行動観察によって分析された。主な結果は，次のとおりであった。

① 口話児は，スピーチのみ，発声のみ，スピーチとジェスチャで，同時児よりも有意に高い生起頻度を示した。逆に，同時児は，手話のみ，手話とスピーチ，手話と発声で，口話児よりも高い頻度を示した。ジェスチャのみ，ジェスチャと発声では，両者に差はなかった。
② 口話と同時の高能力児は，低能力児よりも，二重様式（例：手話とスピーチ）を用いる割合が高かった。
③ コミュニケーション機能については，困難なメッセージ（疑問等）を伝える場合は，容易なメッセージ（承認等）よりも二重様式で多く表現されるという仮説が，子ども個人内の比較で立証された。

Greenberg（1980）は，さらに，母子のコミュニケーション相互作用について究明し，同時・高コミュニケーション能力の組は，他の3つの組（同時・低能力の組，口話・高能力の組，口話・低能力の組）よりも，最も好ましい相互作用（長時間で高度なやりとり）を行っていることを示した。

また，Greenbergら（1984）は，早期からのトータル・コミュニケーション（2歳前開始）が，コミュニケーション発達に及ぼす効果について検討している。その結果，トータル・コミュニケーションの母子の組は，聴覚口話の母子の組より，優れたコミュニケーション行動を示し，早期のトータル・コミュニケーション導入の有効性が，明らかにされた。

（2）Musselmanらの研究

Musselmanら（1989）は，就学前プログラムのタイプと，そこで用いられているコミュニケーション様式が，聴覚障害児の言語能力等にどのような影響をもたらすか，を究明している。

対象児は全部で139名，4年間の研究開始時に3～5歳であった。就学前プログラムは，「家庭訪問プログラム」など5つのタイプが対象となった。

コミュニケーション様式を中心に主な結果をみると，次の通りであった。
① スピーチでは聴覚口話児は，単語の明瞭さ，構音の特性，非分節的特性，言語的複雑さの点で，トータル・コミュニケーション児より優れていた。
② 受容言語では，トータル・コミュニケーション児は，聴覚口話児より一貫して高得点であった。
③ 母子のコミュニケーション相互作用では，トータル・コミュニケーション児が，

聴覚口話児よりも高得点であった。
④学力検査のうち計算では，聴覚口話児はトータル・コミュニケーション児よりも高得点であった。学力では，両者に殆ど差はないが，これは対象児が低年齢であったためと思われる。
⑤社会性の発達では，両様式の間に差はなかった。

以上の結果から，特別なアプローチが価値がある，というような一義的な結果は示されなかったが，研究されたトータル・コミュニケーション・プログラムは，就学前児のある分野の言語能力を促進するのに有効であることが示唆された，と結論づけている。

さらに，Musselman ら（1991）は，聴覚口話とトータル・コミュニケーションの母子の組の，相互作用について検討している。その結果，①聴覚口話の子のコミュニケーション行動は「全く不明瞭」「一部不明瞭」の割合が，トータル・コミュニケーションの子よりも高く，このことが聴覚口話の母親に負担をもたらしている，②聴覚口話の母親は，子の音声言語に専念しており，一方，トータル・コミュニケーションの母親は，子の二重様式（例：スピーチと手話）の表現に反応するとともに，発達の他の領域にプライオリティを与えている，と結論づけている。

（3）Rapin らの研究

聴覚障害児の手話使用は，スピーチの発達を妨害する，ということが言われてきた。この点を解明するために，Rapin ら（1982）は，縦断的研究を行っている。

トータル・コミュニケーションの母子教育プログラムに在学する，生後14～30ヵ月（平均20.6ヵ月）の重度，最重度の11児の6～21ヵ月の在学期間における，スピーチと言語の発達を記録した（卒業時31～42ヵ月）。両親は全員健聴であった。

主な結果は，次の通りであった。
①手話言語の発達は，健聴児の音声言語の発達に匹敵するものであった。最初の手話は，健聴児の初語に似ていた。
②11名中10名は，手話を使うとき，時として自発的発語を行った。1名を除いてすべての子が，発語よりも手話の方を早く，多く習得した。
③8名は，3歳前に，模倣または「指文字図表」によって，指文字表現が可能となった。

④すべての子は，手話表現能力が向上するにつれて，口話行動，スピーチの試みが増加した（手話との結合多し）。
⑤子どもの活用する手話語彙の程度と複雑さは，口話語彙のそれよりも優れていた。
⑥子どもの発音の不明瞭さは，手話を同時に使うことによって，親にも十分理解された。

これらの結果から，①早期の手話は，言語の基礎をもたらし，同年齢の口話訓練を受けた聾児よりも，広範な，複雑な，多種の語彙の獲得を可能にする，②手話の使用は，スピーチ，読話，聴能の能力を高めるのに役立つ，③手話は，親子の相互関係を健全なものにし，家庭内のフラストレーションを減少させる，と結論づけ，スピーチの発達を妨害するという仮説は支持されなかった，と述べている。

5) 事例研究にみる成果

トータル・コミュニケーションを早期より導入した場合の事例研究が，いくつかみられる。

(1) Newman の研究

Newman (1972) は，自分の娘キャロル（聴力損失 90dB 以上）の言語的表現，知的・情緒的・社会的進歩を生後8ヵ月から記録した。生後16～22ヵ月の間に，彼女の一語手話は，60語に発達した。また，4歳の現在，語彙は1000語近くに達し，文を口話，手指または同時で産出することが，可能となった。

Newman は，2～3歳の健聴児は500語の表現語彙をもち，質問したり単文を使ったりするが，口話のみの聾児ではもっている語彙は数語にすぎず，欲求，希望を叫び声で表現する。口話のみで育った聾児は，動物園などへ行ってもシンボル・システムの欠如により，記憶を貯え，分類し，記号化することができない，と指摘する。彼は，教育のねらいは，子どもが話せるように，読話できるように援助することではなく，言語と思考を媒介することであり，思考が言語を生み出すと考えている。こうした意味において，Newman は，トータル・コミュニケーションの有効性を強く支持している。

(2) Collins-Ahlgren の研究

Collins-Ahlgren (1975) はトータル・コミュニケーションで育てられた，2人の聾児のことばの発達を記録している。家庭では，トータル・コミュニケーション，

すなわち話している時に指文字または手話を用いた。A児の家族は，A児が17ヵ月の時手指コミュニケーションを学び始めた。B児は，聴力損失が発見された8ヵ月より，トータル・コミュニケーションで育てられた。両親とも，生後26ヵ月後に指文字を習得した。

そして，A児は生後19～44ヵ月の間の表現語彙（手話，指文字，発語）が記録されたが，この間の表現語彙数は，約270語（day, window など）に達した。B児は生後16ヵ月半～43ヵ月の間，同様に記録され，この間の表現語彙数は，約370語（count, bother など）に達した。そして，これらの語彙を用いて広範囲な文を生成し，また意味的・文法的機能をもった表現を行った。両児の表現された文を，格文法（case grammar）の視点より分析した結果，それは健聴児の表現言語と同等であることが判明した。

6） コミュニケーション様式の比較

（1） Klopping の研究

Klopping（1972）は，アリゾナ州立盲聾学校の中等部生徒（13～20歳）30名に対し，「音声の伴った読話」「ロチェスター法（口話と指文字）」「トータル・コミュニケーション」の3つの異なった方法における，言語理解を比較している。材料は，ノンフィクションの物語を使い，3つのコミュニケーションの方法によって生徒たちに提示した。筆記テストで，1部は物語の内容を書くことを要求される。2部，3部は多肢選択客観テストから成っている。

結果は，ロチェスター法，トータル・コミュニケーションが，音声を伴った読話よりも，有意に高い得点を示した。また，トータル・コミュニケーションの方が，ロチェスター法よりも，有意に得点が高かった（表2－7参照）。

以上の結果から，Klopping は，中等部での教科における教師と生徒間のコミュニケーション成立の重要性を考えたとき，トータル・コミュニケーション使用の必要性が示唆された，と結論づけている。

また，White ら（1975）は，「口話コミュニケーション」「トータル・コミュニケーション」「手指コミュニケーション」「読み」の4つの方法を設定して，説明文の一節を生徒に提示し，選択肢によって質問に回答させた。結果は，手指の要素を含んだ方法の方が，口話コミュニケーションより情報受容が多いことが明らかになった。注目すべきは，口話では知能指数の低・中・高のグループ間で得点

表 2 − 7　コミュニケーション法別の結果[7]

	平均点	S.D.	得点幅
音声を伴った読話	7.03	3.67	1 — 14
ロチェスター法	11.10	3.27	2 — 16
トータル・コミュニケーション	15.27	3.45	8 — 20

に殆ど差がなかったが，他の3つの方法では中・高グループが低グループよりも，有意に優れた成績を示したことである。このことは，教育的に非常に重要であると，Whiteらは指摘している。

Groveら（1984）も，「口話」「トータル・コミュニケーション（TC）」「手指コミュニケーション」「読み（文字）」の4つの方法を用いて，問題文の理解を調べた。対象児は9〜21歳であった。結果は，図2−3の通りであった。読みとTCの間に有意差はなく，TCと手指コミュニケーションおよび手指コミュニケーションと口話の間に有意差があった。こうした結果から，Groveらは，口話での理解の低さ，とくに読話の困難さについて，問題視している。

（2）　Geersらの研究

手指コード英語様式と口話英語によるコミュニケーション様式が，表現に及ぼす影響について，Geersら（1984）が，大規模な比較研究を行っている。対象児は，13の口話聴覚プログラムの168名と15のトータル・コミュニケーション・プログラムの159名で，聴力損失90dB以上（ANSI），3歳より教育開始の5歳0ヵ月から8歳11ヵ月の児童となっている。後者のプログラムでは，SEE2，Signed Englishが用いられている。

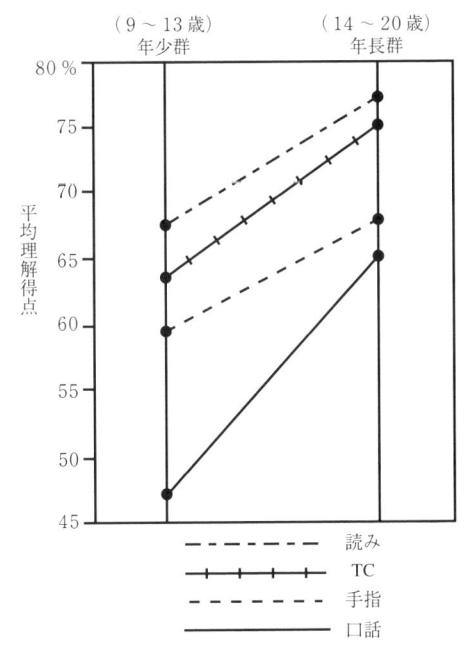

図2−3　コミュニケーション方法別の平均理解点[8]

表2-8 コミュニケーション様式別の GAEL-S テストの成績（%）[9]

年齢段階 (歳　月)		導　出				模　倣			
		口話聴覚	TC手指	TC口話	TC合計	口話聴覚	TC手指	TC口話	TC合計
5：0－5：11	平均 SD	40 % (17)	35 (24)	21 (27)	37 (26)	57 (19)	43 (26)	26 (31)	46 (29)
6：0－6：11	平均 SD	42 (18)	38 (18)	22 (23)	41 (20)	58 (18)	47 (19)	26 (26)	51 (21)
7：0－7：11	平均 SD	55 (22)	55 (22)	37 (29)	56 (22)	67 (22)	64 (21)	43 (31)	65 (22)
8：0－8：11	平均 SD	64 (20)	54 (22)	31 (26)	55 (23)	75 (16)	63 (22)	37 (28)	63 (22)

表2-9 コミュニケーション様式別の GAEL-S 文法項目の成績（%）[9]

		導　出				模　倣			
		口話聴覚	TC手指	TC口話	TC合計	口話聴覚	TC手指	TC口話	TC合計
成績全体	平均 SD	51 % (22)	46 (23)	28 (27)	48 (24)	65 (20)	55 (24)	34 (30)	57 (25)

　対象児に，個別に約1時間，GAEL-S テスト（子どもの単文レベルの言語を導出して，文法的に分析するテスト）を実施し，その様子をビデオで録画した。テストは，94 のターゲットの単文を導き出すための 21 のゲームから成り，子どもは，最善のスピーチと言語を用いるように教示された。たとえば，検査者が玩具を操作し，子どもは，その動作を見て，"2匹の犬がジャンプした"というように答える。全体で2試行を行い，1回目はこの単文を導き出すように行い，2回目は模倣によって表現させる。

　結果は，「導出」「模倣」に分けて得点化（正答率）し，トータル・コミュニケーション（以下 TC）の群は，表現の「手指」「口話」の部分と，両者の合計の3種に分けて得点を示した。文法項目の分析は，16 項目（冠詞，形容詞など）について，正答率で示した。主な結果は，次の通りであった。

①導出と模倣の両方の表現において，口話聴覚群，TC 手指群，TC 合計群の間で，成績に有意差はみられなかった（表2-8参照）。

②文法項目の分析では，口話聴覚群は，TC 合計群よりも，50%の項目で有意に成績が良く，逆に TC 合計群は，口話聴覚群よりも 20%未満の項目で，有意に成績が良かった。ただし，口話聴覚群の口話表現と TC 手指表現の間には，有意差はなかった。TC 口話表現は，すべての項目（導出，模倣の表現）で，口話聴覚

群，TC 合計群よりも有意に成績が低かった（表2－9参照）。

得られた重要な知見として，①TC 群の手話表現は，口話聴覚群の口話表現と基本的に変わらないということ，②5～9歳の両群の成績が，4歳の健聴児よりも，はるかに遅れていること，を挙げている。

結論として，次のように述べている。

①TC プログラムの殆どの子どもは，スピーチと手話を同時に実行しなかった。これらの子どもの手話表現は，スピーチの表現よりは，はるかに優れていた。

②TC の子どもの手話とスピーチの結合表現は，口話聴覚の子どものスピーチ表現と，有意な差はなかった。

③口話児のスピーチ表現は，TC 児のスピーチ表現よりも，有意に優れていたのみならず，テストした文法項目の8割以上で，TC 児の手話とスピーチの結合表現よりも，同等以上であった。

7) 教科学習等における検討

(1) Luetke-Stahlman の研究

コミュニケーション様式の読み書き能力に及ぼす影響について，Luetke-Stahlman（1988）は，私立寄宿制校の口話プログラムで学習するグループと，教師が種々の同時コミュニケーション形式を用いている他のグループについて，比較研究している。対象児は5～12歳である。

読み書き能力検査の主な結果は，次の通りであった。

①SEE2 のグループは，同意語で口話のグループより，有意に高得点であった。さらに，段落理解，絵画語彙，統語検査などで，他のいくつかのグループより優れていた。②口話グループは，他のいくつかのグループより絵画語彙，統語検査，段落理解で，有意に高得点であった。

以上の結果から，次のように結論づけられた。英語と ASL による言語指導に接した者，および音声英語を完全に表現しようと意図する手指英語方式に接した者は，英語に高度に対応しない指導に接した者よりも，検査の成績が有意に高得点であった。こうしたことから，聾幼児の場合，音声言語を完全に表す理解可能なインプットを与えることが，とくに重要であると考えられた。口話英語の子どもは，読み書き能力で SEE1，SEE2，ASL の使用児と同じような成績を挙げ，Signed English とピジン手話英語の使用児よりも良好であった。

(2) Robbinsの研究

Robbins (1983) は，読本の文章に，手話の絵をつけたとき，読み取りの成績が向上するのかを，実験的に検討している。文章の英単語の上に，アメスランの手話の絵（イラスト），または指文字を加えたものを材料として用いた。文章は，①手話の絵を付けたもの，②クローズで手話の絵をつけたもの（5番目の単語毎に手話の絵をつけない），③通常の英語文，の3種から成る。

対象は，アイオワ聾学校（寄宿制でトータル・コミュニケーション採用）の初等部49人と中等部32人である。子どもは，①トータル・コミュニケーションで絵本の単語を朗読するように，つまり，口話と手指両方のコミュニケーションを用いて表現するように，求められる。また，②理解について質問が行われた。児童のトータル・コミュニケーションによる回答について，正誤の採点がされた。

初等部49名のテスト結果は，表2－10に示す通りである。「通常の英語の読み」の得点は，手話をつけた条件およびクローズ条件よりも，有意に低かった。中等部32名のテスト結果は，表2－11に示す通りである。同じく，「通常の英語の読み」が他の条件より，有意に低かった。また，手話をつけた条件が，クローズ条件よりも，有意に得点が高かった。

こうした結果から，読本の文章に手話の絵をつけた時，読解に有効であることが，明らかになった。

表2－10　初等部のテスト成績の違い（N＝49）[10]

条件	平均	標準偏差
手話つき	3.829	3.786
クローズ	3.617	3.575
通常の英文	1.915	1.888

表2－11　中等部のテスト成績の違い（N＝32）[10]

条件	平均	標準偏差
手話つき	4.093	0.92
クローズ	3.593	0.87
通常の英文	2.468	1.16

(3) Bodner-Johnsonの研究

Bodner-Johnson (1985) は，家庭環境と学業成績の関係を明らかにするために，調査を行っている。対象は，125児の両親である。聴覚障害児は，平均年齢が11.49歳（10～12歳の幅）である。家庭でのコミュニケーション様式は，60％の家庭が口話法，40％が同時法を使用している。両親は，家庭で面接調査を受けた。

コミュニケーションに関する結果は，次のようであった。読みの成績の

高い子どものグループの親は，子どもの聴覚障害を受容し，子どもの成績に力を入れていた。こうした親たちは，子どもの障害による特別なニーズと状況（例：聴覚障害者のコミュニティ，手話言語の学習と使用，子どものコミュニケーション・ニーズ）から生じる諸活動を，通常の家庭の計画の中に統合してきた，と確信していた。優れた読書力をもつ子どもの親は，家庭で同時コミュニケーション様式を用いている，と報告した。これらの親の養育態度は，過保護というよりも許容的であった。

第5節　トータル・コミュニケーションにおける口話と手指の対応

　トータル・コミュニケーションの実践は，方法に関してみたとき，その台頭から現在まで，基本的に口話（音声英語）に対応した手指の同時使用，つまり，同時コミュニケーションに基盤をおいてきたことは，紛れもない事実である。最近の実際については，後の章で明らかにする。ここで問題となるのは，「実際場面で音声英語と手指の対応は，どのように行われているのか」ということである。以下，教師，子ども，親の場合に分けて，口話（スピーチ）と手指の対応の実際について検討したい。

1. 教師の実際について

　同時コミュニケーションにおける，スピーチ（英語）と手指の対応，一致の実際について追究したいくつかの研究は，一方ではそのことを疑問視する（否定的）結果をもたらし，他方ではそのことが可能であることを示す（肯定的）結果をもたらした。

　1）スピーチと手指の対応を疑問視する研究

　Marmorら（1979）の研究では，2名の教師の発話全体のうち，スピーチ（英語）と手話が正確に対応した文は，それぞれ8％，12％と極めて低率であった。とくに，疑問文，関係節などで主語，主動詞などの基本的な手話部分の省略がみられ，代名詞，動詞の時制などの省略も高率を占めた。

　こうした傾向は，Strongら（1986, 1987）の研究でもみられた。しかし，Strongらの結果は，Marmorらの結果と異なり，文法上基本的な名詞，動詞，形容詞などの省略が少なかった。一方，文脈などから類推可能で，文法的には基本的でない

複数，限定詞，動詞の時制，代名詞などでは，両研究とも共通して省略が多くみられた。これらの研究は，幼稚部・小学部の児童を担当する教師を対象としたものであり，手指英語方式に疑問を投げかけるものとなった，と言える。

Kluwin（1981）の研究結果も，手指英語の実際に否定的な評価を与えている。この研究では，手話の省略の割合は，経験の多少と関係がみられた。省略のカテゴリーでは，経験の豊かな教師ほど，名詞や主動詞などの重要な文法的カテゴリーで省略が少なく，逆に，代名詞や前置詞での省略が目立った。こうした代名詞や前置詞の省略は，アメスランの特徴であり，手話の経験が増加するにつれて，教師がアメスランのルールへ移行していくと，Kluwin は考察している。

2）手指英語方式を支持する研究

一方，スピーチと手話の対応について，肯定的な結果を示したものとして，いくつかの研究がある。

Luetke-Stahlman（1988）は，若干の手話の省略があっても，スピーチの意味が全体として保持されていれば，その発話はメッセージとして十分発信されている，と判定した。その結果は，12 名の教師で平均 77.5％でメッセージが保持されていた。こうした結果は，教師が手指英語方式でかなりの程度，英語に対応して手話を使用できることを示している，と評価された。

Mayer ら（1990）の結果は，100 発語のうち，スピーチと手話の完全に一致したものが，平均で 52.7％であり，形態素については平均 84.3％の一致率を示した。結論として，Mayer らは，初等部の教師は高水準でスピーチ（英語）を手話で表している，と評価している。また，スピーチと手話の一致の程度に個人差がみられたことから，一致率は，手指英語方式の構造自体によるものではなく，教師のこの方式への構えや熱意，学校の手話言語に対する方針，指導者による指導・助言などの影響による，と考察している。とくに，Mayer らの結果では，代名詞，前置詞などが高率で表現されていた点に注目したい。このことは，先の Strong らの手話経験が増加するにつれて，アメスランの特徴へ移行するという考察とは，相反するものである。

さて，同時コミュニケーションの教育的意義を考える際に重要なことは，「スピーチと手指の完全な文法形式の一致を目指すのか」または「コミュニケーションとしての高水準の内容伝達を目指すのか」という点である。トータル・コミュ

ニケーションでは，口話と手指の結合によるコミュニケーションの成立を，最重要課題と考えてきた。読話，聴能での伝達に加えて手話，指文字を同時に用いることによって，つまり両者が補完し合ってメッセージが伝達される，と考えてきた。即ち，口話で不明確な部分を手指が補い，手指で不明瞭な部分を口話が補うということである。

　元来，口話と手指の完全な対応，一致を第一の目標として実践されてきたわけではない。このような視点に立てば，極端に形式的なスピーチと手指の一致を目標として追求するのは，実際的なこととは言えない。問題は，同時コミュニケーションにおけるスピーチと手指の一致が，完全かどうかではなく，同時コミュニケーションにおける両様式の使用が，相互補完によってコミュニケーションの成立にとって適切であるかどうか，ということである。

2．聾児の実際について

　子どもの同時コミュニケーションの実際について研究したものは，多くはない。
　Raffinら（1978）の研究は，年少聾児の手話の形態素（マーカー）の理解を検討したものである。その結果，手指英語の経験年数が長くなるにつれて，形態素の獲得が向上することがみられた。こうした結果から，手指英語方式に一貫して接した年少聾児は，文を意味的，統語的に正しく理解，学習していることが明らかになった。また，形態素の正しい使用が可能であること，が示唆された。この研究は，形態素に限定されたものであるが，担任の報告などから，手指英語方式が読みの能力にも有効であることが，明らかにされた。

　Livingston（1983）の研究は，6歳になってから手指英語で教えられた聾児（6～15歳）を対象に，コミュニケーションの分析を行ったものである。分析の結果，対象児は手指英語方式による構造（意味・文法関係）に基本的に一致する表現がみられたほか，ピジン手話英語やアメスランを使用していることが明らかにされた。Livingstonの研究の対象児が，6歳から手指英語方式で指導を受け始めたということは，トータル・コミュニケーション本来の意図からすれば，開始時期が遅すぎると言える。こうしたことが，ピジン手話英語やアメスランの使用と関係があるのか，それとも同時コミュニケーションの早期導入の場合でも，こうした傾向が一般的なのか，明確ではない。

Crandall (1978) の研究は，語形変化する形態素の獲得に関して，母親と子どもの間でその使用に関係があるのか，を明らかにしようとしたものである。この点に関しては，母親が使う形態素の数と子どもが使う形態素の数に，相関がみられた。また，子どもの形態素の獲得には，年齢とともに増加傾向がみられた。手指英語での形態素の発達は，健聴児に比べて遅れがみられたが，発達の順序は同様であった。こうしたことから，母親の手指英語の使用を改善し，一貫性をもたせる必要があると結論づけられた。

なお，Bornstein (1990) は，教師は正しい英語のモデルを手指とスピーチで提示するが，子どもらに完全な手指英語で表現することを求めていないと述べ，こうしたことから，子どもの表現が，ピジン手話英語となるのは，やむをえないと言う。教師も，年長の上学年になると，ピジン手話言語を用い，観察によれば，子ども同士は手指英語を用いていないと，Bornstein は指摘している。

3. 母親の実際について

母親の同時コミュニケーションの実際についての研究は少ない。Swisher (1983, 1984) の研究は，発達の早期段階における母親を対象としたものである。母と子のコミュニケーション場面において，スピーチの単語または形態素に対応して手話表現されているかどうか，を分析した結果は，母親によって違いはあったが，形態素レベルで省略が，平均18％であった。これは，Swisherの言うように，発話の単純化という点はあるにしても，一致，対応の割合は，かなり高いと言ってよいだろう。

ただ，内容語に比べて機能語の省略が多かった点などから，子どもに十分な手指英語による言語モデルを母親が提供できているのか，という疑問が生じる。しかし，母親によっては，かなり成功している事例もみられたことから，母親の手指英語方式のスキルの向上が，期待されている。

Luetke-Stahlmanら (1990) の研究は，こうした早期段階の母親のスキルの改善を意図したものであった。母親と父親のスキルの改善のために，目標の設定と指導のセッションが行われた結果，手指英語の一貫性の向上と同時表現におけるメッセージの量的，質的な改善が，すべての親にみられた。こうした結果から，親の手指英語スキルの改善の効果（平均67％の一致率）が確認され，さらに方法

的な工夫により，向上が可能であること，が示唆された。

　母親についての2つの研究から，母親にとって手指英語方式の獲得が，全く不可能ではなく，実際はかなりのスピーチと手話の一致がみられ，指導によってはスキルの向上もみられることが明らかにされた。母親の場合は，教師の場合と同一レベルで，この問題を考えるわけにはいかない。親子の自然な，日常的なコミュニケーションの成立を重視すれば，一致度を高めることを追求するあまり，コミュニケーションの内容が貧弱になったり，楽しさや喜びが失われたりするようでは，かえってマイナスの結果となるであろう。

　さて，以上のようなトータル・コミュニケーションの発展の中で，ASLの教育の場への導入と展開（1980年代中頃より），二言語教育の台頭（1990年頃）とその発展が生起していた。これらの問題については，後の章で詳細に解明するつもりである。

引用文献

1) Jordan, I. K. et al. :An Update on Communication Trends at Programs for the Deaf. American Annals of the Deaf（以下 A. A. D.），1979, June, 350-357.
2) 草薙進郎 「アメリカ聾教育におけるトータル・コミュニケーションの発展」1996，イセブ印刷，37.
3) 草薙進郎 「アメリカ聾教育におけるトータル・コミュニケーションの発展」1996，イセブ印刷，36.
4) Gustason, G. et al. :Signing Exact English. Modern Sings Press, 1980.
5) Garreston, M. D. :Total Communication. In Frisina, R. (Ed.) A Bicentinnial Monograph on Hearing Impairment. Volta Review, 1976, 78, 93.
6) Moores, D. F. et al. :Early Education Programs for Hearing Impaired Children. A. A. D., 1978, Dec., 925-936.
7) Klopping, H. W. E. :Language Understanding of Deaf Students under Three Auditory Visual Stimulus Conditions. A. A. D., June, 1972, 389-396.
8) Grove, C. & Rodda, M. :Receptive Communication Skills of Hearing-Impaired Students. A. A. D., 1984, Sept., 378-385.
9) Geers, A. et al. :Acquisition of Spoken and Signed English by Profound Deaf Children. Journal of Speech and Hearing Disorders, 1984, Nov., 378-388.
10) Robbins, N. L. :The Effects of Signed Text on the Reading Comprehension of Hearing-Impaired Children. A. A. D., 1983, Feb., 40-44.

参考文献

1) 草薙進郎 「アメリカ聾教育におけるトータル・コミュニケーションの発展」 1996，イセブ印刷
2) 都築繁幸 「聴覚障害教育コミュニケーション論争史」 1997，御茶の水書房

第3章
最近のコミュニケーション方法の全般的状況

　この章より以降，1990年代中頃から最近までのアメリカ聴覚障害教育におけるコミュニケーション方法の動向について明らかにすることを目指す。まず，最近のコミュニケーション方法の全般的状況についてみてみたい。

　前述のようにトータル・コミュニケーションの実践は，1968年にカリフォルニア州サンタ・アナ学校区のジェームズ・マジソン小学校の聾幼児学級で，Holcomb指導主事の指導によって開始された。翌1969年には，メリーランド聾学校でDenton校長の指導のもとで，聾学校として初めて，トータル・コミュニケーションを正式に採用した。

　それまで，歴史的には聴覚口話法が主流であったが，これを契機にトータル・コミュニケーションの理念と方法が，聾学校を中心に急速な発展を示した。1975年頃には，聾学校の約半数が，トータル・コミュニケーションを採用する状況となり，1970年代末には，トータル・コミュニケーションは聴覚口話法を圧倒し，独自の地位を確立するに至った。

　一方，こうしたトータル・コミュニケーションの発展の影響を受けて，二言語教育（ASLと英語）の主張が，1970年代から1980年代にかけて，次第に高揚をみせ，その提唱も，徐々に具体的方略を示すようになってきた。1980年代末から，1990年代初めにかけて，マサチューセッツ州の「聾児学習センター」，インディアナ聾学校，カリフォルニア州立フレモント聾学校が，二言語教育の先駆的実践を開始している。こうした動向を受けて，二言語教育を標榜する教育実践が次第に広まってきた。

第1節　1994年のコミュニケーション方法の状況

　ここでは，ギャローデット大学の統計調査センターが，毎年各州に対して実施している，全米の聴覚障害プログラムのコミュニケーション方法の調査から，1994

年及び2004年の結果について，筆者が表3－1，表3－4にまとめてみた。

①表3－1，表3－4について，聾学校，地域プログラムとも，「10人以上在籍の機関」を対象として集計した。なお，人数の報告がないものが，少数あった。

②「地域プログラム」には，地域の通常学校，学校区，教育委員会，聴覚障害プログラム，聾学級，センターなどのプログラムが含まれている。

③1つの聾学校および地域プログラムが，単独のコミュニケーション方法を使用しているケースは少数で，大多数の所が2つ以上のコミュニケーション方法を採用している。従って，コミュニケーション方法の合計数が，聾学校，地域プログラムの合計数より多くなっている。

表3－1より，次のことが要約できるであろう。

1994年の聾学校についてみると，「スピーチを伴う手話」（トータル・コミュニケーション）の使用が最も多く，42.5％を占めており，次に「ASL」の33.3％，「聴覚口話」の22.0％，「キュード・スピーチ」の2.2％となっている。ASLは，1991年から，統計資料の項目として出現しており，次第に増加してきている。手指コミュニケーション関係の両者を合計すると，75.8％と4分の3を占めている。

同じく1994年の地域プログラムをみると，やはり「スピーチを伴う手話」が39.8％と最も多くを占め，次に「聴覚口話」の32.2％，「ASL」の21.2％，「キュード・スピーチ」の6.9％となっている。手指関係の両者を合計すると，61.0％と

表3－1　1994年のコミュニケーション方法（ギャローデット大学）[1]

	コミュニケーション				計
	聴覚口話	キュード・スピーチ	ASL（アメリカ手話言語）	スピーチを伴う手話（TC）	
聾学校合計103校（在籍15,831名）	41 22.0％	4 2.2％	62 33.3％	79 42.5％	186校
地域プログラム合計533（在籍38,728名）	385 32.2％	82 6.9％	253 21.2％	475 39.8％	1,195プログラム

なっている。

　以上のことから，1994年当時，聾学校および地域プログラムの両者において，手話と音声言語を同時に使用するトータル・コミュニケーションの方法が，最も多く用いられていることがわかる。また，手指関係の方法を合算すると，聾学校で約75％，地域プログラムで約60％となっており，手指コミュニケーションの使用が多くを占めていること，が明らかである。なお「スピーチを伴う手話」の「手話」は，手指英語（SEE2など）やピジン手話英語などを含んでいる。

　地域プログラムには，いろいろな程度の統合状況で学んでいる聴覚障害児がいるわけであるが，聴覚口話の使用が意外と少ないのは，予想に反することと言えるかもしれない（地域の学校の統合状況では，手話通訳者が配置されている場合がある）。

　なお，同じ頃に，Meadow-Orlansら（1997）が親に対して質問調査を行っている[2]。ギャローデット大学の評価・統計センターから，1989～1990年に生れた3,744名が在籍する，1994—95年度のプログラムのリストを得た。

　15名以上を教育しているプログラムに，1996年3月に研究目的を説明した文書が送られた。送付した269プログラムのうち，137プログラム（54％）が，親に質問紙を配布することを承諾した。1,147通の質問紙が参加プログラムに郵送されたが，404通（35％）の回答があった。ここでは，コミュニケーション方法を中心に結果をみてみたい。

　①子どもの聴力レベルは，聾が46％で，難聴が54％であり，聾と診断された平均年齢は14.5ヵ月，難聴と診断された平均年齢は28.6ヵ月であった。

　②診断が行われた後，各コミュニケーション方法による介入が開始されるまでの時間の遅れ（何ヵ月遅れたか）については，表3－2に示した通りである。補聴器の装用が7.9ヵ月の遅れで，キュード・スピーチは19.7ヵ月と最も遅れが大きかった。

　③「最初のプログラムのコミュニケーション方法」と「現在のプログラムのコミュニケーション方法」および「現在の家庭でのコミュニケーション方法」について，まとめたのが表3－3である。現在のプログラムの全体では，「口話のみ」が27％，「手話とスピーチ」が61％，「手話のみ」が10％，「キュード・スピーチ」が2％となっている。

表3-2　診断後介入開始までの時間の遅れ[2]

	全体（聾・難聴）		
	平均（月）	SD	人数
補聴器	7.9	11.1	319
スピーチ	9.6	11.7	299
聴能	10.2	11.9	272
手話言語	11.2	13.6	251
キュード・スピーチ	19.7	17.4	48

表3-3　コミュニケーション方法[2]

	最初のプログラム			現在のプログラム			現在の家庭		
	全体	聾	難聴	全体	聾	難聴	全体	聾	難聴
スピーチのみ	24%	10%	38%	27%	7%	46%	33%	9%	56%
手話とスピーチ	66	78	54	61	75	48	56	73	41
手話のみ	5	9	1	10	17	4	10	18	3
キュード・スピーチ	3	1	3	2	1	3	1	−	1
手話とキュー	3	2	3	−	1	−	−	1	−
合計	101	100	99	100	101	101	100	101	101
人数	(360)	(173)	(176)	(383)	(176)	(193)	(384)	(176)	(194)

注：聾と難聴の合計が全体の人数と合わないのは，聴力レベルのデータが不明なため。

先のギャローデット大学の1994年の調査結果と比べると，口話とキュード・スピーチは同じような傾向がみられる。手話とスピーチ（トータル・コミュニケーション）の61％は，1994年の約40％に比べるとかなり割合が高くなっている。もちろん，先の1994年の調査は，教育プログラムを対象にしており，本調査は，親を対象としていることを考慮しなければならない。しかし，親が「手話のみ」（10％）よりも，「手話とスピーチ」（56％）を多く使用していることは，注目してよい。

第2節　2004年のコミュニケーション方法の状況

1. 2004年のコミュニケーション方法

2004年のコミュニケーション状況について，同じく，ギャローデット大学の調査から表3-4にまとめてみた。二言語教育は，2000年から，統計資料の項目として出現しており，これは二言語教育の普及，発展の結果と言える。

2004年の聾学校についてみると，「手話とスピーチ」（トータル・コミュニケーション）が28.1％と最も多いが，「ASL」の24.6％，「二言語教育」（ASLと英語）

表3－4　2004年のコミュニケーション方法（ギャローデット大学）[3]

	コミュニケーション						計
	聴覚口話	キュード・スピーチ	ASL（アメスラン）	手話とスピーチ（TC）	二言語教育（ASLと英語）	その他	
聾学校合計93校（在籍13,745名）	45 22.6％	5 2.5％	49 24.6％	56 28.1％	41 20.6％	3 1.5％	199校
地域プログラム合計332（在籍25,080名）	248 27.7％	54 6.0％	194 21.7％	287 32.1％	97 10.8％	15 1.7％	895プログラム

の20.6％と，それほど差はみられない。「聴覚口話」は，22.6％，「キュード・スピーチ」は2.5％となっている。

　手指コミュニケーション関係の3者を合計すると，73.3％で，これは10年前（1994）とほぼ同じ割合である。聴覚口話とキュード・スピーチについても，10年前の使用割合と，殆ど変化していない。

　手指コミュニケーション関係については，2004年当時の状況を反映して，二言語教育が新しく項目として加えられている。トータル・コミュニケーションは，10年前に比べて約14％減少し，同じくASLは約9％減少している。代りに，新しく二言語教育が20.6％を占めることになった。

　2004年の聾学校で，単一のコミュニケーション方法のみを使用している主な聾学校は，ⓐ「聴覚口話法」では，マサチューセッツ州のクラーク聾学校，ミズーリ州の聾中央研究所（CID）およびセント・ジョセフ聾学校，ⓑ「ASLのみ使用」では，インディアナ聾学校，ワシントン聾学校，コロラド盲聾学校，ⓒ「二言語教育のみ採用」では，カリフォルニア・リバーサイド聾学校，デラウェア聾学校，ギャローデット大学のKDESとMSSD（現在，「ローレン・クレール全米聾教育センター」と称せられている），カンザス聾学校，オハイオ聾学校である。

　ASLの使用と二言語教育の実践との違いは，この調査からは明らかではないが，ASLの方は，1つのコミュニケーション方法として使用しているということであり，

二言語教育の実践は，後述するように，学校の基本方針として，可能な限り早期よりASLを1つの言語として指導し，それをベースにASLより書記英語（第二言語）への移行を目指すことを明確に定めたもの，と解釈できるであろう。

同じく，2004年の地域プログラムをみると，「聴覚口話」と「手話とスピーチ」が共に約30％と最も多く，「ASL」が21.7％，二言語教育が10.8％，「キュード・スピーチ」が6.0％と続いている。地域プログラムにおいても，二言語教育の影響がみられる点は，注目すべきである。手指コミュニケーション関係の3者を合計すると，64.6％と約3分の2を占めている。

2．10年間の変化

さて，1994年から2004年の10年間の変化を要約してみると，次のようになる。
[聾学校関係について]
聴覚口話の使用は，両年とも約22％と殆ど変化はなく，同じくキュード・スピーチも，両年とも約2％と変化はみられなかった。

手指コミュニケーション関係では，全体の使用割合は，両年とも75％前後で変化はないものの，1994年ではスピーチを伴う手話（トータル・コミュニケーション）が40％強，ASLが30％強であったものが，2004年には，二言語教育が新しく加わって，スピーチを伴う手話が約28％，ASLが約25％，二言語教育が約21％と，3者がほぼ同程度の割合となっている。つまり，1994年から2004年の10年間に，手指コミュニケーションの使用は，多様化してきたと言えるだろう。
[地域プログラム関係について]
地域プログラム関係の10年間のコミュニケーションの変化をみると，聴覚口話は約32％から約28％と若干減少している。キュード・スピーチは6～7％程度で変化はない。

スピーチを伴う手話は，1994年には，約43％の使用であったのが，2004年では約32％と減少している。ASLは，両年とも約21％と変化はない。しかし，2004年には，1994年にはみられなかった二言語教育が約11％を占めるに至った。手指コミュニケーション関係では，1994年には約61％（2者）であったものが，2004年には約65％（3者）と若干増えている。地域プログラムにおいても，手指コミュニケーション関係の影響を強く受けていることがわかる。

さて，歴史的にみたとき，1960年代末のトータル・コミュニケーションの台頭前は，聾学校において聴覚口話法が約80％使用され，手指コミュニケーション（併用法や同時法）関係の使用は約20％であった。それが，1970年代末には前者が約20％，トータル・コミュニケーションが約80％と逆転した。しかし，1980年代中頃よりASLの採用の増加によって，トータル・コミュニケーションの使用は，その分減少していった。そして，1990年代に入って，二言語教育の発展により，トータル・コミュニケーションはさらに減少していった。

とはいえ，2004年の統計資料によれば，聾学校と地域プログラム全体をみると，トータル・コミュニケーションが31.4％，ASLが22.2％，二言語教育が12.6％の使用と，依然トータル・コミュニケーションの優位が認められる。

3. 手指関係の使用状況

さらに，2004年の同じ統計資料をもとに，手指コミュニケーション関係（トータル・コミュニケーション，ASL，二言語教育）のみについて，使用状況を表3－5にまとめてみた（なお，これは10人以上在籍の聾学校，地域教育プログラムについて集約したものである）。

この表から，プログラムでの単独の使用は，トータル・コミュニケーションが104プログラムと圧倒的に多く，ASLは13，二言語教育は12と少数であった。二言語教育を独占的に用いているプログラムは，トータル・コミュニケーションの約10分の1と少数であることがわかる。

2つの方法を併用しているプログラムは，トータル・コミュニケーションとASLの併用が114プログラムと圧倒的に多く，ASLと二言語教育は13，トータル・コ

表3－5　全米プログラムにおける手指関係の使用状況（2004）[3]

	コミュニケーション方法	プログラム数	％
単独使用	トータル・コミュニケーション（TC）	115	30.2％
	ASL	14	3.7
	二言語教育	11	2.9
2者併用	トータル・コミュニケーションとASL	114	29.9
	トータル・コミュニケーションと二言語教育	12	3.2
	ASLと二言語教育	13	3.4
3者併用	TCとASLと二言語教育	102	26.8
	合計	381	100％

ミュニケーションと二言語教育は12と少数であった。トータル・コミュニケーションが，ASLと併用されている，現状が浮び上ってくる。

つまり，トータル・コミュニケーションと二言語教育は相入れないものとして把握されているが，トータル・コミュニケーションとASLは，子どものニーズや教育場面（授業での両者のコード・スウッチングもその1つ），カリキュラム（物語の読み聞かせや発表にASLを使うとか）に応じて，弾力的に使用されていると考えられる。なお，トータル・コミュニケーションとASLと二言語教育の3者を共に使用しているプログラムが，102プログラムあることも注目される。

以上のデータから，個人のニーズ，指導場面，カリキュラムなどに応じて，様々なコミュニケーション方法を用いているプログラムが多数あることがわかる。コミュニケーション使用における多様化，個別化が最近の特徴の1つと言えよう。また，トータル・コミュニケーションを軸にその他の方法が，同時に用いられているとみることもできるだろう。こうしたデータをみると，必ずしもトータル・コミュニケーションの実践が衰退しているわけではなく，依然主要な中心的柱となっていることがうかがえる。

4．聴覚口話関係の使用状況

また，同じく2004年の聴覚口話関係の使用状況を表3－6にまとめてみた（なお，これも10人以上在籍の聾学校，地域教育プログラムについて集約したものである）。

聴覚口話の単独使用は，41プログラム（14.0%）と中位を占めている。「聴覚口話とトータル・コミュニケーション」（2者），「聴覚口話とASLとトータル・コミュニケーション」（3者），「聴覚口話とASLとトータル・コミュニケーション

表3－6　全米プログラムにおける聴覚口話関係の使用状況（2004）[3]

コミュニケーション方法		プログラム数	%
単独使用	聴覚口話	41	14.0
2者併用	聴覚口話とASL	6	2.1
	聴覚口話とトータル・コミュニケーション	65	22.2
	聴覚口話と二言語教育	3	1.0
3者併用	聴覚口話とASLとTC	85	29.0
	聴覚口話とASLと二言語教育	4	1.4
	聴覚口話とTCと二言語教育	7	2.4
4者併用	聴覚口話とASLとTCと二言語教育	82	28.0
	計	293	

と二言語教育」(4者) が，とくに多くを占めていることがわかった。ここでも，トータル・コミュニケーションが軸となって，聴覚口話と手指関係を結合している状況が明らかとなった。

第3節 その他の調査

以上のほかに，Esp (2001) は，全米の聾学校長に，聾学校のソーシャル・ワーカーについての調査を依頼している[4]。その調査内容に，コミュニケーションに関係する部分があるので，次にみてみたい。

101のメールが，聾学校に送られ，73名のソーシャル・ワーカーから回答が得られた。うち，女性63名，男性10名で，平均年齢は37歳であった。健聴者が58名，聾・難聴者が15名であった。

学校のタイプは，寄宿制校が16名 (22%)，通学制校が14名 (19%)，寄宿と通学の併用校が43名 (59%) であった。

コミュニケーション様式についての学校の方針は表3－7の通りであった。49%のソーシャル・ワーカーが，学校の方針として，トータル・コミュニケーションを挙げている。次が二言語・二文化教育で23%を占め，口話はわずかに8%にすぎなかった。

表3－7 コミュニケーション様式についての学校の方針[4]

①	トータル・コミュニケーション	36名	49%
②	二言語・二文化教育	17	23
③	①と②	8	12
④	口話	6	8
⑤	なし	3	4
⑥	無回答	3	4

表3－8 使用しているコミュニケーション様式[4]

①	ASL	67名	85%
②	Signed English	49	67
③	スピーチのみ	32	44
④	キュード・スピーチ	6	8
⑤	同時コミュニケーション	6	8
⑥	ピジン手話英語	4	5
⑦	その他	3	4

注：1つ以上のコミュニケーション様式を用いている。

また，ソーシャル・ワーカーが，子どもに用いているコミュニケーションの様式は，表3－8の通りであった。ワーカーは，1つ以上の様式を用いているので，回答は73名より多くなっている。一番多く用いられているのが，ASLで，85％のワーカーが用いている。次が，Signed Englishで，67％を占めている。ここで挙げられている，Signed Englishは手指英語方式の1つとして幼児用に開発されたもの（Bornsteinら，1973）を示すのではなく，手話を伴う音声英語（signed English）つまり手指英語を表していると思われる。また，これは表で挙げている同時コミュニケーションとどう違うのかも明確ではない。

とはいえ，回答者の84％が，彼らの担当しているケースと仕事をするとき，通訳サービスを用いていないと，説明している。本研究は，聾学校のソーシャル・ワーカーは，比較的高いレベルのコミュニケーション・スキルを有していること示唆している，とEspは結論づけている。

Mitchellら（2005）は，ギャローデット大学調査研究所の2001～2002年度の資料（全米6～19歳の聾・難聴児）によるデータを，個人別に分析している[5]。

クラス指導で用いられている基本的コミュニケーション様式と人数は表3－9のようであった。全体では，手指様式関係が聴覚口話様式よりもやや多いが，半々であることが示されている。スピーチと手話（トータル・コミュニケーション）が手話のみ（ASLと二言語教育）よりも圧倒的に多いことがわかる。

なお，家庭で子どもに用いられる通常の手話の「有無」について，親に質問した結果は，手話の使用有が，5,886名，無が15,119名であった。手指をクラス指導で用いられている子どもについてみれば，53.3％の子どもが，家庭で親が通常手話を用いていることになる。これを十分とみるか，不十分とみるかは，意見が異なるかもしれないが，手話の効果を高めるには，さらに家庭で手話を使用する機会を多くする必要があると思われる。

表3－9　クラスの使用コミュニケーション[5]

コミュニケーション様式	人数	％
スピーチのみ	9,963	47.4％
手話とスピーチ	9,502	45.3
手話のみ	1,540	7.3
合計	21,005人	100％

第4節　ロチェスター法と指文字利用

次に，手指コミュニケーションの中で利用されている「指文字」について明らかにしたい。

1. ロチェスター法

アメリカの指文字は，英語のアルファベットを片手の形で表すもので，英語の26文字に対応している。

歴史的には，指文字をスピーチと結合して同時に使用する方法は，1878年にロチェスター聾学校が幼稚部段階で実践を開始したことにより，「ロチェスター法」と呼ばれた。その後，この方法はロチェスター校では口話法の発展に伴い衰退していったが，前述の通り20世紀に入って1958年にニューメキシコ聾学校が幼児段階で，ロチェスター法を採用し，復活をみた。

指文字の使用は，トータル・コミュニケーションの展開の中では，早期からの手話導入が図られたため，文字言語の発達とほぼ連動して，後で導入されるようになった（早くても3〜4歳以降）。指文字は，手指英語方式，ASL，二言語教育やピジン手話英語においても，適切に使用されている。前述のギャローデット大学の統計資料の中では，ロチェスター法は示されていない。つまり，純粋な形でのロチェスター法は実践の場ではみられないが，必要に応じて指文字が他の方法と併用されていると言える。

2. 指文字の利用

手話言語とともに指文字が使用されることがある。従来，指文字はどのような場合に用いられるかについて，次のような事例が挙げられてきた。

①固有名詞をスペルする（人名や地名など）。
②英語からの借用語をスペルする（TV，ITなど）。
③手話にない専門用語をスペルする。
④英語の語，句を強調したり，スペルや意味を明示したりするために用いる。

最近は，たとえば，郵便記号における各州名（MDはメリーランド州を表す）の指文字が，州の名まえを意味するというように，「指文字語」がASLの語彙の

一部を成し，ASLを豊かにしていると言われている。

3. 指文字の特徴と利点
指文字利用の特徴，利点について，次の点が挙げられる。
① 指文字によって完全な英語アルファベットが伝達され，コミュニケーションの相手によってそれが受容される。
② 指文字は英語の語彙，文型のすべての範囲を視覚的に曖昧さのない形で表すので，スピーチや読話のみを用いた場合に生じる，類推作業やフラストレーションを除去することができる。
③ 指文字は，スピーチと読話を妨害しない。逆に，語音と文字の弁別を助け，語彙を拡充するので，スピーチと読話の発達を促進する。
④ 聴覚受容，読話受容を指文字によって視覚的に補完することによって，英語の文法規則に従った形で，コミュニケーションを成立させることができる。
⑤ 指文字は，読み書き能力に有効であるにちがいない。文字英語は，音声言語のコードであり，指文字は文字英語のコードである[6]。
⑥ 指文字は，手話と英語のアルファベット，英単語の間を仲介する。
⑦ 指文字は，文字の組合せではなく，指文字された単語は，完全な1つの単位である。聾児は基本的に指文字を二度学ぶ。一度は「全体」として指文字された単語を学び，もう一度は綴りによって学ぶ[7]。

4. 指文字の問題点
指文字を利用する上で，次のような問題点が指摘されている。
① 教師，両親にとっても，指文字でのコミュニケーション能力を身につけるには，指文字の多くの練習が必要となる。とくに，読み取りは，伝達（表現）するよりも一般に学ぶのが困難である。
② 経験を積んだ成人にとって，1分間60語（300文字）の指文字表現が快適な速度である。通常のスピーチは1分間150語（指文字の2.5倍）で行われる。指文字では，流暢な口話による会話が妨げられる。
③ 指文字の読みは，指文字を1つひとつよりも一組の単位（まとまり）として，単語を結びつけるため，不確実性が生じ，これらを補って認知するには，後続

の単語を思い浮べるような基本的な文法知識が必要である。
④発話の全単語に指文字を完全に一致，対応させなくても（指文字の省略があっても）読話，聴覚活用などからの情報の助けがあればよいとする主張もある。

5. Padden の見解

Padden（2006）は，世界の他の手話言語に比べて ASL においては，指文字はしばしば用いられていると指摘し，18 人の生れつきの手話話者の短い話に表れた，指文字の頻度を調べている[8]。各手話話者の 150 の手話表現（語彙）のうち，平均 18％（12〜30％の幅）が指文字された語であることを見出している。

14 人のグループでの会話から選んだ 2,164 の指文字語の一覧のうち，70％近くが名詞であり，次が形容詞と動詞で約 6％，副詞，接続詞，代名詞はそれぞれ 2〜3％を占めていた。

ASL では，rice（米），ブロッコリーなどは，いつも指文字で表し，これに相当する手話はない。ASL は，短縮形による指文字語を有する。たとえば，P-O で Post Office（郵便局）を表す。多くの手話と指文字の組があり，それで意味と文法的クラスを対比させる。たとえば，手話の LOVE は動詞で，指文字の LOVE は名詞で，文法的クラスが対比されている。

多くの手話と指文字の合成語がある。合成語は最初は手話，次は指文字というのが一般的である。たとえば，red tape は赤い（red）は手話，テープ（tape）は指文字で表される。従来，指文字された語は，相当する手話がない英単語を表わす手段としてみなされてきた。しかし，これは，誤った特徴づけである。

子どもと指文字の関係について，Erting ら（2000）は，2 歳程度で指文字表現を試みている，幼い聾児の多くの事例を見出している。Kelly の研究（1995）の幼い子は，生後 24 ヵ月で C-H-I-P（ポテトチップ）を指文字しようとする試みが，ビデオ録画された。

ある親は，大変幼ないわが子に指文字を使うことを主張するだろう。なぜなら，指文字に早期に接することによって，読み書きの良い準備になると考えているからである。子どもが，指文字，スペリング，読むこと，書くことのスキルの間を努力せずに行き来するまでに，一般的に小学校 1 学年から 2, 3 学年までかかる。

とはいえ，早期から家庭などで指文字に接することが大切で，教師による指文

字の使用は，読み書き教育が始まるまで，遅らせるべきではないと，Paddemは主張している。

6．Grushkinの見解

指文字は，聾・難聴児の教育において，もっとその役割を増大すべきである。指文字は，英語と関連しているにも拘わらず，聾社会や聾教育者によって拒否されるか，見すごされてきた[9]。

その理由の1つは，健聴教師が指文字で経験する快適さ，流暢さが比較的欠けていることである。そこで，コミュニケーション意図（新しい単語を教えるなど）によって指文字の使用が必要と認めるが，指文字を使うのを喜ばない。

もう1つは，SEE2などで単語の初めの文字を指文字で表す手話を創作し，多く使うことが指文字不用の原因となったことである。たとえば，Fruit（果物），Vegetable（野菜）を，同じ手話をF. V.の指文字の形で表す（頭文字手話のこと）。教師は児童にとって，手話の方が指文字を理解するよりも易しいと述べている。

指文字の手の形の獲得については，2歳半ですべてではないが，殆どの指文字アルファベットを獲得する。この頃は，指文字表現を特定の手の形の連続体としてよりも，むしろ一般的（「大まかな」）動きのシリーズとして受けとっている。

3歳の子どもは，指文字の手の形とアルファベットの印刷文字との関連づけを始めるが，指文字と印刷体との関連は稀薄で不確実にとどまっている。4歳になってさえ，子どもは単語のスペルそのものを産出するよりも，むしろスペルの連続体として認知する高い能力を示している。4歳で指文字を自発的に使い始める。

6歳には，指文字は説明のために使うようになる。そして，学校に入学する時までには，指文字で表されるべきものの殆どを知る（人，場所の名前など）。指文字と文字単語の結びつきを知ることにより，語彙が増加し，読み書き能力の向上に貢献する。指文字は，筋肉運動感覚と視覚手段を通して，単語の記憶にも有効である。

教師は，新しい語（例：aquarium）を教える時，①指文字でaquarium（水族館）を表して，意味を説明する，②黒板にその文字を書く，③黒板の文字を指しながら指文字をする，という方法をとるのが有効である。

Grushkinは，結論として次のように述べている。

指文字は，ASLの言語システム内の1つの資源であり，読み書き能力と印刷さ

れた単語への強力なつながりを提供する。指文字の受容と表現は，2歳でマスターできるシステムである。英語の綴りのスペル能力は，指文字の実践に依るところが大きく，指文字の使用を排除すべきではない。

　教師は，指文字の受容・表現能力を高め，その使用を快適にする必要がある。このことによって，子どもの指文字能力の向上を図るべきである。子どもが，指文字表現を意味的ユニットとして，また連続体として理解するように助長すべきであり，教師は，子どもの指文字の受容・表現能力を低く評価すべきではない。

第5節　キュード・スピーチの最近の動向

1.　キュード・スピーチの台頭

　1967年にギャローデット大学のCornettが，読話の不確実性を補完するために，キュード・スピーチを創案し，公表した。

　このキュード・スピーチは，読話の補助システムとして開発された。口形とキューの組み合せ（相互補完）によって，スピーチが理解できるようになっており，キューだけではスピーチの内容を伝達することはできない。全部で12のキューを用い，4つのキューは「左手の位置」で母音（4グループ）を表し，8つのキューは「左手の形」で子音（8グループ）を表す。このキューをスピーチと同期させて用いる。

　キューは，読話の弁別としてだけではなく，発音の習得，発音指導にも有効であることが強調されている。こうしたことにより，言語の理解，表現の発達，知的発達にも有効性を発揮するとCornettは考えている。

　早期段階で，聾児は親のキューを模倣することによって，キュード・スピーチの学習が可能である。キュード・スピーチは，2～3歳以前に導入するのが望ましいとされる。クラス内でも，教師がモデルを示すことによって聾児に獲得させていくことが不可欠な条件となる。

　キュード・スピーチ展開の初期段階での成果については，次のようなことが指摘されている。

①同口形異音語（例：meat, peas, beets, beans）や機能語（as, of, to, atなど）や音節を教えるのに有効である。

②確実なコミュニケーション手段によって，子どものモチベーションが高まる。

③子どもは，他の者とのコミュニケーションを，より早期に始め，他者から理解されるので満足しているようにみえる。

2. キュード・スピーチの展開

キュード・スピーチは，公表された当時大きな関心を呼び，聾学校等への普及が予測され，いくつかの聾学校で試行されたが，直後に台頭したトータル・コミュニケーションの急速な発展等の中で，キュード・スピーチは広範な普及をみせずに，現在に至っていると言える。

1982年のCraigの全米の聾学校130校に対する，母子教育プログラム（0～4歳）の調査（107校から回答）を一例にあげれば，表3－10の通りである。トータル・コミュニケーションと聴覚口話が多く使用されているが，キュード・スピーチはわずかに2％の使用であることがわかる。

表3－10 母子教育プログラムで使われているコミュニケーション様式 10)

様式	学校ベース	家庭ベース 教師による	母親による
トータル・コミュニケーション	56％	44％	41％
聴覚口話	34	39	39
聴覚のみ	6	13	16
指文字・口話	2	2	2
キュード・スピーチ	2	2	2
計	100％	100％	100％

3. キュード・スピーチの成果

キュード・スピーチの成果については，いくつかの聾学校が実践を行っている。

（1）カナダのジェリコ・ヒル聾学校（Clarke, 1976）では，実施して2年目の終りに，8児（8歳8ヵ月～10歳11ヵ月）をテストした結果，句と文の理解において，キューを付けた場合の方が，好成績であった。

（2）オーストラリアのセント・ガブリエルズ聾学校（Nichollas, 1975）では，4年以上キュード・スピーチを学んでいる18児について，その効果を研究している。

音節（子音28を含む）と単語（108語）を「聴覚」「読話」「読話と聴覚」「キュー」「聴覚とキュー」「読話とキュー」「聴覚と読話とキュー」の各条件で，VTRで提

示し，書記再生で回答を求めた。その結果，「読話とキュー」「聴覚と読話とキュー」の条件で，音節が80％以上，単語で95％以上の高い正答がえられた。

こうしたことから，「キュード・スピーチは，言語学習の基礎として明確な音韻情報の受容手段を，全聾児に用意することができる」と結論づけている。

（3）キュード・スピーチを用いた，いくつかの事例研究がある。「レアの事例」（Cornett, 1975）では，2歳からキュード・スピーチを学び，通常の小学校，中学校へと進学し，学年相当の成績をおさめている。「ポールの事例」（Young, 1978）では，3歳半からキュード・スピーチを学び，小学校に入学した。教師と友達はキュード・スピーチを学び，6人の子どもはポールと自由にキュード・スピーチで話せるようになった。その後ポールは，父親の言では大変な読書好きとなっている。「ジャネットの事例」（Cornett, 1975）では，生後7ヵ月からキュード・スピーチを家庭で一貫して用いた。生後24ヵ月で理解語彙500語，自発語307語となった。3歳0.5ヵ月の時，絵画語彙テストで3歳6ヵ月，言語発達スケールで受容言語で2歳2ヵ月，表現言語が2歳8ヵ月の能力を示した。

（4）キュード・スピーチの有効性について，Sneed（1972）は2名の対象児に対して，ビデオテープで音声なしの無意味音節の受容テストを行った。

結果は，15歳の聾児は読話とキュー条件で96％，読話条件で23％の正答率を示した。キューを使用できる8歳の健聴児では，同じく読話とキュー条件で88％，読話条件で28％の正答率を示した。読話条件のみよりも，キュード・スピーチを用いた方が好成績であることが明らかにされた。

4. キュード・スピーチとトータル・コミュニケーション

キュード・スピーチの展開は，その開始直後に台頭したトータル・コミュニケーションの影響を，強く受けたことは間違いない。

トータル・コミュニケーションの進展につれて，Cornettは，キュード・スピーチはトータル・コミュニケーションの欠点をおぎなって使用可能で共存できると考えた。彼は，キュード・スピーチと共存することを前提に，トータル・コミュニケーションのみでなく，ASL（二言語・二文化）の価値についても認めている。しかし，トータル・コミュニケーション支持者は，キュード・スピーチは人工的であると考えて受け入れず，成人聾者の社会は，キュード・スピーチをトータル・

コミュニケーションのようには，歓迎しなかったことも事実である。

こうした妥協的な主張にも拘わらず，キュード・スピーチは口話主義者の側からも，トータル・コミュニケーション支持者の側からも，積極的に受け入れられることがなかった。Cornett は，キュード・スピーチがこの両者に挟まれて批判を浴びたことが，キュード・スピーチの急速な展開をもたらさなかった，と考えているが，キュード・スピーチを取り上げて批判した論文は，あまり多くはない。むしろ，時代の流れの中で焦点はトータル・コミュニケーション，あるいは手指英語方式に集中し，キュード・スピーチへの関心が薄れ，注目されなくなっていったと言える。

口話アプローチとトータル・コミュニケーションに比べて，キュード・スピーチの最も異なる性格は Cornett も言うように，「キュード・スピーチは，理念でも方式でもなく，話しことばの受容と表現を，第一のねらいとする技法である」という点に存する。口話対手話の歴史的論争は，方法のみならず，教育の理念も含めた論争であった。これに対し，キュード・スピーチは，あくまでコミュニケーション方法上の有効な1つの技法として自らを位置づけており，この特徴の故にキュード・スピーチは，両者の論争の中にはまり込んで埋没してしまったと言う，Cornett の指摘も，うなずけるものがある。

5. キュード・スピーチの最近の状況

キュード・スピーチの最近の状況は，第3章でみたように，2004年のギャローデット大学の統計資料では，聾学校の使用率は2.5%，地域プログラムでは6.0%となっている。

キュード・スピーチは，その性格上口話プログラムの中での使用が予想される。

表3-11 キュード・スピーチと他のコミュニケーション方法との併用（2004）[3]

併用	プログラム数
キュード・スピーチと聴覚口話	6プログラム
キュード・スピーチと手指関係	10
キュード・スピーチと聴覚口話と手指関係	44
計	60プログラム

注：手指関係とは，トータル・コミュニケーション，ASL，二言語使用

同じ2004年の統計資料から，キュード・スピーチは他のどのようなコミュニケーション方法と併用されているのかを調べてみた。表3－11がその結果である。（キュード・スピーチの単独使用のプログラムは，在籍4名と5名の2プログラムのみである。）

キュード・スピーチの本来の目的として，聴覚口話とキューの組み合せが多いと予想されるが，6プログラムと少ないのが予想外である。手指関係とキュード・スピーチの組み合せは，10プログラムと少ないが，個人のニーズや必要に応じて，口話指導を行う場合に用いられることが考えられる。最も多いのが，キュード・スピーチと聴覚口話と手指関係の組み合せである。いろいろなコミュニケーション方法と併用されている状況がうかがえる。

なお，キュード・スピーチは当初アメリカで開発されたものであるが，その後世界的に広まりカナダ，オーストラリア，イギリス，フランス，ベルギー，スペインなどでの実践がみられる。

6. 最近のキュード・スピーチについての見解と研究

1967年の公表以来，キュード・スピーチの理論，技法に関しては基本的に変化はない，と言える。他の国においても，Cornettのキュード・スピーチの技法にのっとって修正版を創案している。

ここでは，最近のキュード・スピーチについての見解と研究について若干みてみたい。

1）人工内耳とキュード・スピーチ

人工内耳埋め込み使用者が，スピーチを理解するとき，キュード・スピーチは有効であるかという問題が提起されている。ベルギーのHageとLeybaert（2006）は，次のように述べている[11]。

「人工内耳の発展に伴って，多くの子は話し手を見ることなしに，スピーチを理解することを学ぶだろう。そして，読話とキュード・スピーチへの依存が減退する。しかし，口話言語の受容は，人工内耳の使用でも，従来より自然ではあるが，しばしば不正確で不完全である。人工内耳によって口話コミュニケーションは自然となり，発話の明瞭度は増大するだろう。しかし，言語理解はまだ完全という域には至っていないだろう」

Hage らによれば，Descourtieux (2003) は，キュード・スピーチで育ち，その後人工内耳埋め込みを受けた子どもにとってのキュード・スピーチの有効性について研究した。

　対象児は，55名（3～16歳）でうち42名は人工内耳を有する。単語の受容が3条件（聴覚のみ，聴覚と読話，読話とキュード・スピーチ）で評価された。その結果，聴覚と読話および読話とキュード・スピーチ条件の成績は，80％以上の正答であった。しかも，読話とキュード・スピーチ条件は，聴覚と読話条件よりもわずかに好成績であった。3歳以前に人工内耳の埋め込みを受けた，幼いグループにとってさえ，キュード・スピーチは音声言語の知覚のための有効な手段として存続すると思われる。

　さらに，Hage らは次のような研究を紹介している。

　（1）キュード・スピーチを用いて育った子ども，手話フランス語で育った子ども，口話で育った子どもが，人工内耳埋め込みを受けた後（3ヵ月から5年経過）の単語，文の理解を比較研究した結果，キュード・スピーチを用いて育った子どもの成績が，他のコミュニケーション様式のグループよりも優れていた（Cochard, 2003）。

　（2）スピーチの産出と明瞭度の発達について，平均7歳2ヵ月で人工内耳埋め込みを受けた12名について研究している。人工内耳埋め込み以前は，聴覚口話コミュニケーション4名，同じくキュード・スピーチ4名，手話言語4名である。埋め込み後の1年，2年，3年に明瞭度（正しく発音した語の数）が評価された。その結果，埋め込み後の経験がふえるにつれて，キュード・スピーチのグループは，他のコミュニケーション様式のグループよりも優れた明瞭度得点を示した（Vieu ら，1998）。

　（3）同じく人工内耳埋め込み前に，キュード・スピーチで育ったグループ，口話で育ったグループ，手話言語で育ったグループについて，自発的スピーチでの文の言語レベルを評価した。いろいろな活動を示す絵に反応して，埋め込み後3年の子どもが物語を話すのを記録し，単語，文レベルでスピーチが得点化された。

　結果は，キュード・スピーチまたは聴覚口話指導を受けたすべての子どもは，正しい文または擬似文（例：Cat milk drink）を産出したが，手話言語グループはだれも正しい文と擬似文のどちらも産出しなかった。結論として，キュード・スピーチ・グループは，他のグループよりもシンタックスで進歩を示した。埋め込み前のキュード・スピーチの指導は，シンタックスを発達させるための良い手段

であると思われる（Vieu ら，1998）。

　以上をふまえて，Hage らは次のような結論を述べている。

　人工内耳埋め込みを受けた子は，それ以前にキュード・スピーチに接したことから利益をえていると，最近のデータは示しているように思える。しかし，現在，埋め込み前のキュード・スピーチの使用は次第に稀になっているようである。実際，殆どの子どもは現在1歳位で人工内耳を装用している。人工内耳使用の最初の数ヵ月または数年は，埋め込み児の聴覚知覚は不完全に留まっている。それ故，キュード・スピーチの付加は，言語理解に対してまだ利益をもたらすだろう。

　人工内耳を有する子どもによるキュード・スピーチの使用は，挑戦的な問題である。子どもは，話し手の口唇や手をしばしば見ないかもしれないし，聴覚情報のみに依る傾向があるだろう。こうした状況で，親はキュード・スピーチへの動機を失い，失望を感じるか，単に手による記号化を止めるかもしれない。

　2）二言語・二文化教育とキュード・スピーチ

　LaSasso と Metzger（1998）は，キュード・スピーチと二言語・二文化教育モデルの関係について，次のように考察している[12]。

　キュード・スピーチを用いる聾者の読話能力の研究では，読話のみでは音節や単語の30％しか理解できないが，読話にキューを付けた時は，同じ情報の80～90％が理解可能となる。キューによる音韻の発達は，読みの理解に貢献する。母親は，キュード・スピーチを10時間から数週間の学習で獲得できる。

　手指コード英語方式の ASL は，音韻（母音，子音）と関連をもたない。我々は，手指コード英語方式の手話よりも，キューは英語を明瞭に正確に伝達できると考える。キュード・スピーチは，英語の言語能力を獲得する上で重要な手段である一方，聾児のコミュニケーション・ニーズのすべてを表現することはできない。手指コード英語方式は，今まですべての聾児にとって有効ではなかったが，一部の聾児たちにとって明らかに有効であった。

　どのような環境でどのような者にとって，キュード・スピーチが有効であるか決定するには，さらなる研究が必要である。キューのどのような要素（位置，手の形，手の動き，口唇の動きなど）が，他のすべてのキューから，特定のキューを識別するのに必須であるか，また発達的にどの年齢でキューの要素の特徴が獲得されるのかなど，研究すべきことは多い。

今後，就学前段階でいろいろな二言語・二文化プログラムのモデルに，いかにキュー付言語が連結できるのかを決めるための研究が必要である。

3）音韻と文字の対応に果たす役割

ベルギーの Leybaert（2000）は，キュード・スピーチによる音韻と文字のマッピング（対応）が，単語のスペリングの獲得に及ぼす効果について研究している[13]。

対象は，①早期に家庭でキュード・スピーチ（CS）を教えられた 28 名（CS・家庭グループ，平均 8 歳 10 ヵ月，生後平均 18 ヵ月より CS を導入），②学校で遅れてキュード・スピーチを教えられたグループ 28 名（CS・学校グループ，平均 11 歳 1 ヵ月，生後平均 3 歳 2 ヵ月より CS を導入），③健聴児グループ 30 名（平均 8 歳 9 ヵ月）である。

スペリング作業は，42 の高使用頻度のフランス語単語のリストおよび 45 の低頻度の単語リストから成る。対象児は，指示された単語を書く。その単語は，絵または文脈で示唆されている。

完全にスペリングが正しい答の割合が算出された。CS 家庭グループが 79.2%，健聴グループが 77%，CS 学校グループが 73.3%であった。使用頻度の効果は，CS 学校グループが最大で，健聴児グループ，CS 家庭グループ（最小）の順であった。誤りのタイプでは，対照的に CS 学校グループは，低頻度の単語で音韻の置換でない誤りを多く示した。これは音韻を文字にマッピングする能力の低さを示している。

以上より，正確な音韻表現は，高度で正確な文字表現の発達を促進するであろうと思われる。得られたデータは，いかに子どもが単語をスペルするかの分析が，彼らの音韻能力の良き指標となるであろうことを示唆している。

同じく，ベルギーの Leybaert と Lechat（2001）は，聾児のスペリングを向上させるためには音韻—文字の対応関係を用いる能力を改善する必要があると考え，それには家庭での早期からの強力なキュード・スピーチの使用が有効であると主張している。そこで，次のような研究を行っている[14]。

キュード・スピーチを早期に家庭で導入したグループと学校で遅れて導入したグループ，手話言語を早期に導入したグループと遅れて導入したグループ，および健聴児グループに対して，テスト用紙に単語（絵または文脈で示された）を書くように求めた（回答を得点化）。

その結果，①健聴グループと CS 家庭グループは，スペリングにおいて成績が優

れ，音韻と文字の対応が明瞭に示された，②手話言語の両グループの成績は，音韻と文字の対応が明確でなかった。また，スペリングの誤りの分析では，①健聴グループと CS 家庭グループの誤りは，音韻的に正しい誤り（つまり，誤ってスペルされた文字の発音が正答の音素と同じである）の頻度が最多で，両グループは似た傾向を示した，② CS 学校グループと手話言語の両グループは，音韻的に正しくない誤りが，音韻的に正しい誤りよりも多かった。

　以上の結果から，Lebaert らは，①手話言語の子どものスペル産出システムは，音韻よりもより文字の知識に支配されている（音韻―文字のマッピング能力が低い），②早期の強力なキュード・スピーチのシステムに接することにより，話しことばのすべての音韻的特徴を視覚的にアクセス可能となり，スペリングの十分な発達を確実にする，と考察している。

　4）キュード・スピーチのメカニズム

　ベルギーの Alegria と Lechat（2005）は，口唇と手の併用（キュード・スピーチのフランス語版）が，聾児に利用できる音韻情報をどのようなやり方で作り出すことができるかを解明している[15]。

　対象児は，①早期にキュード・スピーチを導入した 10 名（2 歳前にキュード・スピーチに接し，平均年齢 11 歳），②遅れて導入された 10 名（2 歳 11 ヵ月から 7 歳 9 ヵ月で開始，平均年齢 11 歳 8 ヵ月）である。

　材料として，無意味な単音節（子音＋母音）が用いられた。子音は 8 つ，母音は 4 つが用いられた。言語治療士が発音するのをビデオ撮りした（音声なし）。

　子どもは，「読話のみ」「一致したキューを伴った読話」「不一致のキューを伴った読話」の 3 条件で提示された単音節のビデオ・テープを見て答を書く。答は，子音か母音のどちらかで両方ではない。つまり，回答用紙に，母音の答を求めるときは，すでに子音が書いてある。子音のときは，同じくすでに母音が書いてある。

　主な結果は，次の通りであった。

①両群とも，各条件の成績の基本的パターンは似ている。つまり，一致したキューの読話が最も誤りが少なく，次が読話のみで，一致しないキューの読話がいちばん誤りが多かった。

②母音では，遅く導入した群の誤りが，各条件でかなり多かった。子音では，遅く導入した群の誤りが多かったが，早期導入群との差は有意ではなかった。

以上の結果より，次のような考察がされている。
① 早期にキュード・スピーチを学習した子どもは，読話とキューで提供された情報について，より深く分析していた。これらの子どもは，キューを効果的に使いこなす能力を有していた。
② 口話教育を採用することが決定されるとき，可能な限り早くキュード・スピーチの介入が行われること，そして，この介入によって子どもの親は，完全な，明瞭なスピーチ・モデルを提供することが重要である。

5) 押韻の産出能力

　ギャローデット大学のLaSassoとCrain（2003）は，キュード・スピーチに接した者10名（平均年齢19.2歳，5歳前にキュード・スピーチに接した）とそうでない者10名（同じく21.3歳，ASLまたは手話方式使用）及び健聴者10名（同じく20.1歳）を対象に，押韻（rhyme）の産出能力を比較している[16]。押韻とは，単語の末尾の部分の音（強勢のある最後の母音とそれに続く子音）が同一であることを言う。たとえばfaceとgrace，findとmindがそれである。

　材料として，文字と音韻が一貫している音韻要素（例：sailという語の－ailは常に同じく発音される。つまりsail, tail, mailは同じ発音）と文字と音韻が一貫していない音韻要素（－earは，bearとrearでは，文字は同じでも発音は異なる）を用いて，キュード・スピーチの効果を研究している。前者は，O-Pタイプ，後者はI-O-Pタイプと略された。押韻の正確さは，O-Pタイプの方がI-O-Pタイプよりも良いだろうと考えられた。

　O-Pタイプの刺激語は，rainなど31語，I-O-Pタイプはschoolなど23語である。押韻テストでは，各刺激語について可能な限り多くの押韻語を書くように求められた（例：pail→sail, tail, ……というように）。キュード・スピーチに接した者は，非キュード・スピーチ児と健聴児よりも，高レベルの正しい押韻産出を達成するだろう，という仮説が設けられた。

　主な結果は，次の通りであった。
① 成績は，健聴児，キュード・スピーチ児，非キュード・スピーチ児の順に高かった。健聴児とキュード・スピーチ児では有意差がなかった。キュード・スピーチ児と非キュード・スピーチ児では，有意差があった。
② O-Pの一貫性において，非キュード・スピーチ児は，文字情報に依存するため，

キュード・スピーチ児，健聴児よりも，その効果は大きいだろうと考えられた。しかし，統計的にはこの考えは支持されなかった。O-P と I-O-P の語の正しい反応の割合は，聾の両グループは，押韻産出において，健聴児よりも語のスペリングにより多く影響を受けている。
③文字上で異なる，正しい押韻の割合は，健聴児とキュード・スピーチ児は，非キュード・スピーチ児よりも高いだろうと考えられた。この仮説は，支持された。キュード・スピーチ児は，音韻的情報を利用し，ある程度文字への依存が残る。非キュード・スピーチ児は，文字的情報を利用し，文字上似ている反応を多く示した。
④読みの能力と押韻の産出能力の間に関係があるだろうと考えられた。この仮説は支持された。とくに，読みの能力の高い者は，I-O-P 刺激語に，より良好な反応を示した。また，文字上異なる正しい押韻を多く産出した（例：刺激語 hair に対して bear の答え）。
⑤誤りの分析で，健聴グループは，聾の両グループよりも，より多く母音の誤りを示し，文字に関係した誤りは少なかった。

結論として，とくにキュード・スピーチに接した聾児は，健聴児グループと非キュード・スピーチ・グループの中間の成績であったが，健聴児グループとの差は，有意ではなかった。キュード・スピーチの経験を通しての良好な音韻表現の発達は，スペリングと読みの獲得を促進するだろう，と述べている。

6）子どものキュード・スピーチの受容

スペインの Torres ら（2006）は，キュード・スピーチに接した子どもの積極的なデータを示そうとするならば，我々成人は，①親は早急に熟達したキューの使用者になる，②治療士と親は，豊かなインプットを提供しなければならない，③子どもはキューの表現の大部分について注意する，という問題を克服しなければならないという仮説を設けた[17]。

本研究は，その仮説を検証する上で，言語的相互作用の次の3つの側面についてデータを提供するだろう。つまり，①子どもの注意したインプットの量，②子どもの注意したインプットの質，③子どもと成人の間の相互作用のその他の側面（視覚的注意と自発的ジェスチャ）についてである。

対象は，聾の女児で生後12ヵ月で診断（聴力レベル100dB）直後に補聴器両耳

装用，17ヵ月で人工内耳装用，25ヵ月のとき約35dBとなる。14ヵ月のとき，口話キュー・モデルの言語リハビリテーションを開始した。

　言語治療士が，1週間に1時間のセッションを5回実施した。母親は，家庭でキュード・スピーチで女児の話し相手となる。18～25ヵ月の間に，30セッションのビデオを記述化して分析した。各ビデオは，毎週の30分のセッション（家で母親と実験室で治療士と交互に実施）に対応している。25ヵ月で初語が出現した時点で，セッションは終了した。

　主な結果は，次の通りであった。

①治療士と母親の両方とも，自分たちの口話インプットの60％以上にキューをつけていた。女児は，口話単語の55％以上に注意した（キュー付きの口話では86％となる）。治療士と母親は，口話の単語に同じ割合でキューをつけた（両者に有意差なし）。

②発話の長さの平均（一発話が何語で構成されているかの平均）では，口話インプットとキュー付きのインプットについて分析した結果，両親と治療士ともキュー付のインプットの方が，口話インプットよりも有意に発話の長さの平均が高かった。また，驚くべきことに母親と治療士の間で，口話インプットとキュー付インプットでの発話の長さの平均で，有意差がなかった。

③語彙の分析の結果，全体の語数は治療士の方が親よりも多かったが，逆に異語数は親の方が治療士よりも多かった。これは，治療士の場合，女児とかかわった文脈がいつも同じであったのに対し，親の方は遊び，食事など変化のある文脈でかかわったことに関係があると思われる。

④少女がキューを見ていないと気づくと，成人は発話を繰り返したり，少女にタッチやジェスチャで注意をうながしたりする。

⑤100語当たりの自然的ジェスチャの使用数の平均は，治療士で7.1，母親で6.6で，有意差はなかった。成人の両者は，キューもジェスチャも手指使用であるにも拘わらず，キューとジェスチャというコミュニケーション・システムを統合して用いていることが示唆された。

　以上をふまえて，次のような考察をしている。

　子どもにキュード・スピーチを導入して，その効果が明らかになるまで，数ヵ月かかる。母親は，結果がすぐに得られないと，失望したり，キューを止めたり

するようになるかもしれない。しかし，本研究のデータは，母親のキュード・スピーチの能力は治療士と同等であることを示している。母親は，キュード・スピーチを急速に習得することができる。

また，成人両者のキューの使用は，異語数でみたとき83%の高率であった。このことは語彙的に豊かなインプットを示している。さらに，発話の長さの平均から，文法的に豊かなインプットを提供していることがわかる。子どもは，成人のキュード・スピーチのインプットに十分注意していることが確かめられた。

第6節　要約

本章では，最近のコミュニケーション方法の全般的状況について，検討した。あわせて，指文字利用とキュード・スピーチの動向についても考察した。次にこれらの結果について要約したい。

（1）トータル・コミュニケーションは，1970年代に急速に発展し，1980年代もその勢力を維持してきた。こうした流れから，1994年のギャローデット大学の調査資料からは，聾学校，地域プログラムとも，スピーチを伴う手話（トータル・コミュニケーション）が，40%前後で最も多く使用されている。

しかし，1980年代の後半からASLが使用されるようになり，同じく1994年の資料では，ASLは聾学校で約34%，地域プログラムでも約22%の採用となった。言ってみれば，トータル・コミュニケーションの割合が減少する一方，ASLがその分増加してきたと言えるであろう。

聴覚口話法は，トータル・コミュニケーションが発展するにつれて，1960年代までの圧倒的な優位を失ってきたのは事実であり，使用のパーセントが，そのことを物語っている。聾学校で22%，地域プログラムで約32%である。キュード・スピーチは，トータル・コミュニケーションとほぼ同時期に出現したために，教師，関係者の関心はトータル・コミュニケーションに向い，その後目覚しい発展を示すことなく，現在に至っている。

（2）2004年のギャローデット大学の資料では，1994年からの10年間の変化をみることができる。聾学校関係で特徴的なのは，聴覚口話法とキュード・スピーチが殆ど変化していないが，二言語教育が発展したことを受けて，トータル・コミュニケーションとASLと二言語教育の割合が，ほぼ同程度となっていることで

ある。つまり，聴覚口話対手指関係という点では，割合に変化はなく，手指関係の中身に変化がみられたと言える。

とはいえ，2004年の統計資料によれば，聾学校と地域プログラムの「全体」をみると，トータル・コミュニケーションが31.4%，ASLが22.2%，二言語教育が12.6％の使用と，依然トータル・コミュニケーションの優位が認められる。

なお，同じく2004年のギャローデット大学の調査資料について，手指関係のみのデータを筆者が検討したところ，トータル・コミュニケーションを単独で使用しているプログラムが多くみられ，さらにトータル・コミュニケーションを併用しているプログラムが，同じく多くを占めていることがわかった。また，「トータル・コミュニケーションとASLと二言語教育」を共に用いているプログラムもかなり多いことが明らかになった。ASLと二言語教育を単独で使用しているプログラムは，極めて少数で，また，トータル・コミュニケーションと二言語教育，およびASLと二言語教育の併用も極めて少ないことがわかった。

こうしたことから，トータル・コミュニケーションの勢力は依然として強く，手指関係では，トータル・コミュニケーションが主要な中心的柱となっていることがうかがえる。

さらに，2004年の聴覚口話関係の使用状況を分析した結果は，トータル・コミュニケーションが軸となって，聴覚口話と手指関係を結びつけていることがわかった。ここでも，トータル・コミュニケーションの役割が大きいことがうかがえる。

（3）ロチェスター法は，幼児段階からの指文字とスピーチの同時使用に特徴があり，歴史的にはロチェスター聾学校，ニューメキシコ聾学校等で実践されてきた。最近は，純粋な形でこの方法を実践しているプログラムはみられない。しかし，指文字はASL，ピジン手話英語，手指英語などの中で，必要に応じて使用されており，その有効性も確認されている。

指文字は，固有名詞を表現する際など，いろいろな場合に使用される。指文字は，読話と聴覚受容を明確な形で補完するものとして有効である。また，指文字は，手話，英語のアルファベット，英単語の間を仲介する。指文字は，各文字の組み合せではなく，一連のまとまり（全体）として認知，受容される。指文字は，英語アルファベットと対応しているため，語彙，文型の獲得を促進し，読み書き能力の向上にも貢献すると考えられている。

教師，両親にとって指文字習得のために，訓練が必要であり，指文字の読み取りは表現よりも困難を伴う。コミュニケーションにおいて，指文字は一字一字を読み取るわけではなく，一組のまとまり（全体）として把握する。そのためには，基本的な文法知識を必要とする。また，指文字の表現速度は，正常のスピーチに比べてかなり遅く，スピーチと同時使用の場合にスピーチの流暢さが妨げられる。

　Paddenは，ASLにおける指文字の役割の重要性について指摘している。ASLの会話における指文字の割合が，20%弱であることを明らかにしている。また，手話にないものを指文字で表わしたり，指文字の短縮形がASLの中で用いられたりすることを述べている。手話と指文字の合成語が用いられることも指摘している。

　子どもの指文字の獲得は，2歳頃から試みられていると述べ，早期から家庭などで指文字を用いることが大切で，教師は読み書き教育が始まるまで，その使用を遅らせるべきではないと主張している。

　Grushkinは，教師はコミュニケーション意図によって指文字の使用が必要だと認めるが，指文字スキルの不足によって，あまりその使用を喜ばないと指摘している。また，教師は，児童にとって手話の方が指文字を理解するよりも易しいと述べている。

　指文字の手の形（アルファベット）は，2歳半ですべてではないが，殆ど獲得する。4歳で自発的に指文字を使い始め，6歳では指文字を説明のために使うようになる。指文字と文字言語の結びつきを知ることにより，語彙が増加し，スペリングの能力と読み書き能力が向上する。

　以上のことから，Grushkinは，教師は指文字の使用を排除すべきではなく，指文字の受容，表現能力を高め，その使用を快適にする必要がある。このことにより，子どもの指文字の能力を向上させることが求められる，と結論づけている。

　（4）Cornettによって1967年に公表されたキュード・スピーチは，当初非常に大きな関心を呼び，ある程度の普及が予想されたが，その直後に台頭し，発展したトータル・コミュニケーション，その後のASL，二言語教育の台頭，展開の中で，影響力は殆どなく，その使用は低位のまま現在に至っていることは，前述の通りである。

　むしろ，キュード・スピーチが大きな潮流の中で生き残り，他国にも普及していっていることに対する，支持者，関係者の努力に敬意を払うべきかも知れない。

キュード・スピーチの特徴は，読話を補完するための指導技法として位置づけられてきた。音韻的情報を視覚的にアクセス可能とする。このことは，最近の研究などから明らかにされているように，聴覚のみ，読話のみ，手話言語の条件に比べて，キュード・スピーチでの音韻情報，スピーチ情報の受容がはるかに優れていることが実証されてきた。

キュード・スピーチによる音韻意識，音韻知識の獲得は，スペリング，発音明瞭度，読み書き能力，認知能力の促進に好影響を与えることも研究において確かめられてきた。最近の研究動向でみたように，音韻の確立，押韻の使用，音韻と文字の対応，音節・単語の同定においてキュード・スピーチの有効性が検証されてきた。こうした結果は，キュード・スピーチの技法としての性格から考えれば，予測されることである。

手話言語（手指英語方式，またはASL）の使用は，音韻の知識，能力の獲得には不十分で，これらの聾児は音韻情報よりも視覚情報による文字（スペリング）の獲得を図っていることが確かめられている。つまり，音韻と文字の対応は不明確で，音韻と文字のマッピング（対応）能力が低いことが指摘されている。

キュード・スピーチの導入時期については，2～3歳以前が最適であると言われ，このことが，家庭での早期キュード・スピーチ開始群と遅れて導入された群との比較において，明らかに前者が優位であることが確かめられてきた。母親は，キュード・スピーチを短期間で習得可能であり，実際場面でのキューの使用は，治療士のそれに匹敵することが確かめられた。母親と治療士は，子どもに語彙・文法的に豊かなインプットを与えていることが明らかにされた。そして，母親による完全な明瞭なスピーチ・モデルの子どもへの提供が不可欠であると考えられている。子どもの成人の使用するキューへの注意度は十分であることが確認された。

なお，人工内耳埋め込み児へのキュード・スピーチの適用及び二言語教育の中でのキュード・スピーチの利用について，検討がなされているが，これらについては今後にいろいろと課題が残されている。

引用文献
1) School and Programs in the U. S. :A. A. D., 1995, 140(2), 144-168.
2) Meadow-Orlans, K. P. et al. :Support Services for Parents and Their Children Who are Deaf or Hard of Hearing. A. A. D., 1997, 142(4), 278-289.
3) U. S. Programs and Services Chart :A. A. D., 2005, 150(2), 129-161.
4) Esp, J. A. :National Survey of Social Work Services in Schools for the Deaf. A. A. D., 2001, 146(4), 320-327.
5) Mitchell, R. E. & Karchmer, M. A. :Padeafrental Hearing of Status and Signing Among Deaf and Hard of Hearing Students. Sign Language Studies, 2005, 5(2), 231-244.
6) Moores, D. F. :Print LFiteracy :The Aquisition of Reading and Writing Skills. In Moores, D. F. & Martin, D. S.(Eds.) Deaf Learners, Developments in Curriculum and Instruction. Gallaudet University Press, 2006, 49.
7) Marschark, M. :Raising and Educating a Deaf Child. Oxford University Press, 2007, 21.
8) Padden, C. A. :Learning to Fingerspell Twices:Young Signing Children's Aquisition of fingerspelling. In Schick, B. et al.(Eds.) Advance in the Sign Language Development of Deaf Children. Oxford University Press, 2006, 189-201.
9) Grushkin, D. A. :Lexidactylophobia :The(Irrational)Fear of Fingerspelling. A. A. D., 1998, 143(5), 404-415.
10) Craig, H. B. :Parent-Infant Education in Schools for the Deaf Children. A. A. D., 1983, April, 82-93.
11) Hage, C. & Leybaert, J. :The Effect of Cued Speech on Development of Spoken Language. In Spencer, P. E. & Marschark, M. (Eds.) Advances in the Spoken Language Development of Deaf and Hard-of-Hearing Children. Oxford University Press, 2006, 193-211.
12) LaSasso, C. J. & Metzger, M. A. :An Alternate Route for Preparing Deaf Children for BiBi Programs : The Home Language as L1 and Cued Speech for Conveying Traditionally Spoken Languages. Journal of Deaf Studies and Deaf Education, 1998, 3 (4), 256-289.
13) Leybaert, J. :Phonology Acquired through the Eyes and Spelling in Deaf Children. Journal of Experimental Child Psychology, 2000, 75, 291-318.
14) Laybaert, J. & Lechat, J. :Variability in Deaf Children's Spelling :The Effect of Language Experience. Journal of Educational Psychology, 2001, 93(3), 554-562.
15) Alegria, J. & Lechat, J. :Phonological Processing in Deaf Children :When Lipreading and Cues are Incongruent. Journal of Deaf Studies and Deaf Education, 2005, 10(2), 122-133.
16) LaSasso, C. & Crain, K. :Rhyme Generation in Deaf Students :The Effect of Exposure to Cued Speech. Journal of Deaf Studies and Deaf Education, 2003, 8 (3), 250-270.
17) Torres, S. et al. :Quantitative and Qualitative Evaluation of Linguistic Input Support to a Prelingually Deaf Child with Cued Speech :A Case Study. Journal of Deaf Studies and Deaf Education, 2006, 11(4), 438-448.

参考文献
1) 草薙進郎 「アメリカ聾教育におけるトータル・コミュニケーションの台頭」1989, イセブ印刷, 240-255.
2) 草薙進郎 「アメリカ聾教育におけるトータル・コミュニケーションの発展」1996, イセブ印刷, 242-253, 374-377.

第4章
聴覚口話法教育の歴史的経緯と近年の動向

第1節　口話教育の展開

　1960年代末のトータル・コミュニケーションの台頭によって，聴覚口話法のコミュニケーション方法としての地位は，台頭前の圧倒的な優位から，1970年末にはトータル・コミュニケーションにその地位をゆずったと言える。前述のように，これは聴覚口話法を使用して指導を実施しているプログラムの数や，指導を受けている児童数の面からみた使用状況であって，聴覚口話法そのものが，理念および方法として現在まで衰退してきたということではない。

　まず，最近の動向を明らかにする前に，1940年以降の聴覚口話教育の発展の経緯を，1960年代末に至るまで素描してみたい。

1. 1940年代以降の口話教育の経緯

　口話教育あるいは口話法が最良の教育であり，教育方法であるとする主張と実践は，1940年代から1960年代末のトータル・コミュニケーションの台頭まで，聴覚障害児教育において主流をなしてきたことは事実である。口話教育の意義は，単にスピーチや読話，残存聴力の活用のみを意味するものではなく，「生き生きとしたスピーチ環境と聞こえる世界で生活していくこと」を意味すると主張されてきた。

　口話能力の習得は，パーソナリティ，文字言語能力，学力などに好影響を及ぼすものと評価されてきた。しかし，口話スキルの獲得は，長期にわたる遅々とした困難なプロセスであり，教師の側に最大のスキルと忍耐を必要とするという認識も，一般的であった。

　1）　聴能教育の発展

　1940年代後半に，聴能学（Audiology）という学問分野が成立し，聴覚リハビリテーションの面で新しい展望が開けてきた。聴覚障害教育においても，スピーチ，

読話に加えて，聴覚によって自然にスピーチを獲得する第三の方法が出現した。こうした状況は，聾児と難聴児の教育の分化をもたらし，難聴児の通常教育への統合を促進することになった。

補聴器の開発も目覚しく，1940年代には幼児用のポータブルな個人補聴器の実用化が実現し，聴覚活用は重要な1つの柱として，口話法は「聴覚口話法」として新しい時代を開くことになった。時代が進むにつれて，最早期からの聴覚活用が重要視され，実践化されてきた。いかに聴覚障害が重度でも，すべての子が聴覚活用から利益がえられるという認識が一般化していった。

2) 書きことばの重視

純口話法のアプローチ，つまり健聴児が言語獲得するのと同じプロセスを前提としたアプローチは，口話法の発展の中で多くの支持をえてきた経過がある。とくに，純口話法支持者は，文字・書きことばの使用は，言語獲得に有害であると主張してきた。

しかし，1950年代後半より従来の音声言語重視の指導法から，聾幼児に文字言語を導入する文字言語を重視した言語指導法へと重大な変化が生じてきたと，カリフォルニア聾学校長のStevenson（1958）は述べている[1]。4, 5歳位から文字を導入することにより，文字と概念，意味を結びつけ，子どもの言語知識を豊かにする必要があり，このことが読話，スピーチのスキルの発達を促進すると主張された。

3) 口話教育の困難性

口話教育は聾教育における理想とされてきたが，その現実的成果はその方法上の困難さのために，歴史的にみて必ずしも満足すべきものと評価されてこなかった。Stone（1968）は，「我々は，口話法による学習，つまり完全な口話環境における残存聴力，スピーチ，読話の独占的使用による学習が容易であると言うつもりはない」と述べ，「我々は，口話教育を受けた子ども達の成功を誇りに思う一方，道程の遙かに遠いことを知っている」と口話法を評価している[2]。

こうした問題点を解決していくために，優れた教師による十分な聴能訓練，スピーチ指導，および読話指導の実行が求められている。もちろん，こうした指導は単に口話スキルの向上に限定すべきではなく，広くパーソナリティ，言語能力，学力，日常生活などに及ぶものであることを自覚して指導することが，口話教育の真の目標であると考えている。

第4章 聴覚口話法教育の歴史的経緯と近年の動向　85

4）口話教育と早期教育

1940年代, 1950年代は, 聴覚活用と相まって早期教育の実践も, 着実に発展の歩みを進めた。ジョン・トレーシー・クリニックや聾中央研究所などが, 先駆的実践を開始した。早期からの聴覚活用の重視, 子どもの心理を重視した自然なインフォーマルな場面での言語指導が重視されるようになった。1960年代には, いろいろなタイプの早期教育プログラムが急速に発展をみせ, 先進校を始めとしてその実績, 成果もしだいに蓄積され, 教育方法も一段と向上したと言える。

クリニック中心プログラム, 家庭訪問プログラム, デモンストレーション・プログラムなどが, 聾学校, 公立学校, 大学, 病院, 診断・リハビリテーション・センターなどで実施されるようになった。

5）読話指導

聴覚障害の程度が重くなるほど, 読話に依存する割合が高くなると口話法では考えられてきた。読話とは一般に「話し手の口の動きを視覚的にとらえ, さらに顔の表情, 話の文脈などを手がかりとして, 話の内容を理解すること」と解されている。

読話成立の条件（話し手の要因, 言語素材の要因, 読話者自身の要因）について解明がなされ, 読話テストの開発が行われた。また, 読話能力と言語能力や読み書き能力, 学業成績などとの関係が研究された。

読話と聴覚活用は, 一般に相補的関係にあることが認められている。これは, トータル・コミュニケーションにおいて, 聴覚口話と手指の受容が補完し合っていることと共通している。1940年代に入っての聴覚活用の指導によって読話能力は妨害されないかという懸念があったが, しだいにその恐れのないことが実践, 研究面からも明らかになった。

読話指導は, 幼児期においては訓練として行うよりも, 自然な場面において子どもの心理, ニーズを重視して指導していくことが重要で, レキシントン聾学校の Vorce（1957）は子どもへの話しかけは, 単語, 句ではなく, 一連の意味のある文で話しかけることが大切であると強調している[3]。

読話の複雑な現象や習得困難性, 読話能力の個人差などについては, 歴史的にも認識されていたところである。1つは, 同口形異音に代表されるように, 口唇の動きでは類似していたり, 口唇上では見えなかったりして, 弁別が困難な場合

が多いことである。

　スピーチのリズム，アクセント，抑揚などを視覚的に把握することは，聴覚受容に比べて困難な作業である。また，読話ではスピーチ・パターンの不可視部分（空白部分）を「類推作業」によって埋め込むことによって，スピーチの理解を図るが，このことが読話の曖昧性の原因となり，読話者に心理的負担を課すことになる。

　読話を可能にするには，子どもの言語能力が必要で，読話によって言語能力を高めることは困難ではないかという認識がある。こうしたことから，読話についての実験的研究が行われてきた。その結果，次の事柄が示されている。

① 視力が読話に影響を及ぼすことは，一般に支持されている。
② 知能と読話成績との相関は，結果が幅広く一致がみられない。
③ 視覚総合力と読話とは何らかの相関があることが予想される。
④ 視覚的記憶が読話と相関があることが予測されるが，いかなる記憶が有効かは明確でない。
⑤ 結果は完全に一致していないが，読話と読みの間に相関がみられた。

　6）　聴能訓練の発展

　1940年代より，補聴器利用による聴能訓練の必要性が認識されるようになり，訓練計画と実施方法の開発が追求されるようになった。1950年代に入ると，各クラスに集団補聴器を備え，すべての子どもが個人補聴器を装用すべきであると主張された。いかなる子どもも，残存聴力を有し，聴覚の発達を促進すべきであるとして，聴能訓練は1つのブームとなったと言えよう。

　聴能訓練の目標として，①スピーチの明瞭度への貢献，②読話との併用によるスピーチ受容の改善（多感覚的アプローチ），③自然なスピーチの獲得，④言語スキルの改善，⑤基礎学力の向上，⑥聞こえの世界への心理的結合，が挙げられている。

　聴能訓練は，個人ベースで行われることもあるが，聴力を教育活動全体のあらゆる面において有効なものとしなければならないと位置づけている。つまり，単調なステレオタイプな訓練はさけ，正式なレッスンと日常活動での聴覚活用を重視している。

　聴覚障害の程度と聴能訓練の有効性の関係については，聴覚障害の軽度なほど聴力が言語獲得の重要な手段となることが明らかにされた。つまり，①聴覚から

のスピーチ受容がかなり有効なケース，②聴覚と読話の併用を必要とするケース，③読話を主として聴覚活用を補助とするケース，があることが認められてきた。

補聴器は急速な発展をみせ，1960年代には聴覚障害の程度などによって異なるものの，補聴器はすべての聴覚障害児に有効であり，可能な限り早期より補聴器を装用させることの重要性については，聾教育者の意見の一致をみたと言える。もちろん，教師らは補聴器によって聾というハンディキャップが除去され，聾教育の問題がすべて解決されると考えたわけではない。つまり，補聴器は「万能薬」ではないということである。

聴能訓練の成果については，次の点が挙げられている。
① 音，騒音に対して，より鋭敏になったようにみえる。
② 聴覚の経験を意識するようになった。
③ 物語のような何か新しく，重要なものを聞くことを望むようになった。
④ スピーチの受容，表現において改善がみられるようになった。

最後に，単感覚法による聴能訓練についてふれたい。

Pollack は，1950年代に「アクーペディックス（Acoupedics）」という用語を用いるようになった[4]。これは聴覚のみの単感覚による音声言語の発達を目指すものである（単感覚法）。その目標は，子どものパーソナリティに聴力を統合することにあり，アクーペディックスは，聴覚障害幼児とその家族のための総合的リハビリテーション・プログラムに関係し，正式な読話指導を行わず，補聴器の両耳装用による聴能訓練に強調をおくことを意味している。

アクーペディックスの方法として，①聞こえの機能は，正常な発達パターンに従って発展させねばならない，②最大の成功は，乳児で診断され，生後6ヵ月前に補聴器が装用されたとき達成される，③開発すべき聞くスキルとして，音に気づく，音に注意，音への反応，音の定位，音の弁別，フィードバック・メカニズムの開発，が挙げられる。

成果としては，①今までよりも聴覚環境に，より多く気づくようになった，②語彙，言語スキルが急速に発達した，③声の質，スピーチの明瞭性が聴覚的コントロールで達成されるようになった，④教室や治療場面よりも，家庭，親と子の関係がスピーチと言語発達の中核となった。

さて，こうした単感覚法の流れは，第4節でふれるが，「聴能言語アプローチ」

へと継承，発展していく。

7) スピーチ指導の展開

スピーチ指導の困難性については，歴史的にもいろいろ論議されてきた。教師にとって聾児にスピーチを教えることほど，落胆させられることはないという指摘もあり，両親がスピーチの改善に期待するあまり，失望しないように注意すべきである，という考えもある。

こうした中で，早期教育の展開や補聴器の使用によって，スピーチの能力は確実に改善をみせてきた。

一方，スピーチ訓練器の開発が盛んとなり，ベル電話研究所のビジブル・スピーチ・トランスレーター（1944）やボストン大学のボイス・ビジュアライザーの開発や研究報告（1963～68年）がみられた。そのほか音声の周波数・イントネーションやS音，鼻音の表示器も開発された。スピーチ受容に触覚を用いて補助しようとする装置も開発された。

(1) スピーチ指導の基本方針

スピーチ指導については，それを1つの「科目」とみる考え方が古くから存在したが，口話教育の進展に伴って，スピーチを子どもの全生活の基盤となるようにする見解，とくに学習面では，教科学習等の基礎として把握する指導方針が強調されるようになってきた。口話主義を強く主張する者は，この後者の態度を取っており，それは「スピーチを教える」のではなく，「スピーチで教える」という，基本的方針として解釈すべきであると言える。

(2) スピーチ指導と言語指導の関係

基本的方針として，スピーチ指導と言語の関係について取り上げた論述がみられる。つまり，外言の発達は口話主義の重要なねらいであるが，それは内言との関係において初めて意味をもってくるわけで，スピーチ指導と言語指導の関係を正しく把握すべきである，とする主張がみられる。

Keaster（1954）は，構音ドリルに時間を費すよりも，コミュニケーション手段としての語彙や言語規則の確立に力点を置くべきであり，このことによって子どものコミュニケーション意欲の充足が図れるとする[5]。

(3) スピーチ・プログラムのあり方

スピーチ・プログラムは，優れた学校教育全体の中で位置づけられる必要があ

る。スピーチ指導が，特定の時間だけに限定されるべきではなく，また単なる機械的なドリルに時間を費すべきではない。スピーチの明瞭度，リズム，イントネーションなどのみを強調することは，スピーチ学習を無味乾燥なものとしてしまう。

スピーチは，教育活動，学習活動の基礎として指導するとともに，指導や日常活動の中で有効な，意味あるスキルとして用いられねばならない。

（4） スピーチ指導の方法論

聴覚障害児のスピーチ指導は，健聴児が聴覚を通してスピーチを学習するという原理をそのまま適用して行うことは，当然のこととして困難である。とくに，重度，最重度の聾児にとっては，聴覚のみからスピーチを習得させようとする単感覚法の実践もあるが，大多数の聾教育者は，あらゆる感覚を用いてスピーチ指導を行うことを原理としている。これは，先進校であるクラーク聾学校，レキシントン聾学校，聾中央研究所等において共通な認識となっている。

一方，スピーチの「要素的，分析的指導」と「自然的，総合的指導」の是非の問題がある。このことに関してSilvermanら（1965）は，次のように説明する[6]。

要素主義者は，個々のスピーチの要素（音素）の発達を重視しており，聴覚的モニターの欠如を考え，各音素の筋肉感覚の確立を先行させ，さらに，明瞭な構音の達成を目標とする。スピーチの流暢さを追求するあまり，構音の不明瞭さを生来することを警戒している。一方，自然主義者は，パターン化した「自然な」スピーチをねらいとし，語，句を重視する。とくに，自然な自発的構音，時間的パターン，声の質を重く見る。その結果，スピーチの明瞭さと流暢さが達成されると主張する。

Silvermanらは，現在のスピーチの指導の方法は，この両者の間に存在し，それは，シラブル，スピーチのリズムなどを重視したものであると述べている。つまり，スピーチ指導が両極端の方法に偏しているわけではなく，分析的指導と総合的指導の両面を備えた折衷的性格を有すると言える。

2. 先進校の口話教育

口話教育では，アメリカ最古の歴史をもつ，レキシントン聾学校とクラーク聾学校の実践についてみてみたい。

1） レキシントン聾学校

レキシントン聾学校の幼稚部では「全体的な」子どもの発達を目指し，社会適応を重視している。幼稚部の当初から，その目標として子どもの中に読話し，発話する要求を徐々に浸透させ，子どもが暖かい人間関係の中で意味のあるスピーチを獲得することを助長する。同校の方法は，子どもの心理，経験を重視して，実用を通しての自然な言語指導にある。子どものアイデア，経験，概念，ニーズを重視し，定着の手段としてのドリルに特色がある。古くから「自然法」として有名である。

2）クラーク聾学校

クラーク聾学校の校長 Pratt (1961) は，優れた口話教育プログラムは，聾児が聞こえの世界で最大の能力を達成することができるところの最良の手段である，という信念をもち，そのために学校におけるすべてのスタッフ，子どもによる一日中の口話環境が不可欠であると強調する。このことは，家庭でも友達の間でも同じであると考えている。口話教育プログラムの機会が，才能ある聾児に限定されるべきではないと考えている。

同じく，同校の主席教師 Numbers (1967) は，スピーチは人間の態度であり，人間はだれも話すことを学ぶ機会を奪われるべきでない，と述べている。

クラーク校の口話法は，歴史的に文法的な指導が重視されてきた。早期教育においても，言語素材，文法を系統的に扱うような色彩がみられる。レキシントン校の自然法に対して，「文法法」として有名である。

第2節 口話主義からのトータル・コミュニケーション批判

1. 口話法の正当性

1970年代以降のトータル・コミュニケーションの発展の中で，これに対抗して口話主義の立場から，口話法の正当性を弁護する意見が出されてきた。

トータル・コミュニケーションの台頭の1つの要因となったのは，読話，スピーチ，聴覚受容の曖昧性とその習得の困難性についての問題提起にあった。こうした点について，口話の側から，次のような反論がみられる。

まず，読話能力の習得可能性について，Owsley ら (1971) は，「読話は，口話学校で正式な科目として教えられているわけではない。また，他の教育的スキルを犠牲にして，教えられることも全くない。先天性聴覚障害児と早期失聴児は，教

育的発達の間に，殆ど困難なく読話スキルを身につける」と強調する。さらに，聴覚活用の可能性と実績について「近代的増幅システムとその学習技法が，国中の口話校で十分蓄積されてきた。(中略)聴覚は効果的コミュニケーションのための優れた感覚受容である。この受容メカニズムの効果的使用は，最も重度な聴覚障害児にも，新しい地平線を切り開いてきた」と評価している。そして，「口話で教えられた子が，トータル・コミュニケーションで教えられた子よりも，低いレベルしか達成していないことを示す証拠はない」と結論づけている[7]。

　Blevins (1972) は，口話教育の成果に疑問があるとすれば，それは指導の問題ではなく，教える者の口話に関する教授能力の不十分さにあると強調している。そして，子どもの能力と可能性を評価して，口話教育プログラムを提供し，聾児のスピーチと読話スキルを開発し，高度の教育レベルを達成することができる。トータル・コミュニケーションは，流行となっているが，この運動の主張者は，その成果を我々に示す義務がある，と批判する[8]。

　聴覚口話法による徹底した教育を展開している，聾中央研究所（聾学校を附設）の Moog 校長は，同校の口話教育（オーラル・コミュニケーション）について，トータル・コミュニケーションと対比させて，次のように説明している[9]。

　「TC の基本理念は，幼児期からコミュニケーションを円滑に保つことが何より重要であるとし，それには障害の無い感覚モダリティ（視覚）を使うべきであるとし，これによって学習の基盤である言語が備わっていく，と考えるものである。さらに，聴覚障害児にとって，話しことばによるより手話言語を使う方が，より自然に言語が身に付くと考えている。ところが，TC が完全無欠のものとは必ずしも言えず，その方式による教育ではコミュニケーション能力および読み書き能力が期待されるほど伸びていない。現在は，この点に関して新たな解決策が模索されている時期であるとも言える。

　OC の基本理念は，聴覚障害児といえどもコミュニケーション手段は，話しことばが第一義的なものとする。この立場の人は，手指言語によっては国語の諸言語技能を伸ばすことができないと考えている。実際，手話を併用すると，話しことばの発達に悪影響を与えることもある。

　セントルイスの聾中央研究所（CID）は，OC の立場をとっている。私たちは，高度の聴覚障害児でも話しことばを上手に用いて，コミュニケーションできるよ

うになると信じている。これまで，75年間にわたる実践を通して，高度聴覚障害児がうまく話せるようになることを明らかにしてきた。成人聾者にとって，話しことばによるコミュニケーションの機会はますます多くなっており，その能力も前に比べて向上している。

　全ての聴覚障害児がうまく話せるようになるとは言えないにしても，まず話すことを教える必要がある。多くの研究で，OCで指導を受けた聴覚障害児の発話明瞭度は，手話法や手話と口話の併用法で指導を受けた生徒より優れている（Schildren & Karchmer, 1989）。また，OCの生徒の読み書き能力は聴覚障害児全体の成績を上回っている（Geers & Moog, 1989）」

2. トータル・コミュニケーション支持の研究批判

　1960年代末のトータル・コミュニケーションの台頭やその後の発展に影響を及ぼした，手指コミュニケーションまたはトータル・コミュニケーションに関係したいくつかの研究がある。これらの研究の多くは，手指コミュニケーションの導入やトータル・コミュニケーションの採用を支持する研究として，口話法のみによる教育に反対する者，あるいはトータル・コミュニケーション主張者に，しばしば引用されてきたものである。

　一方，口話主義の側からは，トータル・コミュニケーションが展開するにつれて，こうした研究に対して批判が加えられてきた。1972年にHigginsは，聾教育で用いられている様々なコミュニケーション方法，すなわち，口話法，ロチェスター法，同時法，トータル・コミュニケーションなどについて，文献レヴューを行い，コミュニケーション論争に何らかの結論をえたいと，考察を行っている。

　諸研究の検討の結果，Higginsは次のような結論を提示している[10]。
（1）早期の手指コミュニケーションと口話コミュニケーションの効果に関する文献では，研究デザインにおける関連する変数の統制が，適切に行われていない。
（2）手指コミュニケーションまたはトータル・コミュニケーションが，有意に優れているというが，その差は必ずしも大きくはないことを，忘れてはならない。この差は，コミュニケーション以外の要因（親の障害の受容など）に求めることも可能である。コミュニケーション方法から得られる効果に関して，個人差があるので，この点も考慮に入れる必要がある。

（3）我々は，現在自信をもって1つの見方に従うには十分な情報をもっていない。

また，テキサス工科大学のNix（1975）は，トータル・コミュニケーション支持の17の論文を取り上げ，検討，批判している[11]。Nixの結論的考察について，次に示す。

（1）これら17の研究（1948年から1970年にわたる）は，他のアプローチと比べて，トータル・コミュニケーションの有効性を検証するためにデザインされたものではない。

（2）統制されない独立変数によるデータ，とくに，事後型準実験研究という点から，誤りが生じている。たとえば，「口話」として記述されている対象児は，コミュニケーション様式として，聴覚口話コミュニケーションを，専ら用いていない。

（3）研究の知見は，検査を受けた子や公立寄宿制校の状況を離れて，誤って解釈され，不適切に一般化されてきた。

（4）すべての事後型準実験とQuigleyの実験的研究は，公立寄宿制校の児童のみを用いている。口話と手指の2つのグループは，基本的に手指でコミュニケーションしている聾児である。このことが，研究知見の妥当性を無効にしている。記述的研究のうち3つは，専ら公立寄宿制校で行われている。残る1つは，主に公立寄宿制校の児童を用いている。口話，手指，トータル・コミュニケーションの混合による学力検査のグループの成績と，その結果である平均点を，1つの方法，つまり口話法の「失敗」の証拠として取り上げることは，正当ではない。

（5）これらの知見は，聴覚口話法の統合状況（通常学校）で成功している聾児のデータが全く欠けているので，割引かれることになる。たとえグループの平均が，1つのアプローチが他のものより優れていることを示しても，特別な教育の様式が，グループ内のある子たちにとって不適切であることを意味しない。

なお，Nixは，その後もトータル・コミュニケーションについて批判を続け，1983年に再度トータル・コミュニケーションに係わる諸研究について検討している[12]。Nixは，トータル・コミュニケーション・プログラムで用いられている，口話と手指の同時コミュニケーションについて，4つに分類して，検討，批判している。

第1の「同時コミュニケーションの表現」については，まずMormorとPettitto（1979）の研究を取り上げ，スピーチのメッセージと手指コードの両方の部分で省

略が高率であることから，非文法的な言語モデルと不完全なメッセージしか伝達していないと批判している。また，CokelyとBacker（1979）の研究を取り上げ，ピジン手話英語に熟達した健聴者の場合でも，通常のスピーチ速度より25％遅くなっていることから，口話と手指の同時コミュニケーションは，スピーチ速度とスピーチ・リズムに問題をもたらすと指摘している。

第2の「同時コミュニケーションの受容」については，CarsonとGoetzinger（1975）のカンザス聾学校（8～10歳）の研究を取り上げ，無意味手話と対応させた無意味音節を用いた受容において，聴覚口話と同時コミュニケーション（読話と手話，および読話と聴覚と手話）の成績の間に，有意差がなかった（聴覚口話が最も高得点）ことから，聴覚口話チャンネルという1つのチャンネルを選択することの妥当性が示唆された，と述べている。

第3の「母子間の同時コミュニケーション」については，Bornstein（1980）の研究などを取り上げ，母親の手指英語のコミュニケーション・スキルは，子どもの発達の早期の段階で不十分であり，このことが子どもの話しことばの発達を妨げ，子どもにピジン手話言語の発達をもたらすと批判する。

第4の「学業成績」については，Holdt（1975）の研究を取り上げ，実験的社会科指導において，聴覚口話方式の方がトータル・コミュニケーションよりも，事後テストにおいて，有意に高得点であった点を評価している。

以上の検討に基づいて，Nixは「これらの結果は，聴覚口話コミュニケーションが，聾という障害を巡る複雑な問題の万能薬であることを示唆しない。しかし，これらの結果は，同時コミュニケーションの有効性についてかなりの疑問を投げかけている」と結論づけている。

3．聴覚口話法の有効性を示す研究

口話とトータル・コミュニケーションの比較研究において，聴覚口話法の優位を示す研究がいくつかある。

1）Knellらの研究

Knellら（1983）の研究は，7～11歳の口話群とトータル・コミュニケーション群の子どもの言語・コミュニケーション能力の比較を行った[13]。その結果，①口話群の方が構文の複雑な発話が多くみられた，②発話数，発話の長さ，内容の明

確さでは両群に殆ど差がみられなかった。

この結果について、①トータル・コミュニケーション群では、親が早期から手話を使えないことが多く、また教師が一貫して手指英語を使っていないために、言語モデルが十分に提示されていない、②口話群の好成績は、口話群が、全般的に聴力を有するからである、と考察している。

Kenell らは、聴覚障害が重度な場合、必要に応じてトータル・コミュニケーションの意義を認めており、適切な言語モデルの提示のために、親や教師は手話、手指英語に熟達し、一貫して使用する必要があるとしている。

2) Newton の研究

Newton (1985) の研究は、聴覚口話法とトータル・コミュニケーションを採用する、それぞれの教師の「慣用句」(例：take a bath〈風呂に入る〉) の使用について比較研究したものである[14]。

その結果は、次の通りであった。

① 自発コミュニケーション場面での慣用句の平均使用頻度は、聴覚口話法の教師が 36.80、トータル・コミュニケーションの教師が 27.80 で、前者が有意に多かった。絵物語の読み聞かせ場面でも、同様の傾向がみられた。

② 自発コミュニケーションと絵物語の場面で、トータル・コミュニケーション教師 10 名の手話部分について分析した結果、得られた合計 295 の慣用句のうち、113 (38％) のみが正しく手話で表されたにすぎない。

Newton は、教師と面接も行い、トータル・コミュニケーション教師は、一般に子どもが理解しないと思われる言語を避ける、あるいは、慣用句などは、年長で読本に出てくるようになってから、板書してから手指英語で表す傾向があることを見出している。逆に聴覚口話法の教師は、自発的コミュニケーションの際に、慣用句や間接的リクエスト (直接リクエストせずに、「ハサミをもってこれますか」というように遠回しに言う) を使う姿勢が強いことがわかった、と述べている。こうしたことから、手指コード英語の使用のトータル・コミュニケーション教師の場合、聾児は正しい言語構造を学べないかもしれない、と指摘している。

3) Huntington らの研究

イギリスのマンチェスター大学の Huntington ら (1986) は、コミュニケーション方法の異なる聾学校、聴覚障害学級の 6 歳、10 歳、14 歳の対象児に対して、各

表4－1　対象校と学級[15]

対象校		方法	略号
聾学校	寄宿制	聴覚口話法	OA (1)
	通学制	聴覚口話法	OA (2)
聾学校	通学制	ピジン手話使用	LF (1)
	通学制	ピジン手話使用	LF (2)
聾学校	通学制	スピーチと手指英語使用	TC (1)
	通学制	スピーチと手指英語使用	TC (2)
聴障学級		聴覚口話法	U (1)
		聴覚口話法	U (2)

表4－2　児童の文の平均的長さ（1文当たりの語数）[15]

分類	学校	文の平均的長さ
統合状況	通常学校	6.9語
14歳の聴障児	U (1), U (2), OA (1), OA (2)	6.0語
14歳の聴障児	LF (1), LF (2), TC (1), TC (2)	3.5語

20分間のグループ学習をビデオ録画して，児童と教師のスピーチを分析した（表4－1参照）。

まず，教師の主な結果は，次の通りであった。

① 複文の使用率は，U（2）が26％，OA（1）が23.6％で，最後はTC（1）の11％，TC（2）の11.6％となった。
② 使用異語数は，OA（1）が265語，U（1）が229語で，最後はLF（1）が186語，LF（2）が188語であった。
③ 文の平均的長さ，表現された総単語数などでも，聴覚口話法が，手指使用関係よりも優れていた。

児童のスピーチの主な結果は，次の通りであった。

① 統合している通常学級の健聴児は，全体の表現のうち単文使用率は平均34％であったが，これはU（2）の10歳，14歳，およびOA（2）の10歳と同じであった。
② 複文使用率は，通常学級の健聴児では，平均17％であった。同じくU（2）とOA（2）の3つのクラスで，11％，14％，10％と，健聴児に近い割合を示した。
③ 児童の文の平均的長さは，表4－2の通りであった。

④ 児童の発話にみる不明瞭な発話の割合は，全般に聴覚口話法の子よりも，手指使用関係の子どもの方が高かった。

以上のような結果から，Huntington らは，トータル・コミュニケーションのスピーチと手指の同時使用は，教師と児童に認知上の過重な負担をもたらすと考察し，結論として，本研究はトータル・コミュニケーションの方針の正当性を立証せず，逆に聴覚口話法の教師のみが，子どもに豊かな言語環境を創造し，そこで子どもの口話言語の発達を促進していることを示している，と述べている。

第3節　早期発見と早期介入

アメリカにおける聴覚障害児への早期介入への関心は，1960年代初頭に発生した風疹流行への対応に端を発するとされる[16]。その後，1975年の「全障害児教育法」の成立によって，アメリカ連邦政府の特殊教育への役割と関与が強まったのは周知の事実である。同法は，3～21歳までの障害児者に対して，個別教育計画（IEP）を伴う無償の適切な公教育を保障すること，加えて「最も制約の少ない環境」（注：一般に統合教育を指すと解されている）の提供などを重要な柱とするものであった。

その後，全障害児教育法は「障害者教育法」（1990, 1997修正）へと発展し，この法律により0～21歳までの障害児者に対して「無償で適切な公教育」「個人と家族のための計画」「体系的テスト」のためのサービスを提供することが求められるようになった。さらに「0～3歳の障害乳幼児と家族への支援計画」の重要性が増大したのである。

こうした動向を背景としつつ，聴覚障害児を早期に発見・診断し，直ちに介入プログラムを実施することは，どのコミュニケーション様式を選択するかに拘わらず，子どもの全般的発達にとって極めて重要であるという認識が定着し，今日にまで様々な努力がなされてきた。

1. 早期発見・診断の状況

聴覚障害児に対する早期介入を開始するためには，まず障害の早期発見・診断が前提となる。Yoshinaga-Itano（1998）は，聴覚障害が発見される年齢についてStrong（1994）の報告を踏まえつつ，重度・最重度の感音性聴覚障害の場合，概ね

生後18ヵ月〜2歳半の間であるとし，発見から介入の開始までに平均して1年の時間を要しているとの全国調査の結果を紹介している[17]。

また，コロラド州は1992年に新生児聴覚標準スクリーニング検査を開始した早期発見における先進的な州であり，Yoshinaga-Itanoらは，コロラド公衆保健環境局の報告について，聴覚障害が発見される平均年齢は生後4ヵ月で，発見から2〜3ヵ月で介入が開始されると述べている。そして，新生児聴覚標準スクリーニング検査を提供する州の数がアメリカ全土で増加し，ハワイ，ミシシッピ，ニューメキシコ，ロードアイランド，ワイオミングなどの報告では，聴覚障害の発見年齢が平均生後6ヵ月以下であると紹介している。

さらにYoshinaga-Itano（2006）は，コロラド州の早期発見について次のように述べている[18]。

アメリカ国内においても，コロラド州の新生児聴覚標準スクリーニングのプログラムは先進的なものとして評価されている。1992年にこのプログラムを開始したことにより，1996年までにコロラド州の聴覚障害をもつ子どもの60％が，新生児期に毎年発見されてきた。1998年には，州全体にこのスクリーニングプログラムの確立を義務づける法律が成立した。2000年までに，コロラド州の60ヵ所の産院すべてにおいて，全新生児の聴覚障害の有無が検査されたのである。

現在のところ，コロラド州では聴覚障害の発見年齢は，生後2ヵ月である。聴覚障害の診断の後，48時間以内に早期介入の照会が行われ，続いて数日以内に家族との接触がはかられる。子どもは聴覚障害の診断から2ヵ月以内に介入サービスを受けることになる。コロラドでは平均して生後4ヵ月までには補聴器の装用が開始される。

こうした動向を踏まえて，Siegel（2000）は1999年には新生児乳児聴力選別・介入法が成立し，州にスクリーニング検査の実施を開始するための補助金制度が設けられたと述べている[19]。

なおMoores（2003）は，新生児聴覚スクリーニング検査と早期発見プログラムは，州によって，時には州の内部にあっても，その質に差があると述べている。さらに，一般に家族や子どものための発見プログラムと教育システムの間に殆ど，あるいは全く連携が構築されていないと問題点を指摘している[20]。

しかしながら，以上のように，早期発見・診断はアメリカ全土において，次第

に普及をみせ、聴覚障害の発見は低年齢化しつつあり、それに続く介入の開始も早期化しつつある実態がある。しかし、Mooresの指摘するような諸種の課題も残されており、その解決が求められている。

2. 個別家庭サービス計画

修正障害者教育法パートHに基づいて、ASHA（アメリカ言語聴覚協会）とCED（聾教育協議会）の合同委員会は、0～3歳の聴覚障害児の個別家庭サービスの提供について協議し、報告を行っている[21]。両団体は、1993年にこの報告を承認している。

この報告の中から、コミュニケーションに関する重要な点についてみていくことにする。

コミュニケーション様式については、「聴力低下を有する個人が、それを通して言語を受容し、表現する基本的な感覚様式」と定義し、これは、「口話・聴能、視覚ジェスチャ、手話コミュニケーション、キュード・スピーチ、これらの併用」を含むものとしている（例：ASL、キュード・スピーチ、同時コミュニケーション、聴覚口話）。

コミュニケーション・言語に携わるチームのメンバーの役割として、次のような事項が列挙されている。

① 聴能の可能性を最大限に発揮させること。
② 生後0～3歳の聾・難聴児の音声及び手話の習得を促進させるための技法についてのスキルを有すること。
③ 言語とコミュニケーション様式の選択肢に関して、家庭の理解を促進し、子どもに適切なアプローチを家庭が選択することを支援すること。
④ 家庭によって支持され、子どもに適切な言語・コミュニケーションのアプローチを実施すること。

とくに、修正障害者教育法パートHでは、個別家庭サービス計画の開発と実施における、チーム・アプローチと強力な家庭サービスが重視されている。

3. 家族中心の早期介入プログラム

Sass-Lehrerら（2003）は、家族中心の早期介入プログラムについて、次のよう

に説明している[22]。

1）家族中心の早期介入プログラムの経緯

1968年に早期教育のモデルを開発し評価するために「障害児の早期教育プログラム」が連邦政府の補助金によって設立された。ユタ州のSKI*HI（聴覚障害乳幼児のための両親中心のプログラム）は，連邦政府の支援を受けた最初のプログラムの1つである。

1986年修正障害者教育法は，就学前の聴覚障害乳幼児と両親に，無償で適切な公教育を受ける権利を与えた。1997年の障害者教育法は，早期教育の開発と提供，および就学前プログラムのためのガイドラインを用意した。協力的家族中心早期教育は，専門家としての教師モデルを修正し，両親の養育能力を支援し，それを強化するために，家族と専門家のパートナーシップをもたらしたと理解されている。

2）早期教育プログラムの開発と実施のためのガイドライン

早期教育プログラムの開発と実施のためのガイドラインの特徴は，以下に述べる7項目で示すことができる。

① 家族中心プログラム
② 協働（家族と専門家のパートナーシップ）の重視
③ 発達からみて適切な実践
④ 種々の専門分野の共同（学際的チーム）
⑤ 子どもの発達評価による基礎づけ
⑥ 家族の文化的背景についての配慮
⑦ 地域をベースとする展開

3）4つの早期介入プログラムの事例

4つの異なるタイプの家族中心プログラムの事例について，先記したSass-Lehrerらは次のように紹介している。

（1）コロラド家庭介入プログラム

「コロラド家庭介入プログラム」は，全州をカバーし，コロラド大学の研究スタッフとの連携により実施されている。コロラド州は新生児聴覚標準スクリーニング検査を導入した最初の州の1つであり，発見の平均月齢が2～3ヵ月であることを誇りにしている。発見された者の84%は2ヵ月以内に早期介入が開始される。6ヵ月以内にサービスを受け始めた家庭の子どもは，それ以降にサービスを利用

し始めた子どもたちより，より良好な成果を示していた。
　コミュニケーションに関しては，次の諸点を重視している。
① 両親，専門家，および評価データに基づいて，コミュニケーション様式を決定すること。
② 聾・難聴成人によって，家庭内で手話言語の指導を受けること。
③ 手話言語の指導者を配置すること。
④ 聴能・言語治療士を配置すること。
　(2) ボーイズタウン全米医学研究病院
　ネブラスカ州の同病院は，「診断的早期介入プログラム」（学際的家族中心プログラム）を実施している。聴覚障害の発見は平均18ヵ月で，生後11ヵ月までに同プログラムに入った子どもは，それ以降に入った子どもよりも，語彙と言語類推スキルの領域で有意に優れていたとされる。
　(3) SKI*HI 研究所
　ユタ州の「家族・家庭中心のプログラム」であり，地域をベースとした連携を行っている。視覚および聴覚による早期コミュニケーションを強調するとともに，聴覚活用について家族に助言をしている。1979年以来のデータを収集し分析した結果，SKI*HI プログラムに在籍した子どもは，参加しなかった子どもに比して成績が優れていたことが示された[23]。
　近年，同プログラムは聾である指導者のサービスを設立した。この指導者は ASL を聴覚障害児の親に教え，子どもと ASL を用いて交渉し，聾文化についての理解をもたらし，聾社会への導入を図っている。聾の指導者プログラムを実施した結果，このプロジェクトに参加した聴覚障害児は，参加しない子どもよりも，言語発達の進度が速く，語彙においては2倍も獲得し，コミュニケーション，言語，英語のシンタクスの評価において，より高得点を得ることが示された。親からの評価は，ASL，手指英語の使用は快適であるなどと，概ね好評であった[24]。
　(4) ローレン・クレール全米聾教育センター
　ケンドール模範小学校の「両親・乳幼児プログラム」であり，ギャローデット大学のキャンパス内に置かれた，研究を主眼とした家庭中心のプログラムである。聾教育センターおよび家庭ベースでのサービスを提供している。コミュニケーションに関しては，聴能専門家，コミュニケーションに関する専門家，手話と他

の言語の通訳者,スピーチの専門家,聾者のASL専門家を配置している。聾の専門家は,専門家チームのなかでも重要なメンバーである。

このプログラムでは,次の諸点に特段の関心が払われている。
① 子どもの言語発達と親子コミュニケーションを強調している。
② 二言語(ASLと英語)に力点を置いている。
③ 家族と子どもの友達に対して,夜間もしくは週末に手話言語クラスを提供している。

次に早期介入プログラムの中でも,近年,精力的に実践ならびに報告が行われているYoshinaga-Itanoらによるプログラムとその成果について紹介する。

4. コロラド大学の発達研究

コロラド大学のYoshinaga-Itano(2004)は,生後0～3歳の聴覚障害をもつ乳幼児の発達の研究成果について報告している[25]。

コロラド大学で行われた,同州の聴覚障害児の言語,スピーチ,社会・情緒的発達の主たる研究成果は以下の通りであった。
① この研究に参加した3歳以下の子どもの大多数(90%以上)がコロラド家庭介入プログラム(Colorado Home Intervention Program:CHIP)による介入サービスを利用していた。なお,CHIPは1970年代より同州において実施されてきた歴史をもつ。早期介入の提供者は,特別な訓練を受けた専門家,聾教育者,スピーチ・言語治療士,二言語教育の専門家などであった。なお,これらの専門家は,一般に当該分野において修士号を取得していた。
② 子どもとのコミュニケーションに関する情報が,毎週の家庭での1時間半におよぶ相談の際に親に提供された。聴覚障害の診断後直ちに介入が開始され,コーディネーターが家庭と連絡をとり,家庭が開始を希望する介入のタイプについて,選択に必要な情報の入手を援助した。
③ 子どもの発達の様子は,6ヵ月ごとの発達評価を通してモニターされた。モニターは,具体的には,子どもの発達についての親の調査票への回答と,親子の相互交渉場面のビデオテープの分析からなる。発達評価は,コミュニケーション様式と他の介入方略について決定するための,客観的なデータを家庭に提供した。

④ 発見・介入の時期と言語発達の状況について，ミネソタ子ども発達検査を用いて比較した[26]。生後2ヵ月以内に聴覚障害が発見され，早期介入が行われた14人の言語発達指数は87であった。同様に生後3〜12ヵ月までに発見されて介入を受けた11人では58，生後13〜24ヵ月では68，聴覚障害の発見が生後24ヵ月以降の場合では58であった。

⑤ 150人の聴覚障害児を対象にしたYoshinaga-Itanoら（1998）の研究では，生後6ヵ月までに聴覚障害が発見され，介入プログラムに配置された子どもが，ミネソタ子ども発達検査において，発見と介入が遅れた子どもよりも，有意に高い発達成績を示したことが報告されている[27]。生後6ヵ月までの場合，言語発達指数は平均で約80であったのに対して，生後7〜34ヵ月の時期に発見および介入された子どもでは，概ね60前後であった。この結果から，生後6ヵ月までの期間が，早期の言語発達において特段に重要であり，介入サービスを開始する適時であるとされた。

⑥ 早期発見および早期介入が言語・スピーチ発達，認知発達，社会・情緒的発達の領域において，発見や介入が遅れた子どもに比して優れた成績を示すことが，Yoshinaga-Itanoの関わった一連の研究において明らかにされた。

⑦ CHIPに参加した軽度から重度の聴覚障害児の75％は，生後5歳になるまでに明瞭なスピーチを有していた。通常の補聴器を使用する最重度の聴覚障害児では，20％のみが，5歳になるまでに明瞭なスピーチをもつと評価された。但し，スピーチのみで自らの考えや要求を表現しようとする子どもにおいては，会話の内容を相手に理解してもらうには，子ども自身が発するスピーチの明瞭度が向上する2歳半〜3歳半程度までは，コミュニケーションに困難を有していた。

⑧ 生後6ヵ月以内に聴覚障害の発見と介入が行われた重複障害の子どもにおいては，聴覚障害の発見が遅れた子どもの言語発達と極めて近似していた。すなわち，こうした重複障害を有する子どもの早期発見，早期介入の重要性が確認されたのである。重複障害児の家族は，長期にわたって子育てに必要な情報の提供やカウンセリング支援を受けることが必要であるとされた。

コロラド大学で行われた研究の要約として，次の事柄が指摘されている。

コロラド州において早期に発見・介入がなされた子どもでは，幾つかの有利な事項が確認された。具体的には，殆どの子どもは，口話と手話言語の両方で，年

齢に相応の言語スキルを発達させていた。そして幼稚園に入る時点では，手話言語のレベルは高水準に達していた。また，最重度の聴覚障害児を除く子どもにおいて，彼らの使用するコミュニケーション様式の如何に拘わらず，概ね明瞭なスピーチ（構音）を発達させていた。

第4節　最近の聴覚口話法の展開

1940年代以降，発音と読話に頼った従前の口話法が，補聴器を用いた聴覚活用の導入により，文字通り聴覚口話法として発展してきたのは周知の事実である。さらに1970年以降のトータル・コミュニケーション，あるいは1990年代以降の二言語教育に対峙すべく，聴覚口話教育の支持者や実践家は，聴覚口話法の理念的，方法的な独自性の追求を，精力的に行ってきたと言えるだろう。加えて，近年におけるデジタル補聴器の普及や人工内耳の子どもへの適用が，新しい聴覚口話法の時代を開きつつあると理解することもできよう。Watson（1998）は補聴器の技術的な改良，生後早期に発見される子どもの増加，最早期を含む子どもへの人工内耳の埋め込みの広がり，子どもの発話学習に関する知見の蓄積などの要因が相まって，現代は口話法により聴覚障害児の話しことばを発達させることを可能とする，かつて経験したことのない適期であると述べている[28]。以下，主にBeattie（2006）の論文に依拠しつつ，最近の聴覚口話法の動向について概観したい[29]。なお，人工内耳に関連した話題については第5章において扱う。

1. 口話法における幾つかのアプローチ

Watson（1998；2009）によれば，大部分の聴覚障害児は聴者の両親のもとに生まれるため，口話法の目的は，両親や彼らが生まれ落ちた聞こえるコミュニティの人々とコミュニケーションするために必要な話す力を聴覚障害児に授けることに置かれている。すなわち，聴覚障害児に明瞭なスピーチ（構音）を獲得させ，話しことばを理解する能力を引き出すことが，今日においても口話法における第一義の目標であるとされる。さらに，このことを通して，思考に際して用いる言語や読み書き能力（リテラシー）を発達させるための基礎を，聴覚障害児に授けることができるという考えに立つのである[28][30]。さらにWatson（1998）は，ひと

たびスピーチを会得した後には，コミュニケーションにおいて音声言語を使用するのか，もしくは聾コミュニティの言語である手話を学習するのか，聴覚障害児は自由に選択することが許されている，と述べている。

Beattie（2006）は「聾・難聴児の教育における口話法の連続体」として図4－1を用いて現代の口話法の全体像を解説している。

1）聴能言語アプローチ

Moores（2001）によれば，アメリカにおける1960年代は残存聴力の活用が聴覚障害児教育の「最後の突破口」と考えられ，その可能性が幅広く模索された時代であったとされる[31]。こうしたGriffiths（1967）[32]やPollak（1964）[33]に代表される1960年代における実践（AcoupedicsまたはUnisensory Approach）を継承するものとして，1980年代に登場した聴能言語（Auditory Verbal：AV）アプローチが位置づけられよう。聴能言語アプローチはセラピストによって行われる訓練と家庭での指導から構成され，可能な限り読話を制限することが求められている。

それは，スピーチの受容場面において容易に読話に依存することにより，残存聴力の活用である聴覚活用が疎かになると考えるからである。目覚めている間じゅう子どもは聞いている音に気づき，音の意味を解釈することそのものが訓練と関係している。ひとたび「見ること」に強調がおかれると，注意が分割され，視覚（読話など），つまり障害されていない感覚入力モードの安易な利用が助長されると考える。

こうした聴能言語アプローチは，前述のように子どもとセラピストの一対一の場面で実施されることが多いが，他方において同アプローチの理念に沿った両親

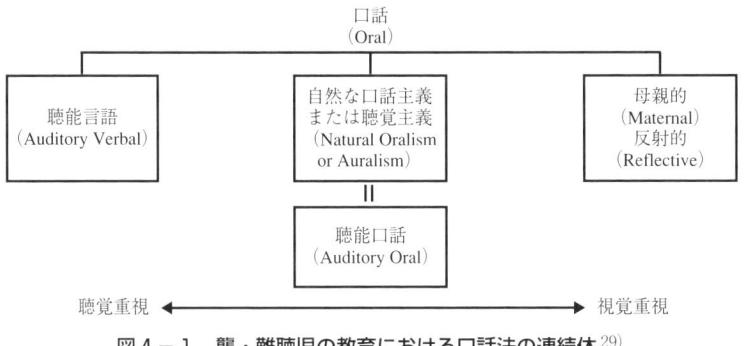

図4－1　聾・難聴児の教育における口話法の連続体[29]

や家庭への指導も重視されている。

　Pollack は 1974 年当時，コロラド州デンバーのポーター記念病院のスピーチ・聴覚サービス部門において，聴覚障害児の指導を行っていた。その指導の実際を見学した草薙（1976）によれば，Pollack が聴取指導を重視し，読話は日常会話場面での自然な利用は認めるが，それだけを意図的に指導することはない事を強調していた，とされる。指導における話しかけは側方または後方からも行われていたのである。とくに，Pollack の「親と子の一対一の関係から言語は発達する」「訓練は日常経験と結びついた意味あるものとして行われるべきである」という考えが印象に残ったと草薙は述べている[34]。

　こうした聴覚の単感覚法にもとづく，聴能言語アプローチが，聾学校でどの程度利用されているかは不明であるが，少数であり，どちらかと言えば病院などのクリニックでの採用が主であった。

　さて，Pollack（1985）をはじめ，Andrews ら（2004）などは，聞き取りに対する独占的な集中と訓練場面における読話へのアクセスの禁忌を強調する[35)36]。

　聴能言語アプローチにおける強調点は次の通りである。

① 一対一場面における診断的治療の見通しを踏まえ，診断から可能な限り早期からインプット（音入れ）を行う。
② 最善の補聴器を両耳装用させることにより，音声の増幅を一貫して用い，積極的に管理する。
③ 両親・家庭の強力な関与のもと，コミュニケーションにおけるインプットの正常化を図る。
④ 子どもを家族，近隣，学校，社会的活動に統合する。

　とくに，子ども，親，セラピストは適切な遊びの活動に従事する。活動における全体的な評価から子どもの能力を測定したうえで，将来の目標を決定し，適切な訓練を計画する。子どもにとっての生活と学習とは，包括的に聞くことを含む。子どもには，音のもつ価値と意味，および音が刺激であることの意識を発達させる。

⑤ 聴能言語アプローチの支持者や実践家は，聞くことは，身体的，心理的，情緒的，社会的な人間のニーズを満たすものと理解している。

　いかなる場所でも，どの様な出来事でも，聞くこと，スピーチ，言語，認知，

コミュニケーションの目標と結合することができる。言語の基礎は，日常活動と経験の中で子どもにとって興味があり，意味があることに対して，自然と指示することによって発達する。聴覚学習（Ling, 1984）は，「聴取ドリル」を通しては達成できない。

その他，聴能言語法に影響を与える1980年代以降における，電子・音響技術の進歩として，補聴器の小型化，両耳装用，出力と周波数帯域の改善，マイクロフォンの改良，FM補聴システムの開発，S／N比の向上，良質で長時間の使用に耐える電池の開発，アナログ処理からデジタル処理方式への移行などがみられた。

2）聴能口話アプローチ

音声言語の獲得を補完するための読話情報に付随する曖昧さと，断片的な性質という制約が，1966年のCornettによるキュード・スピーチの開発をもたらしたと一般に理解されているが，Beattie（2006）は，聴能口話アプローチの研究者達（Clark, 1989 ; Cole, 1992 ; Ling, 1976）[37][38][39]は，子どもがスピーチの力を発達させるために，聴覚および視覚的な手がかりの併用を徐々に許容してきた歴史的経緯がある，と述べている[29]。殆どの聴覚障害児の「聞こえる」両親にとって，スピーチ（音声言語）は自然な言語であり，子どもが能力的に，効果的にスピーチを使えれば，健聴児のクラスへの統合の可能性は高まり，ひいては，社会的，教育的，職業的な機会の利用が可能となる。聴能口話（Auditory Oral：AO）アプローチは，このような前提のもとで実施されている。最近の聴能口話アプローチの基本的な特徴は，既に述べた聴能言語アプローチの説明と，実質的に近似するようになってきた。すなわち，概括すると，聴能口話アプローチの鍵となる要素は，聴覚によるスピーチの受容が第一であること，早期診断に基づく早期介入がなされ，最善の補聴技術が適用されること，親の中核的役割と有資格の専門家による，効果的な教育プログラムの実行である。

2．聴能言語と聴能口話アプローチの違い

聴能言語と聴能口話の両アプローチの違いとして，研究者および教育者は①聴覚と視覚を使用する程度の違い，②場所と種類に関連する指導法の違いを挙げている。

以前より，聴能口話アプローチの支持者は，読話により受け取ることのできる音韻的，言語的情報を取り扱ってきた。かくて，子どもは聴覚と視覚の手がかり

の併用によって，言語スキルを発達させるよう推奨されてきたのである。

最近の殆どの聴能口話アプローチの支持者は，聴覚障害児が読話または自然なジェスチャに接することを避けるといった，極端な努力は行わないようである。これは聴覚障害児の視覚チャンネルを考えたとき，微妙な，しかし重要な指導上の変更である。

教育の場についての違いは，聴能言語アプローチでは，成功の証として，近隣の幼稚園または学校に全ての時間にわたり通学すること，すなわち，「聞こえる社会」への完全統合を目指している。他方，聴能口話アプローチによる子どもの教育の場は，聾学校から完全統合まで幅広い教育場面に存在するのである。

もう1つの違いは，聴能言語アプローチでは，聴取，コミュニケーション・言語・スピーチと認知といった，聞こえる子どもの発達的順序に力点を置くことである。診断的評価に導かれた，自然なプロセスに従おうと考えるのである。

歴史的には，口話アプローチで言語発達を達成してきた方法論には，様々な種類が存在してきた。それぞれの方法の違いは，つまるところ，言語を構造化した方法で教えるか，または自然なやり方で学ばせるか，の程度に関係してきた。聴能口話アプローチでは自然法が優勢であるが，子どもの進歩が遅い場合や，遅れが重大である時には，より構造化されたアプローチの採用が模索されてきた。

Moores (2001) は聴能言語アプローチに代表されるアクーペディクスについて，次のように述べている[40]。

「アクーペディクス・プログラムの開発者は，単感覚的特性を強調し続けるが，その方法を検証すると，彼らはまた視覚的，触覚的モードに強く依存していることは明らかである。実際に人間は非常に幼い子どもを含めて，統一体として機能している。幼い子どもでは感覚・運動経験に依存しているのである。つまり，聴覚，視覚，触覚はお互いに常に相互作用と補完を行っている。まずもって，聴覚に全部の強調を置くことは殆ど不可能と思われる」

また，聴能言語と聴能口話の違いよりも，両アプローチに共通した強調点として，次のことに留意することは有益であると Beattie (2006) は述べている[29]。

① 新しい技術による残存聴力の開発と管理（補聴器，FM補聴システム，人工内耳の埋め込みなど）

② 早期発見と介入（学習にとって重要な最適期の重視）

③ 子どもの発達や親子間のコミュニケーションと言語の結合に果たす親の役割の重視（両親を第一にすること）
④ 言語に関する知識を有効に利用すること。こうした知識によって，教師は総合的な介入プログラムを開発するために，より良く備えることができる。

3．口話教育の成果

　口話教育の成果について，客観的に評価することは容易なことではない。1960年代末にトータル・コミュニケーション（TC）が台頭した要因の1つが，歴史的には100年にわたった口話教育の成果に対する厳しい評価にあったことは，第1章でみた通りである。もちろん，口話教育の長年にわたる精力的な実践や研究成果については，冷静かつ慎重に評価されるべきであろう。
　次に，最近の口話教育の研究知見について概観したい。
　1）質的事項
　40年以上前にイギリスのGreenway（1964）による次のことばに対する反響が，今日でも教育の場で聞かれ，最近の文献でも散見される[41]。
「殆ど1世紀の間，我々は壮大な口話の実験をしてきた。独占的な口話方式で著しく成功している幾らかの者がいることは否定できない。しかし，大多数にとってそれは失敗に終わっている。なぜならば，コミュニケーションの最善な，最も快適な手段を提供できなかったからである」
　Beattie（2006）はGreenwayが述べる「大多数」の状況が現在でも同様であるか否かの判断は留保しつつも，口話教育が奏功しなかった者が依然として現在もおり，口話教育における研究には，(a) 口話教育の恩恵に浴する確率が高い者は誰で，(b) 口話教育を向上させるために何をすることができ，(c) 口話教育に不適応とされる者に対して，如何にして効果的に関与していくことができるのか，といった問いに答える責務があると述べている。
　2）量的事項
　さらに，Beattie（2006）はWeissら（1975）[42]が指摘した以下の傾向が，現在でも依然として認められるとしている。
① 通常学級に統合した子どもは，統合前に良好な聴力と明瞭なスピーチ（構音）を有していた子どもである。

② コミュニケーションの受容については，スピーチと手話の同時使用によって最も効果的に理解され，次いで，スピーチと指文字，更に読話と聴覚であり，聴覚の単独使用は最も効果が少ない。
③ 表出については，良好な聴力の子どもはより良い構音の成績を示す。構音スキルは，プログラムが聴能訓練と構音を強調することの反映であり，コミュニケーション方法やアプローチ全体の優越を反映したものではない。

次に Watson（1998）は，口話アプローチを用いて教育された子どもたちの効果と成績の分野の文献を検討したところ，厳密な研究方法を用いた報告が欠落していることは明らかである，と研究方法論に附随した問題点を指摘している。

3) 全体的成績

① 聴能言語アプローチで教育を受けた児童157人のうち，高い割合で通常の学校に十分統合しており，高校卒業生の95%が，引き続き高等教育へ進学しているという報告がある[43]。

ただし，この子どもたちの言語，読み書きスキルについての情報は，殆ど報告されておらず，子どもたちの高い統合の割合が，聴能言語アプローチの目標によるものなのか否かは，この遡及的研究をもってしては疑わしく思われる。

② Wrayら（1997）は，聴能言語による早期介入プログラムに参加した19人のグループの適切な統合と読み書き能力のレベルの程度について研究した。収集されたデータから Wrayらは，19人のうち16人は通常クラスに十分に，または適切に統合されており，その16人の読みのレベルは学年相当かそれ以上であったと結論づけている[44]。

③ Rhoadesらは，1～4歳の間に強力な聴能言語アプローチによる介入を受けた40人の就学前の子どもの全般的な言語発達を中心に研究を行い，次の結果を報告している。受容及び表出言語の測定による対象児の毎年のグループの成績は，最初の2年間の各年において，期待された発達の平均的速度を示した。また，プログラムの卒業生は，生活年齢と言語年齢のギャップを解消した[45]。

④ Moeller（2000）は，早期介入に登録した年齢と家族のプログラムに関与する程度との関係を検討している。対象児のグループは，殆ど同数の聴覚口話とトータル・コミュニケーションのアプローチを使用する児童を含んでいた。言語発達の測定で最良の成績を示した（語彙で健聴児の平均範囲に入った）子どもは，

生後 11 〜 12 ヵ月で聴覚障害が発見され，その母親は子どものプログラムに積極的に関与していた。家族の関与のレベルは，子どもの早期介入への登録の年齢，または聴覚障害の程度のいずれよりも，より強力な言語成績の予測因子となることが明らかにされた[46]。

⑤ Martineau ら（2001）は，軽度から最重度の聴力レベルにある 112 人の学業成績（読み書きの得点，数学の得点，学力の遅れ）について検討した。結果は，聴力レベルに関係なく，学力の遅れのより少ない者は，口話コミュニケーションを用いた者，そして子どものプログラムへの強力な親のサポートと親の関与を有する者であった。さらに，肯定的な関係が，早期の親中心サービスと読み書き（リテラシー），数学の高得点の間にみられた[47]。

以上を要約すると，聴覚障害を有する子どもの言語獲得の成績は，概して従来の研究よりも最近の研究において向上している。最終的な結論を導き出すことは困難であるが，これは，手話言語と同様にスピーチが尊重され，また，トータル・コミュニケーション・プログラムと同時に聴覚口話プログラムが考慮されるときに起こる事象であると推察される。つまり，大きく寄与する変数は，介入のタイプ如何にかかわらず，親の関与の程度であることを，これらの研究は明らかに示していると思われる。

第 5 節　要約

本章において，口話教育の歴史的経緯と近年の動向について記述した。ここでは，主に近年の動向について要約したい。

（1）1970 年代以降のトータル・コミュニケーションの急速な展開に対して，聴覚口話法の立場から，聴覚口話の擁護とトータル・コミュニケーションの批判が行われた。読話，聴能，スピーチ能力の獲得は教育の基本であり，可能であると主張されてきた。

一方，トータル・コミュニケーション支持の多くの研究について，Nix（1975，1983）が精力的な分析，検討を行い，トータル・コミュニケーションの有効性についてかなりの疑問がある，と結論づけている。

そして，聴覚口話の有効性を示すいくつかの研究において，聴覚口話法によっ

て豊かな言語環境が提供され，口話言語の発達が促進されるのに対し，トータル・コミュニケーションが提示する言語モデルは，貧弱で不正確であると批判する。

（2）聴覚障害の早期発見，診断は，コロラド州が1992年に新生児聴覚標準スクリーニング検査を開始して以来，全米に普及した。コロラド州（2006）では，発見年齢は生後2ヵ月であり，診断から2ヵ月以内に介入サービスが開始される。

早期介入プログラムでは，家族が中心となり，家族の養育能力を支援するために家族と専門家のパートナーシップが重視される。家族中心プログラムとしては，「コロラド家庭介入プログラム」や「ローレン・クレール全米聾教育センター」などが有名である。

早期に家庭介入プログラムを受けた乳幼児の発達研究（コロラド大学, 2004）では，早く聴覚障害が発見され，早期介入を開始したグループの方が遅れて介入が開始されたグループよりも，発達検査の成績が優れていることが明らかにされた。

（3）発音と読話に頼った従前の口話法が，1940年代以降補聴器の活用によって聴覚口話法として発展してきた。また近年は，人工内耳の子どもへの適用により，聴覚活用は新しい時代に入ったと言える。

Beattie（2006）によれば，口話法は，大きく「聴能言語アプローチ」と「聴能口話アプローチ」に分けることができる。前者は，聴覚優先のアプローチであり，視覚（読話）へのアクセスは制限される。1960年代のPollackのアクーペディックスに代表されるアプローチは，1980年代に聴能言語アプローチへと発展した。このアプローチは，子どもとセラピストの一対一の場面で実践されることが多い。また，訓練は日常経験と結びついた意味あるものとして行われる。

後者は，話しことばを発達させるために聴覚と視覚（読話）の併用を認めている。聴能言語アプローチでは，通常の学校に全時間にわたり通学すること（完全統合）を目指している。一方，聴能口話アプローチによる子どもの教育の場は，聾学校から完全統合までの幅広い教育現場に存在している。

この両アプローチとも，①新しい技術による聴覚活用，②早期発見と介入，③子どもの発達や親子間のコミュニケーション・言語に果たす親の役割の重視などの点で，共通点を有する。

さて，こうした口話教育の成果については，①高い割合で通常学校に十分統合しており，高等教育に進学する者が多い，②統合クラスに十分適合しており，読み

のレベルが学年相当以上の子どもが多い，③言語発達の成績が優れている子どもは，早期に介入を開始し，家族の関与が高いレベルにある，④学業成績の優れた子どもは，聴力レベルに関係なく口話コミュニケーションで指導を受けた者であり，早期の親中心のサービスが優れた学業成績に貢献していることが確認された。

引用文献

1) Stevenson, E. A. :Some Thought on the Education of the Deaf. Ontario Association of the Deaf, 1958, 57.
2) Stone, A.V. :Oral Education :A Challenge and a Necessity. Volta Review, 1968, 70(5), 289-292.
3) Vorce, E. :Speech Perception-Lipreading and Hearing. 38 Meeting of C. A. I. D., 1957, 159-162.
4) Pollack, D. :Acoupedics :A Unisensory Approach to Auditory Trainning. Volta Review, 1964, 66(7), 400-409.
5) Keaster, J. :How Shall the Deaf Child be Educated?. Volta Review, 1954, 56(7), 293.
6) Silverman, S. R. et al. :Deaf Children. In Davis, H. & Silverman, S. R.（Eds.）Hearing and Deafness. Holt, Rinehart and Winston, 1965, 435-437.
7) Owsley, P. J. & Mecham, S. R. :Total Communication-A Placebo. Deaf Spectrum, 1971, May, 5.
8) Blevins, B. :The Myth of "Total Communication". A Reprint from the AOEHI Bulletin, 6.
9) Moog, J. S.「米国における聴覚障害児教育の動向」（星名信昭「CIDの実験教育と言語力評価」上越教育大学障害児教育講座，1989, 3.）
10) Higgins, P. G. :Controversy over Communication for the Deaf: A Review of the Literature. Gallaudet College. Summer School, 1-15.
11) Nix, G. W. :Total Communication :A Review of the Studies Offered in Its Support. Volta Review, 1975, 77(8), 470-494.
12) Nix, G. G. :How Total is Total Communication?. Journal of British Association of Teachers of the Deaf, 1983, 7(6), 177-181.
13) Knell, S. M. & Klonoff, E. A. :Language Sampling in Deaf Children :A Comparison of Oral and Signed Communication Modes. Journal of Communication Disorders, 1983, 16, 435-447.
14) Newton, L. :Linguistic Environment of the Deaf Child. Journal of Speech and Hearing Research, 1985, 28(3), 336-344.
15) Huntington, A. & Watton, F. :The Spoken Language of Teachers and Pupils in the Education of Hearing-Impaired Children. Volta Review, 1986, Jun., 88, 5-19.
16) Moores, D. F. :Educating the Deaf: Psychology, Principles, and Practices(5th Ed.). Houghton Mifflin, 2001, 240-243.
17) Yoshinaga-Itano, C., Sedey, A., et al. :Language of Early-and-Later-Identified Children with Hearing Loss. Pediatrics, 1998, 102, 1161-1171.
18) Yoshinaga-Itano, C. :Early Intervention, Communication Modality, and the Development of Speech and Spoken Language Skills :Patterns and Consideration. In Spencer, P. E. & Marschark, M.(Eds.) Advances in the Spoken Language Development of Deaf and Hard-of-Hearing Children. Oxford University Press, 2006, 283-327.
19) Siegel, L. :The Education and Communication Needs of Deaf and Hard of Hearing Children: A Statement of Principle on Fundamental Educational Change. A. A. D., 2000, 145(2), 73.
20) Moores, D. F. :The Quest for a Seamless Education. A. A. D., 2003, 148(4), 277-278.

21) Joint Committee of ASHA and CED Technical Report :Service Provision under the Individuals with Disabilities Education Act-Part H, as Amended (IDEA-Part H). A. A. D., 1995, 140(1), 65-70.
22) Sass-Lehrer, M. & Bodner-Johnson, B. :Early Intervention :Current Approaches to Family-Centered Programming. In Marschark, M. & Spencer, P. E. (Eds.) Oxford Handbook of Deaf Studies, Language, and Education. Oxford University Press, 2003, 65-81.
23) Strong, C. J., Clark, T., Johnson, D., et al. :SKI*HI Home Based Programming for Children Who are Deaf or Hard of Hearing :Resent Research Findings. Infant-Toddler Intervention, 1994, 4 (1), 25-36.
24) Watkins, S., Pittman, P., & Walden, B. :The Deaf Mentor Experimental Project for Young Children Who are Deaf and Their Families. A.A.D., 1998, 143(1), 29-34.
25) Yoshinaga-Itano, C. :Earlier Identification for the Earlier Intervention. In Power, D. & Leigh, G. (Eds.) Educating Deaf Students :Global Perspectives. Gallaudet University Press, 2004, 69-84.
26) Apuzzo, M. & Yoshinaga-Itano, C. :Early Identification of Infants with Significant Hearing Loss and the Minnesota Child Development Inventory. Seminars in Hearing, 1995, 16, 124-139.
27) Yoshinaga-Itano, C. et al. :Identification of Hearing Loss after Age 18 Months is not Early Enough. A. A. D., 1998, 143(5), 380-387.
28) Watson, L. Oralism :Current Policy and Practice. In Gregory, S. et al. (Eds.) Issues in Deaf Education. David Fulton, 1998, 69-76.
29) Beattie, R. G. :The Oral Method and Spoken Language Acquisition. In Spencer, P. E. & Marschark, M. (Eds.) Advances in the Spoken Language Development of Deaf and Hard-of-Hearing Children. Oxford University Press, 2006, 103-135.
30) Watson, L. :Deaf Children and Communication Approaches. In Newton, V. E. (Ed.) Paediatric Audiological Medicine (2nd Ed.). 2009, 452-466.
31) Moores, D. F. :Educating the Deaf :Psychology, Principles, and Practices (5th Ed.), Houghton Mifflin, 2001, 270-273.
32) Griffiths, C. :Conquering Childhood Deafness :A New Technique of the Deaf and Hard of Hearing Problems in Infants and Children. Exposition Press, 1967.
33) Pollack, D. :Acoupedics :A Uni-Sensory Approach to Auditory Training. Volta Review, 1964, 66, 400-409.
34) 草薙進郎「アメリカ聴覚障害教育の動向 ―教育視察を中心として―」愛媛大学教育学部障害児教育研究室研究紀要, 1, 1976, 23-41.
35) Pollack, D. :Educational Audiology for the Limited-Hearing Infant and Preschooler (3 rd Ed.). Charles C. Thomas, 1985.
36) Andrews, J., Leigh, I. W., & Weiner, M. T. :Deaf People: Evolving Perspectives from Psychology, Education, and Sociology. Pearson, 2004.
37) Clark, M. :Language through Living for Hearing-Impaired Children. Hodder & Stoughton, 1989.
38) Cole, E. B. :Listening and Talking :A Guide to Promoting Spoken Language in Young Hearing-Impaired Children. A. G. Bell Association for the Deaf, 1992.
39) Ling, D. :Speech and the Hearing Impaired Child :Theory and Practice. Alexander Graham Bell Association for the Deaf, 1976.
40) Moores, D. F. :Educating the Deaf: Psychology, Principles, and Practices (5th Ed.), Houghton Mifflin, 2001, 270-273.
41) Greenway, E. B. :The Communication Needs of the Deaf Child. In Report of the Proceeding of the International Congress on Education of the Deaf. Gallaudet College, 1964, 433-439.

42) Weiss, K. L., Goodwin, M. W., & Moores, D. F. :Characteristics of Your Deaf Children and Early Intervention Programs（Research Report. 91）. Department of Health, Education, and Welfare, Bureau of Education for the Handicapped, 1975.
43) Goldberg, D. M. & Flexer, C. :Outcomes Survey of Auditory Verbal Graduates :A Study of Clinical Efficacy. Journal of the American Academy of Audiology, 1993, 4, 189-200.
44) Wray, D., Flexer, C., & Vaccaro, V. :Classroom Performance of Children who Learned Spoken Language Communication through the Auditory-Verbal Approach: Evaluation and Treatment Efficacy. Volta Review, 1997, 99（2）, 107-120.
45) Rhoades, E. A. & Chisolm, T.H. :Global Language Progress with an Auditory-Verbal Approach for Children Who are Deaf or Hard of Hearing. Volta Review, 2000, 102（1）, 5-24.
46) Moeller, M. P. :Early Intervention and Language Development in Children Who are Deaf and Hard of Hearing. Pediatrics, 2000, 106（3）, E43.
47) Martineau, G., Lamarche, P. A., Marcoux, S., et al. :The Effects of Early Intervention on Academic Achievement of Hearing-Impaired Children. Early Education and Development, 2001, 12（2）, 275-289.

参考文献

1) 草薙進郎 「アメリカ聾教育におけるトータル・コミュニケーションの台頭」イセブ印刷, 1989, 159-231.
2) 草薙進郎編著 「アメリカにおける聴覚障害児の早期教育の展開」筑波大学心身障害学系, 1984, 1-49.
3) 草薙進郎 「アメリカ聾教育におけるトータル・コミュニケーションの発展」イセブ印刷, 1996, 141-152.

第5章
人工内耳装用児の現況

第1節　小児人工内耳の小史

　近年，北米やオーストラリアのみならず，ヨーロッパやアジアの各国において，聾学校および通常学級に在籍する聴覚障害児のうち，人工内耳を装用する子どもが増加している。以下，聴覚障害をもつ小児に人工内耳が導入されるまでの小史を述べる。

　人工内耳のアイデアの起源は，今から200年以上前の，イタリアのAlessandro Volta（1800）による報告にまで遡ることができるが，ヒトへの実際の埋め込みは1957年にDjournoらがパリで行った症例を嚆矢とし，その後1960年代に入ると，アメリカにおける幾つかの研究機関において，シングル・チャンネル人工内耳の改良と実用化に向けた臨床実験が続けられた。他方，1970年代に入ると，シングル・チャンネル人工内耳の効果を疑問視する声が，基礎医学分野の研究者によって提起されるなかで，1975年にはアメリカ国立衛生研究所（NIH）が先導するかたちで，正式な客観的評価を目的とした研究が，ピッツバーグ大学のBilgerをチーフとして実施された。その結果，シングル・チャンネル人工内耳は構音や読話の補助としては一定の効果が確認できたものの，スピーチの聴取には貢献しないとの報告が発表された[1]。

　その後，シングル・チャンネルの人工内耳は1984年にアメリカ食品医薬品局（FDA）によって成人への適応承認が得られたものの，先の1975年のNIHによる報告が事実上のターニング・ポイントとなり，研究者達の関心はマルチ・チャンネル人工内耳に移っていき，オーストラリアのメルボルン大学のClarkらのグループやカリフォルニア大学サンフランシスコ校（UCSF）のグループによって，マルチ・チャンネル人工内耳の実用化に向けた研究が続けられ，前者は後に"Nucleus"（コクレア社）に，後者は"Clarion"（アドバンスド・バイオニック社）として製

品化に至っている[2]。

さらに、1980年代に入ると、FDAによってマルチ・チャンネル人工内耳の臨床試験が開始され、1986年には小児への臨床試験が開始された[3]。その結果、世界に先駆けて"Nucleus"（コクレア社）の成人向けの適応が1985年にFDAにより承認された。そして1990年には生後2歳以上の子どもへの適応が認められるとともに、1998年には適応年齢の基準が生後18ヵ月以降に改訂され、2004年にはその年齢が生後1歳まで引き下げられた。1997年までに全世界では成人と子どもを含む9000人が人工内耳の埋め込みをしており、その数は2000年には25000人に増加し、2003年には75000人に達したと推定されている[4]。

なお、先端的な医用工学である人工内耳の小児への適用については、生命倫理の見地、および〈聾〉文化（Deaf culture）の立場から、現在でも強く反対する意見がある。とくに、生後早期からの人工内耳の埋め込みを推奨する耳鼻咽喉科医、言語療法士、聴覚口話法を支持する教師と、〈聾〉当事者および手指の積極的使用を支持する教育者との間にある、意見の隔たりは極めて大きいものがある。以下、本章では筆者自らの小児人工内耳に対する立脚点を離れ、アメリカおよびイギリスにおいて実施された報告をもとに、人工内耳装用児におけるスピーチや言語、リテラシー、学力などの『現実』を伝えることを主眼に、敢えて中立的な観点から批判的論考を進めることを付記する。

第2節　人工内耳装用児における構音

補聴器と比較した際に人工内耳によってもたらされる聴力の改善について、Blameyら（2001）はおよそ28dBであると報告している[5]。人工内耳装用児では一般に聴力レベルにして30～40dB程度の聴取能（聴力レベル）が確保されるとの報告が多い。このように、人工内耳装用児と補聴器を装用する子どもを比べた場合、獲得するスピーチのモデルとなる養育者の発するスピーチの聴取が容易になることに加え、子ども自らのスピーチの聴取（聴覚フィードバック）が促進することが想定される中で、今日まで人工内耳装用児のスピーチ（構音）についての報告がなされてきた。以下、構音に関する研究の中から、とくに発話明瞭度を扱った研究の成果を中心に紹介する。

1. 人工内耳装用児の発話明瞭度

Flipsen Jr.（2008）は幼児期に人工内耳を装用した子どもにおける構音を報告した先行研究の成果を概観している[6]。氏はAllenら（1998）により開発された発話明瞭度スケール（Speech Intelligibility Rating Scale：SIR）を用いて人工内耳装用児の構音を分析した7つの先行研究について，サンプルサイズ，人工内耳の装用開始時期，言語環境に基づき，1年後から10年後までの成績を再分析した。なお，SIRは子どもに接する両親や専門家などによって，実生活における構音の状況を評価するために開発された評価スケールであり，具体的には子どもの発するスピーチの明瞭度を，評価者が表5－1に示す聴覚印象の基準に従い，5段階で評定するものである。ここではFlipsen Jr.が取り上げた研究の中から，英語話者を対象としたもので，研究方法が明確に記述されており，比較的サンプルサイズの大きい，Allenら（1998），Ramirezら（2004），Beadle（2005）の3つの研究を以下に紹介する（表5－2）[7][8][9]。

Allenら（1998）の報告は3歳までに失聴し，7歳までに人工内耳の埋め込みを

表5－1　発話明瞭度（SIR）の評価基準

カテゴリ	評価基準
5	談話におけるスピーチは全ての聞き手にとって聴取しやすい。日常生活の諸場面で発せられたスピーチは容易に聴取される。
4	談話におけるスピーチは少しでも聾の人々のスピーチに接したことがある者にはとっては聞き取り可能である。
3	談話におけるスピーチは聞き手が聞き取りに集中し，かつ読唇を併用すれば聞き取り可能である。
2	談話におけるスピーチは聞き取りにくい。コンテクストがある条件において，聞き取りやすい単語が出現することがある。
1	談話におけるスピーチは聞き取りにくい。会話で使用される単語は聞き取り理解が可能以前のレベルにある。手指が主なコミュニケーション様式だと思われる。

Flipsen, P. Jr. Intelligibility of spontaneous conversational speech produced by children with cochlear implants A review.
International Journal of Pediatric Otorhinolaryngology, 2008, 72 (5), 559-564.を一部改変

表5－2　人工内耳埋め込み児の発話明瞭度（SIR）

	n	埋め込み	1年後		3年後		5年後		10年後	
			SIR=3+	SIR=5	SIR=3+	SIR=5	SIR=3+	SIR=5	SIR=3+	SIR=5
Allenら(1998)	118	1;9－7;0 （平均4;4）	11%	0%	63%	3%	91%	46%	－	－
Beadleら(2005)	30	2;5－11;1 （平均5;3）	－	－	－	－	83%	27%	83%	37%
Ramirezら(2004)	135	不明	26%	3%	69%	7%	83%	33%	－	－

Flipsen, P. Jr. Intelligibility of spontaneous conversational speech produced by children with cochlear implants A review. International Journal of Pediatric Otorhinolaryngology, 2008, 72 (5), 559-564.より作成
注：SIR=3+はSIRによる評定が3以上，SIR=5は評定が5の者である。パーセント値は当該時点での通過率を示している。

行った118人の子どもを対象に, prospective（前向き）研究による検討を行っている。対象児の失聴時期の平均は6ヵ月（範囲：0〜34），人工内耳の埋め込みの平均は52ヵ月（範囲：21〜84）であった。失聴原因は先天性が67人（56.8%），髄膜炎が42人（35.6%），その他が9人（7.6%）となっていた。なお，Allenらは手術や検査及び術後ハビリテーションに要する費用がイギリスNational Health Serviceより支払われており，本研究の対象児には幅広い社会経済的階層の家庭の子どもが含まれていると述べている。検査時点ごとの中央値（メディアン）と最頻値（モード）からは，埋め込み1年後と2年後ではカテゴリ2,3年後と4年後ではカテゴリ3に推移する傾向が理解される。表5－3は検査時ごとの対象児の成績の度数分布を示したものである。埋め込み5年後に評価対象となった子どもが11人となっているが，この数は当初の118人の1割弱であり，残る9割の成績は不明である。

次にRamirezら（2004）の報告を紹介する。Ramirezらはサイトメガロウィルス（CMV）を原因とする聴覚障害児の言語発達を検討するなかで，一般の先天性聴覚障害児の構音についてSIRを用いた成績を報告している。対象児は平均4.1歳までに人工内耳の埋め込みをした131人の子どもである。人工内耳埋め込み前の裸耳聴力は100dB以上で，補聴器を装用した条件での聴力は60dBであった。人工内耳埋め込み後の聴力は26〜45dBの範囲にあった。SIRによる構音の成績は人工内耳埋め込み前において，平均1.09，中央値1であった。埋め込み1年後には平均1.65，中央値2，埋め込み3年後には平均2.64，中央値3となっていた。埋め込み4年後の成績は平均3.00，中央値3，埋め込み5年後の成績は平均3.20，中央値3となっており，これらの資料からは埋め込みから5年経過後においてもカ

表5－3　埋め込み前から5年後までの発話明瞭度（SIR）の変化

SIR	埋め込み前	1年後	2年後	3年後	4年後	5年後
5	0 (0)	0 (0)	0 (0)	1 (3)	2 (10)	5 (46)
4	0 (0)	0 (0)	1 (2)	3 (10)	6 (32)	1 (9)
3	0 (0)	9 (11)	17 (30)	16 (50)	8 (43)	4 (36)
2	9 (8)	40 (48)	29 (52)	10 (31)	2 (10)	0 (0)
1	109 (92)	35 (41)	9 (16)	2 (6)	1 (5)	1 (9)
計	118	84	56	32	19	11

Allen, M.C., Nikolopoulos, T.P., O'Donoghue G.M. Speech intelligibility in children after cochlear implantation. American Journal of Otology, 1998, 19(6), 742-746.を一部改変

注：数値は該当者数であり，括弧内はパーセンテージ

表5－4　30人の人口統計学的な詳細と成績

症例	失聴時期	埋め込み年齢	年齢	失聴原因	コミュ様式	CI22M前の充電極数	発話明瞭度 (SIR) pre	5年後	10年後
1	2;7	3;6	17;3	a	口話	15	1	5	5
2	6;6	11	23;9	b	口話	19	3	5	5
3	2;1	4;9	17;8	a	口話	20	2	5	5
4	2;1	8;6	21;3	a	口話	22	1	4	3
5*	2;8	6;5	18;8	a	TC	14	1	1	2
6	1;2	2;7	15	c	口話	再埋込	1	5	5
7	1	2;5	14;6	a	口話	再埋込	1	3	4
8	2;8	3;6	15;7	a	口話	19	1	5	5
9	0;6	4;1	16;1	a	口話	再埋込	1	3	5
10	1;1	2;8	14;7	a	口話	11	1	5	5
11	2;7	8;6	20;3	a	TC	16	1	3	3
12	2;2	7;3	19;1	a	口話	17	1	3	4
13	0;7	4;3	15;9	a	TC	再埋込	1	3	4
14*	0;7	3;7	15;2	a	TC	再埋込	1	3	4
15	0	4;4	15;9	d	口話	19	1	4	5
16	0	3;4	14;7	d	TC	22	1	3	4
17	0;8	2;9	14	a	口話	20	1	5	5
18	0;6	5;2	16;3	a	TC	20	1	2	3
19	0	3;5	14;4	a	口話	再埋込	1	4	4
20	2;5	4;2	15;1	a	口話	再埋込	1	3	3
21	1;5	5;6	16;3	a	口話	16	3	4	4
22	2;3	4;3	15;1	a	TC	22	1	3	4
23	2;8	7;8	18;3	e	口話	22	2	3	4
24	3;1	7;6	18;2	a	口話	17	1	4	4
25	1	4;5	15	a	TC	2回の再埋込	1	1	2
26	2;5	3;8	13;9	a	口話	18	1	4	5
27	0	4;3	14;5	d	TC	21	1	3	4
28	7;2	11;1	21;2	不明	口話	15	5	5	5
29	1;4	9;1	19;2	a	口話	22	3	3	3
30	0;8	3	14;5	a	口話	15	1	NA	4

Beadle, E.A., McKinley, D.J., Nikolopoulos, T.P., Brough, J., O'Donoghue, G.M., Archbold, S.M. Long-term functional outcomes and academic-occupational status in implanted children after 10 to 14 years of cochlear implant use. Otology & Neurotology, 2005, 26(6), 1152-1160.を一部改変
注1：＊は重複障害児である。
注2：失聴原因のaは髄膜炎，bは当部外傷，cはMMRワクチン，dは遺伝性。

テゴリ3の水準にとどまっていることが理解される。なおFlipsen Jr. (2008) は考察において，聴力レベルが71dB以上の741人の補聴器装用児の発話明瞭度を報告したJensemaら (1978) の研究[10]を引用しながら，人工内耳装用児の発話明瞭度

が補聴器装用児に比して概して高いことを結論づけている。しかしながら，表5－2からは，人工内耳埋め込み後の時間経過とともに，いずれの研究においても概ねカテゴリ3＋及び5の通過率が高くなっているものの，他方，5年経過後の成績に着目するならば，カテゴリ5（「スピーチは全ての聞き手にとって聞き取りやすい」）は33～46％と，報告により大きなバラツキが存在することが理解されるところである。

　最後に，Flipsen Jr.（2008）の分析対象となった先行研究のなかから，最も適切な研究方法が選択され，対象児や人工内耳に関する詳細な情報に加え，装用10年後の成績が示されている理由から，先述したBeadleら（2005）の研究を取り上げ紹介する。この研究は人工内耳装用児を10～14年間の長期にわたり追跡した，数少ないprospective（前向き）研究である。対象は1982～1992年の間にイギリスノッティンガム大学病院で人工内耳の埋め込み手術を受けた30人の子どもである（表5－4）。術前の聴力は良聴側裸耳が95dB以上，補聴器装用時の聴力は60dBを上回っていた。人工内耳（コクレア社製Nucleus22）の埋め込みは平均5.2歳（範囲:2.5～11歳）に行われ，児は10～14年の人工内耳の装用経験をもつ。埋め込み時点でのコード化法は全児ともマルチピーク法（MPEAK）であり，後に全員がスペクトルピーク法（SPEAK）に変更しており，さらにその後エース法（ACE）に変更した者が3人いた。なお，本研究では，人工内耳に付随する諸費用がU.K.ナショナル・ヘルス・サービスから支払われ，保護者の支払い能力が人工内耳へのアクセスに影響を及ぼしていないと付記されている。最終評価時点での人工内耳の使用状況は，30人の子どものうち26人（87％）が人工内耳を「常用」しており，2人（7％）が「しばしば使用」，1人（3％）が「場合によって使用」となっており，1人は人工内耳の使用を取りやめてい

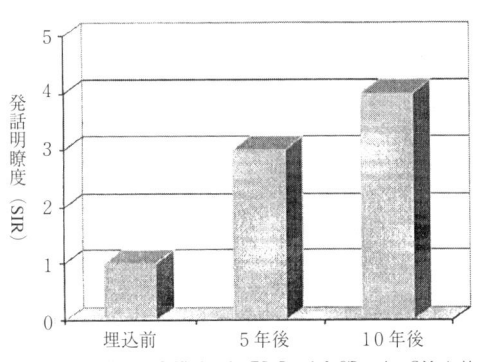

Beadle, E.A., McKinley, D. J., Nikolopoulos, T.P., Brough, J., O'Donoghue, G.M., Archbold, S.M. Long-term functional outcomes and academic-occupational status in implanted children after 10 to 14 years of cochlear implant use. Otology & Neurotology, 2005, 26(6), 1152-1160.を一部改変

図5－1　発話明瞭度の変化（中央値）

た。対象児は埋め込み手術前と，5年経過後，10年経過後の3時点において発話明瞭度（SIR）が評価された。埋め込み5年後においては，29人中14人（48％）がカテゴリ4もしくは5であり，12人がカテゴリ3であった。10年後の時点では，23人（77％）がカテゴリ4もしくは5であった。図5－1に埋め込み前，5年及び10年経過時点におけるSIRの成績（中央値）の推移を示したが，5年後にカテゴリ3，10年後にカテゴリ4に到達している状況が理解される。なお，コード化法と発話明瞭度との関係については，後に紹介するPengら（2004）の研究からも，SPEAKがMPEAKを上回る構音成績をもたらすことが報告されている。

2．装用開始時期と構音

　小児人工内耳のアウトカムの1つとして構音が注目され，明瞭な構音を獲得するために最適とされる諸種の埋め込み時期が提唱されてきたものの，未だ見解の一致をみていないところである。以下，縦断データの解析に適した階層線形モデル（HLM）を使って検討を行ったConnorら（2006）の研究を紹介する[11]。Connorらは，子どもの年齢，人工内耳の使用期間，埋め込み時期といった，人工内耳装用児の言語成績に影響を及ぼすと考えられてきた要因そのものが，相互に高い相関を有していることを指摘し，装用開始時期とアウトカムの検討はより慎重に行う必要があると述べている。そのうえで良好なアウトカムに影響を及ぼすのが「装用時期の早さ」なのか，もしくは「使用期間の長さ」なのか，すなわち装用開始時期と装用期間を峻別したうえで検討を行っている。対象は生後10ヵ月から10歳までに人工内耳が埋め込まれ，聴覚口話法による教育を受ける100人の子どもであった。対象児は人工内耳の音入れ時期に基づき，A 1群（1～2.5歳），A 2群（2.6～3.5歳），B群（3.6～7歳），C群（7.1～10歳）の4つのグループに分けられた。選定された子どもは，全てが先天性の聴覚障害児であり，髄膜炎による聴覚障害児や他の障害を併せ持つ子どもは含まれていない。構音の評価には，絵画刺激から子どものスピーチを誘発する，Arizona Articulation Proficiency尺度，またはGoldman-Fristoe構音検査が使用された。子どもが発話したスピーチは言語療法士により記録され，構音の成績はパーセンテージで表示された。解析に先立ち，Connorら（2006）は図5－2に示す3つの発達モデルを想定した。モデル1は時間効果だけが認められるモデルであり，モデル2は初期のburstに加え時間効果が

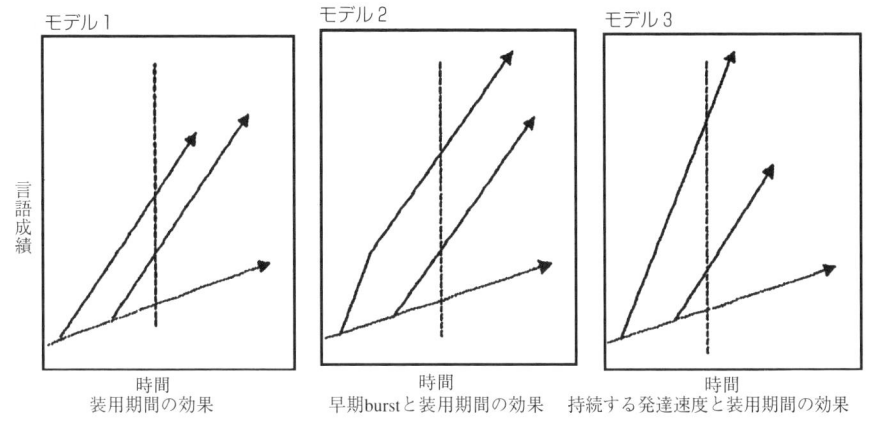

モデル1	モデル2	モデル3
時間	時間	時間
装用期間の効果	早期burstと装用期間の効果	持続する発達速度と装用期間の効果

(縦軸:言語成績)

Connor, C. M., Craig, H. K., Raudenbush, S. W., Heavner, K., Zwolan, T. A. The age at which young deaf children receive cochlear implants and their vocabulary and speech-production growth. Is there an added value for early implantation？. Ear and Hearing, 2006, 27(6), 628-644．を一部改変

図5－2　3つの発達モデル

認められるモデル，モデル3は実質的な速さに時間効果が加わったモデルである。データ分析にあたっては，階層線形モデルが使用され，誕生年，子どもの世帯の社会経済的状況，人工内耳埋め込み前の裸耳聴力，失聴の原因，人工内耳の機種，ジェンダーの変数が構音成績に与える影響を考慮しつつ分析を行った。分析の結果，最終的なモデルで分散の54％が説明された。人工内耳の音入れが7歳前のA1群及びA2群，B群に属する子どもでは，7歳以降に音入れがなされたC群に比して早い速度で構音が発達していた。この傾向は図5－3のグラフの傾きからも理解される。A1とA2及びB群の傾きと比べて，C群の傾きが緩やかで，補聴器装用児(Hearing Aids)とほぼ同様であることが示されている。Connorら(2006)は，全ての群において補聴器装用児で予測される値を上回る成績を示していたものの，A1群とA2群及びB群では補聴器装用児を大きく上回る速さを示していたが，C群ではそれが認められず，補聴器装用児の傾きと平行であった，と述べている。さらに，構音の発達は7歳の誕生日前に人工内耳の埋め込みが行われている場合には，7～10歳までよりも顕著である。当初設定したモデルに照らし合わせると，2.5歳までに人工内耳の埋め込みが行われる場合（A1群）には，初期のburstに加え時間効果が期待されるモデル2が該当すると考察している。

図5-3 子音の明瞭度の発達曲線

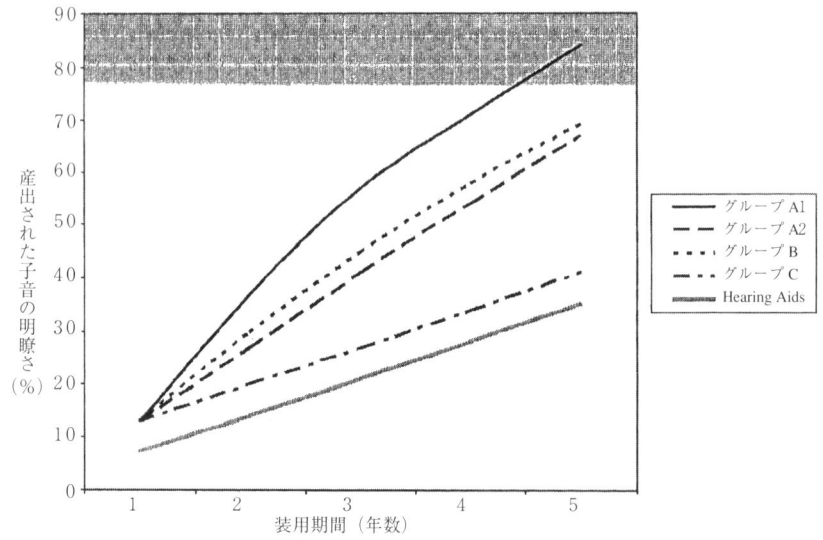

Connor, C. M., Craig, H. K., Raudenbush, S. W., Heavner, K., Zwolan, T. A. The age at which young deaf children receive cochlear implants and their vocabulary and speech-production growth. Is there an added value for early implantation?. Ear and Hearing, 2006, 27(6), 628-644. を一部改変

3. コード化法と構音

人工内耳ではマイクロフォンから入力された音情報に対してスピーチ・プロセッサにおいて，いずれかのコード化法（音声処理法）に基づく演算を行い，その結果，蝸牛管に挿入された電極に適切な強さとタイミングで電流を流す。今日まで，子どもが使用する人工内耳のコード化法の違いが構音にもたらす影響が検討されてきた。Pengら（2004）はアメリカアイオワ大学病院で人工内耳の埋め込みをし，7年間の装用経験をもつ24人の子どもについて，retrospective（後ろ向き）研究による検討を行っている[12]。対象となった24人のうち，1人を除く23人のコミュニケーション様式はトータル・コミュニケーションであった。検査時の平均年齢は12歳3ヵ月（範囲：113.7～217.9m）であった。人工内耳は平均6歳1ヵ月（範囲：30.9～132.5m）において，全員がコクレア社製Nucleus22の装用を開始し，検査時のコード化法は18人がSPEAK，6人がMPEAKを使っていた。子どもが発話する材料には，Tye-Murray（1995）によるShort-Longセンテンステストのうちlong版が使用された[13]。1センテンス当たりの平均長は7.43単語であった。検査者が音声と手指で提示した14のセンテンスに対して，子どもが発話

したスピーチを録音したものが採点の対象となった。正常な聴力をもち普段より聴覚障害児のスピーチに馴染みのない英語話者（平均32.9歳）がスピーチ・サンプルを聴取し，英語への書き起こし評価と，「1.不明瞭」を最低とし，「5.全体的に明瞭」を最高とする5件法（リッカート尺度）による採点を行った。

英語への書き起こしの成績は平均71.54%（SD：29.89）であった。英語への書き起こし成績を目的変数（従属変数）とし，人工内耳の埋め込み時期とコード化法の種類を説明変数に投入した重回帰分析による検討の結果，2つの説明変数と目的変数の間に有意な関連が示されるとともに，0.42の寄与率が得られた。具体的には人工内耳の埋め込み時期が1年遅れると得点が5.52%低下し，コード化法としてSPEAKを使用する子どもでは，MPEAKを利用する子どもに比して，得点が平均31.5%高くなることが確認された。

5件法による聴覚印象評価の成績は平均3.03点（SD：1.01）であった。5件法による成績を目的変数とし，人工内耳の埋め込み時期とコード化法の種類を説明変数に投入した重回帰分析の結果，0.39の寄与率が認められ，具体的にはSPEAK利用者ではMPEAK利用者よりも，平均1.05ポイント高い得点が示されるとともに，埋め込み開始時期が1年遅れると0.174ポイント低下するとされた。

4．コミュニケーション様式及び教育の場と構音

Tobeyら（2004）はコミュニケーション様式と教育の場が，8歳時点での子どもの発話明瞭度に影響を及ぼすとの研究仮説のもと，5歳前に人工内耳の埋め込みをした131人を対象としてretrospective（後ろ向き）研究による検討を行っている[14]。この対象児はGeersらが継続して研究対象とする181人のより大きなグループ（"Implant Camp"参加児）から選定されたものである。対象児の動作性IQは80以上であり，失聴時期は先天性のものが多かった。人工内耳の埋め込み時期の平均は3.63歳（範囲：2.06～5.38）であり，子どもは平均で5.33年（範囲：3.76～6.81）の使用経験をもつ。2人を除く大部分の子どもが1990～1996年の間にコクレア社製のNuclesu22の装用を開始し，評価時には多くがSPEAKを使用していた。なお，SPEAKの平均使用期間は6.43年（範囲：1ヵ月～6.43年）であった。刺激材料は発話明瞭度の評価に適したキー・ワード（単語）が埋め込まれた，3～5音節の長さの，計36のセンテンスであった。日頃より聴覚障害児のスピー

チに接していない評価者が, 検査時点 (8～9歳) における子どもの発話を録音したスピーチ・サンプルを評価し, その内容を英語で書き起こしたものを発話明瞭度のデータとした。分析の結果, 聴覚口話群の成績が70.8％と, TC群の39.4％を上回っていた。さらに, 完全に通常学級へ統合している子どもの成績が72.9％, 部分的に統合している子どもが52.2％と, 聾学校に在籍する子どもの40.3％を上回っていたとされる。さらに, TCを採用する聾学校で学ぶ子どもの成績が最も低く, 統合の場で聴覚口話法による教育を受ける子どもの発話明瞭度が最も高いことが強調されている。一方, 検査時点での子どもの発話明瞭度には, 人工内耳埋め込み前の教育の場やコミュニケーション様式による差は確認されなかった。本研究では, 人工内耳埋め込み前, 埋め込み1年後, 埋め込み2年後, 埋め込み3年後と検査時点の, 計5時点におけるコミュニケーション様式と教育の場ごとに, 検査時点での発話明瞭度について分析しているものの, 肝心の経年的な構音の変化を示す, 各時点における発話明瞭度は開示されておらず, 本研究の結果からTobeyらが結論づけている, 口話コミュニケーションと通常学級への統合が, 子どもの構音にプラスの影響を及ぼしていると結論づけることは難しい。

次にConnorら (2000) による, 縦断データを任意のグループに分け, グループ別の変化を捉える際に適した階層線形モデル (HLM) を用いた研究を紹介する[15]。対象児にはミシガン大学病院で人工内耳の埋め込みをした240人の子どもの中から, 2歳半までに失聴し, かつ1～10歳までに人工内耳の埋め込み手術を受け, 知能が正常範囲という3つの基準を満たす147人が選定された。子どもの使用する人工内耳はコクレア社のNucleus22 (コード化法はSPEAK又はMPEAK) が115人, Clarion Combi40 (Med-El社) 又はNucleus24が32人であった。術後の語音聴取閾値は15～30dBであった。全ての子どもが公立学校に通っており, 直近3年のコミュニケーション様式に基づき, TC群 (66人) とOC群 (81人) の2群に分けられた。TC群の人工内耳の埋め込みは平均5.69歳 (SD：2.20) であり, OC群では5.20歳 (SD：2.22) であった。人工内耳埋め込み前の補聴器を装用した条件下での聴力はTC群が平均57.84dB (SD：17.93), OC群では51.78dB (SD：15.25) であった。対象児の構音データは絵画刺激を用いてスピーチを誘発するArizona Articulation Pro-ficiency Scale改訂版もしくはGoldman-Fristoe Test of Articulationを用いて採取された。スピーチ・サンプルの分析により, 産生された子音の正確さ

がパーセンテージで算出された。この成績を階層線形モデルにおける従属変数に投入し，その他，埋め込み時期，術前の聴力，人工内耳の種類，実働する電極数といった諸変数をコントロールしたうえで分析を行った。分析の結果，TC群とOC群において構音成績の向上が確認されたが，OC群における変化がより大きいことが確認された（図5－4）。次いで人工内耳の埋め込み時期に着目して，就学前埋め込み群（5歳前），小学校低学年埋め込み群（5～6.9歳），小学校中学年埋め込み群（7～9.9歳）の3群に分け，これらのグループ別の構音の変化を確認した結果，一方において就学前群ではTC群とOC群において差は確認されないことが明らかにされ，他方において小学校低学年群と小学校中学年群においてはOC群がTC群を上回る構音の成績を示していた（図5－5）。さらに，Connorらは

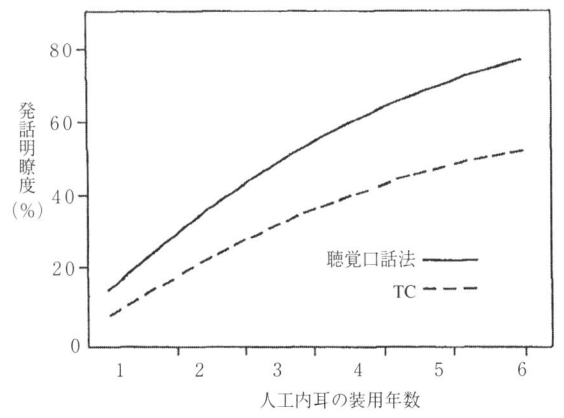

図5－4　コミュニケーション様式別にみた子音の発話明瞭度

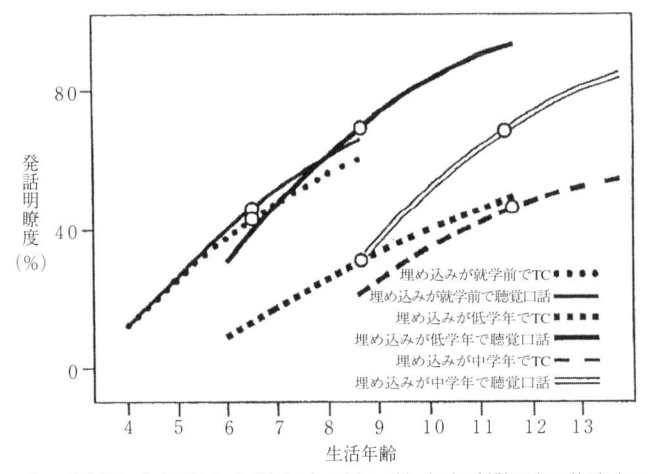

図5－5　人工内耳の埋め込み時期別にみた子音の発話明瞭度

就学前に埋め込みを受けている TC 群と OC 群の両群において，小学校低学年群では OC 群において，総じて TC の小学校低学年群と OC の小学校中学年群を上回る高い構音の成績が確認された，と述べている。

第3節　人工内耳装用児の言語

1. 語彙

語彙の獲得状況は言語発達の重要な指標である理由から，人工内耳装用児の語彙の獲得について，諸家によって報告がなされてきた。

前述した Connor ら（2006）の研究[11]では理解語彙の発達についても検討がなされている。Peabody 絵画語彙検査3（PPVT-Ⅲ）を使用して言語療法士によって理解語彙の検査が実施された。検査実施に先立つ教示にあたっては，音声のみが使用された。対象児は人工内耳の埋入れ時期に基づき，A1群（1〜2.5歳），A2群（2.6〜3.5歳），B群（3.6〜7歳），C群（7.1〜10歳）の4つのグループ

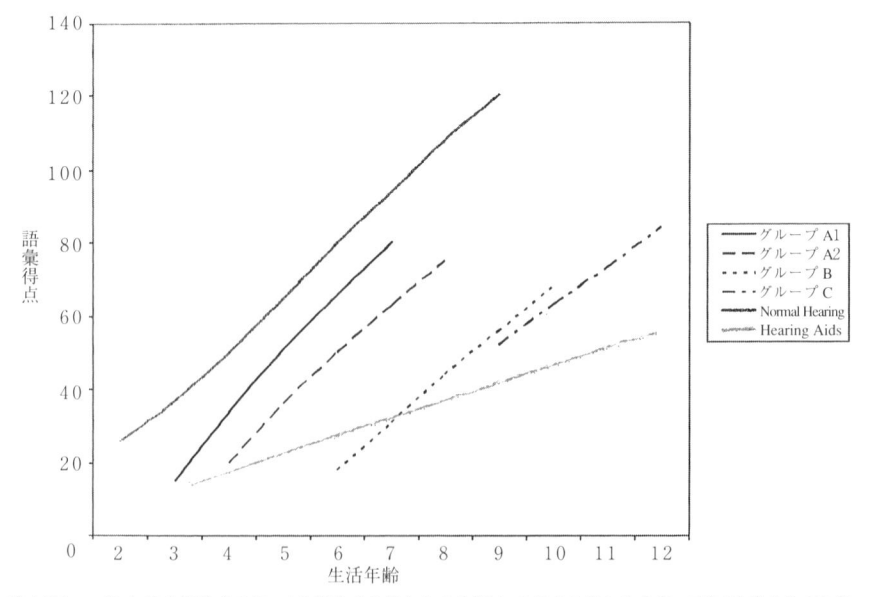

注：グループA1は2歳半までに，A2群は2.6歳から3.5歳に，Bは3.6歳から7歳，Cは7.1歳から10歳に人工内耳の埋め込みをしている。Hearing Aids は補聴器装用児，Normal Hearing は健聴児である。
Connor, C. M., Craig, H. K., Raudenbush, S. W., Heavner, K., Zwolan, T. A. The age at which young deaf children receive cochlear implants and their vocabulary and speech-production growth. Is there an added value for early implantation?. Ear and Hearing, 2006, 27(6), 628-644. を一部改変

図5−6　理解語彙の発達曲線（PPVT）

に分けられた。階層線形モデル（HLM）を用いて，人工内耳の音入れ時期ごとに成績の推移を分析した結果，図5－6に示す結果が得られた。生後1～2.5歳までに音入れをしたA1群における成績は68点であり，健聴児の平均を100点，1標準偏差を15とする標準得点に換算すると90点となり，Connorらは「子どもの語彙成績が健聴児の1 SD以内に到達した」と結論づけている。生後2.6歳～3.5歳までに音入れがなされたA2群にあっては，得点は50点で標準得点が79点となり，「1 SD以内には入らなかった」と述べている。続くB群（生後3.6～7歳）では得点が20点，標準得点は48点となっていた。Connorらは語彙発達においては，当初設定したモデル（図5－2）に照らし合わせるならば，人工内耳の音入れが3.5歳までに行われたA1及びA2の両群では，早期のburstに加え時間効果が期待されるモデル2が該当し，B群とC群においては時間効果のみが作用したモデル1が当てはまると指摘している。さらに，生後6～12ヵ月までの埋め込みと，12～24ヵ月までの言語発達の成績に差がないとするHoltら（2004）の先行業績の結果[16]を引用しつつ，生徒2.5歳までの埋め込みを推奨している。

　Hayesら（2009）は理解語彙の発達について報告している[17]。対象は生後5歳までに人工内耳を埋め込み，聴覚口話法による私立の聾学校に通う65人の子どもであった。全ての子どもが3歳前に失聴しており，人工内耳の埋め込みは平均2.69歳（SD：2.69，範囲：1.08～4.75）で行われていた。動作性知能（PIQ）の平均は108.45（SD：12.30，範囲：89～140）であり，重複障害が認められる子どもは含まれていなかった。子どもの家族は全般的に高い教育レベルにあり，両親いずれかの教育歴は平均16.36年（SD：2.00，範囲：12～21）とされた。子どもが通う学校にて，毎年，Peabody絵画語彙検査（PPVT-RまたはPPVT-Ⅲ）が実施され，理解語彙のデータが採取された。検査実施に際しては，教師は音声のみで単語を提示し，子どもが4つの絵の中から正答を選ぶという方法が用いられた。なお，PPVTは健聴児の得点の平均が100点であり，1標準偏差（SD）が15となるよう標準化されている。他に着目された要因としては，動作性知能（PIQ），両親の被教育歴，ジェンダー，人工内耳の埋め込み時期があった。PIQのデータはWISC-3等の検査を使って，聾学校の教師によって採取された。データの分析にあたっては，「子どもの語彙の水準が時間の経過とともにどのように推移するのか？」，加えて「この変化（推移）に影響を及ぼす要因は何なのか？」という2つ

の問いのもとに階層線形モデル（HLM）が使用された。分析の結果，全体の推移は図5-7に示すとおりであり，埋め込みから6年経過後においても，PPVTの1標準偏差(健聴児の平均）の下限である85点には到達しなかった。次に人工内耳の埋め込み時期に基づき，1歳群，2歳群，3歳群，4歳群の4群に分け，発達の推移を分析した（図5-8）。図5-8からは，早期に埋め込みがなされた群では遅い群に比して語彙発達のスピードが速いことが理解される。さらにこの傾向は1歳群と2歳群において顕著であり，これら両群では健聴児に比肩する1標準偏差（SS:85）の範囲内に到達したことが示されている。一方，埋め込みが遅い3歳群と4歳群では1標準偏差の下限に到達しなかった。これ

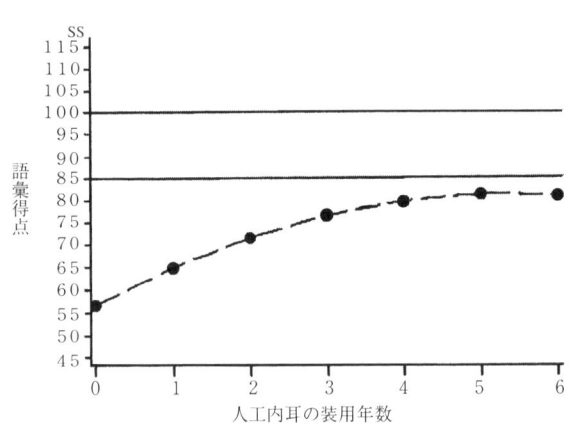

Hayes, H., Geers, A. E., Treiman, R., Moog, J. S. Receptive vocabulary development in deaf children with cochlear implants. Achievement in an intensive auditory-oral educational setting. Ear and Hearing, 2009, 30 (1), 128-135. を一部改変

図5-7　語彙の発達曲線（PPVT）

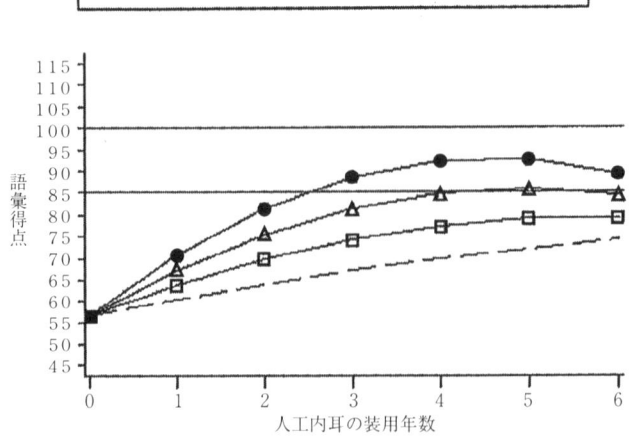

Hayes, H., Geers, A. E., Treiman, R., Moog, J. S. Receptive vocabulary development in deaf children with cochlear implants. Achievement in an intensive auditory-oral educational setting. Ear and Hearing, 2009, 30 (1), 128-135. を一部改変

図5-8　人工内耳の埋め込み時期別にみた語彙発達曲線（PPVT）

らの結果を踏まえ，Hayes ら（2009）は，平均的な知能を備えた子どもが，生後2歳までに人工内耳の埋め込みをし，集中的な聴覚口話訓練を施された場合には，埋め込みから数年後には子どもの年齢相応の語彙を獲得することが可能である，と総括している。しかしながら，本研究の結果の解釈にあたっては注意が必要である。対象となった子どもが私立の聴覚口話法による聾学校に通い，平均以上の知能をもち，子どもの両親の教育レベルが高いという特別な条件を勘案したとき，Hayes ら（2009）の知見を，人工内耳を埋め込んだ子ども全般に一般化することは困難であると思量されよう。

　先記した Connor ら（2000）[15] によって，トータル・コミュニケーション（TC）と聴覚口話（OC）による教育を受ける子どもの理解語彙及び表出語彙の発達が詳細に検討されている。147 人の対象児は生後 2 歳半までに失聴し，ミシガン大学病院で人工内耳の埋め込み手術を受け，知能は正常範囲にあった。対象児は直近 3 年間のコミュニケーション様式に基づき，TC 群（66 人）と OC 群（81 人）の 2 群に分けられた。人工内耳の埋め込み時期の平均は TC 群では 5.69 歳（SD：2.20），OC 群では 5.20 歳（SD：2.22）であり，埋め込み前の補聴器装用条件における聴力は，TC 群が 57.84dB（SD：17.93），OC 群では 51.78dB（SD：15.25）であった。さらに対象児は人工内耳の埋め込み時期に着目して，就学前埋め込み群（5 歳前まで），小学校低学年埋め込み群（5 ～ 6.9 歳まで），小学校中学年埋め込み群（7 ～ 9.9 歳まで）の 3 群に分けられた。理解語彙の評価には PPVT-R もしくは PPVT-Ⅲ が使用された。検査教示にあたっては，検査者は手話を使用せず，全ての被検児に対して音声のみで行った。PPVT の素点は検査マニュアルに従って，年齢スコア（健聴児）に換算された。表出語彙については，Woodcock Johnson 認知能力検査に含まれる絵画語彙の下位検査を使って評価を実施した。この検査では検査者が絵画刺激を提示した後に，子どもは音声または手話を用いて反応をした。なお，回答に際しては，正式な手話言語に含まれない写像的（iconic）なジェスチャの使用は認めなかった。たとえば，「子犬（puppy）」の設問に対して，子どもが犬を真似て吠える，ジェスチャーを使うなどの場合には正答と見なさなかった。上記の方法で検査を実施した後に，算出された素点を検査マニュアルに従って年齢スコアに変換した。この年齢スコアを解析に使用した階層線形モデル（HLM）の従属変数に投入し，その他，埋め込み時期，術前の聴力，人工内耳の種

類，実働する電極数といった諸変数をコントロールしながら分析を実施した。分析の結果，就学前（生後5歳前まで）に人工内耳の埋め込みが行われている場合には，TC群とOC群ともに良好な理解語彙の発達成績を示すことが明らかにされた（図5－9）。さらに有意差は確認されなかったものの，TC群における理解語彙の発達の速さはOC群を上回るものであった。表出語彙の成績は図5－10に示した通りである。TC群における表出語彙の成績は人工内耳の埋め込みが就学前（5歳前）もしくは小学校低学年（5～6.9歳）までに行われている場合には，OC群を凌駕するものであった。また小学校中学年（7～9.9歳）までに埋め込みが行われているTC群の成績はOC群と近似するものだった。Connorら（2000）は就学前または小学校の低学年までに人工内耳の埋め込みをした子どもでは，OC群に比して早いスピードで表出語彙が発達していた，と総括している。なお，これらの結果の解釈とも関係するが，コミュニケーション様

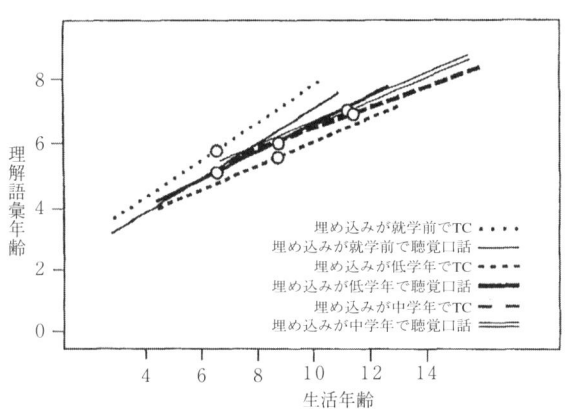

Connor, C.M., Hieber, S., Arts, H.A., Zwolan, T.A. Speech, vocabulary, and the education of children using cochlear implants. Oral or total communication？. Journal of Speech, Language, and Hearing Research, 2000, 43(5), 1185-1204.を一部改変

図5－9　人工内耳の埋め込み時期別にみた理解語彙の発達曲線

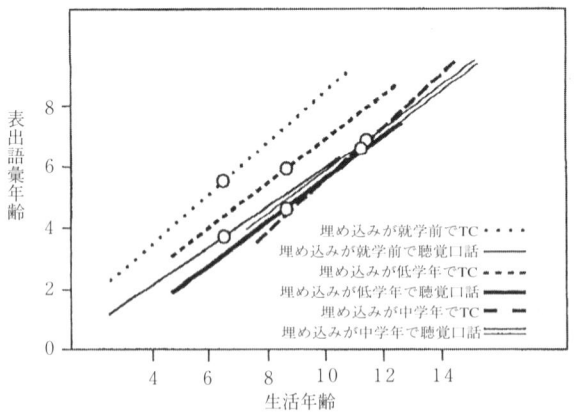

Connor, C.M., Hieber, S., Arts, H.A., Zwolan, T.A. Speech, vocabulary, and the education of children using cochlear implants. Oral or total communication？. Journal of Speech, Language, and Hearing Research, 2000, 43(5), 1185-1204.を一部改変

図5－10　人工内耳の埋め込み時期別にみた表出語彙の発達曲線

式と人工内耳埋め込み前の語彙力，埋め込み後の語彙力及び読書力といった要因相互の関係については，後にリテラシーの研究の項において改めて考察する。

次に Geers ら（2009）が聴覚口話法による指導を行う全米の教育機関（計 20 州，39 箇所）の協力を得て，人工内耳装用児の小学校入学時点における言語成績を検討した直近の報告を紹介する[18]。対象の選定基準は，(a) 生後 5 〜 6 歳 11 ヵ月時点で評価が可能な子どもで，(b) 生後 20 ヵ月までに失聴しており，(c) 生後 5 歳までに人工内耳が埋め込まれ，(d) 人工内耳の使用経験が 12 ヵ月以上あり，(e) 動作性知能（PIQ）が 70 以上の子どもであった。対象児はいずれも早期介入プログラムに参加していた。なお対象児が利用する教育機関の大部分は聴覚口話法の教育プログラムを提供する私立の施設であった。なお 4 機関はより厳格な口話法と位置づけられる聴能言語（Auditory-Verbal）法を取り入れていた。対象児は 1998 〜 2004 年の間に人工内耳の埋め込みをされた 153 人の子どもであった。対象児の人工内耳の音入れは 2 歳 4 ヵ月（平均）に行われ，子どもは 3 年 6 ヵ月（平均）の人工内耳の使用経験があった。人工内耳の埋め込み時期の内訳は，生後 1 歳未満が 1 人（0.6％），生後 12 〜 23 ヵ月が 73 人（47.7％），生後 24 〜 35 ヵ月が 45 人（29.4％），生後 36 〜 47 ヵ月が 24 人（15.6％），残る 10 人（6.5％）は 4 歳の誕生日後であった。人工内耳埋め込み前の補聴器の装用経験期間は，約 12 ヵ月（平均）であった。言語評価時点での子どもの年齢は 5 歳 10 ヵ月（平均）であり，表出語彙，理解語彙，言語理解，言語表出，言語性知能（VIQ）が諸種の検査を用いて測定された。結果は表 5 − 5 の通りであり，表出語彙では 58％，理解語彙では 50％，言語性知能では 46％，言語理解では 47％，言語表出では 39％の子どもが，健聴児の正常レンジの下限（マイナス 1 標準偏差）を超えていたとされる。Geers

表 5 − 5　健聴の同年齢児と比較した際の諸種の言語成績

	平均	SD	範囲	− 1 SD 以上[注]
表出語彙	90.67	18.98	55 − 134	58％
理解語彙	86.11	18.67	41 − 124	50％
言語性知能（VIQ）	84.24	17.15	50 − 127	46％
言語理解（CELF）	82.95	20.09	45 − 122	47％
言語表出（CELF）	79.11	20.96	45 − 128	39％

Geers, A.E., Moog, J.S., Biedenstein, J., Brenner, C., Hayes, H. Spoken language scores of children using cochlear implants compared to hearing age-mates at school entry. Journal of Deaf Studies and Deaf Education, 2009, 14（3），371-385.を一部改変
注：成績が健聴児の正常範囲となるマイナス 1 標準偏差以上を示した者のパーセンテージ。

ら（2009）の報告からは，比較的早期に人工内耳の埋め込みがなされ，四年制大学を卒業した教養ある母親のもとで，私立の教育機関を利用して育てられた，高い動作性知能（VIQ）を備える子どもをもってしても，小学校入学時点において健聴児の言語成績の正常レンジに到達する者はほぼ半数程度であり，このことからも聴覚口話法による人工内耳装用児の言語発達が，未だ健聴児に比肩するものではないことが理解されよう。

2. 文法

Inscoe ら（2009）はイギリスノッティンガム人工内耳プログラムに参加する子どもにおける，話しことばの文法能力についての prospective（前向き）研究による成績を報告している。対象児は3歳までに人工内耳の埋め込みを行った後, 3年を経過した45人だった[19]。子どもの失聴時期は先天性によるものが29人，生後2歳までに失聴した者が2人いた。人工内耳埋め込み前の裸耳聴力は95dB以上であった。人工内耳は平均生後27ヵ月（範囲：10～26）で埋め込まれ，検査時における子どもの年齢の平均は65ヵ月（範囲：46～72）であった。検査時点でのコミュニケーション様式は聴覚口話法が25人，トータル・コミュニケーション（TC）による子どもが20人であり，教育の場はメインストリームが30人，メインストリーム校の聴覚障害ユニットに在籍する子どもが15人であった。人工内耳の埋め込みから3年経過後の時点において，25人が聴取に際して読話を併用しており，20人は手指英語（Sign Supported English）を使用していた。加えて，検査時点において2割の子どもが話しことばの発達に影響を与えると思われる付加的な困難を，少なくとも1つもっていることが，教師もしくは言語療法士によって確認された。その内訳は自閉症スペクトラムが1人，行動障害が3人，認知的な障害が3人，視覚障害が2人，声道の奇形が2人であった。子どもが装用する人工内耳は Nucleus（コクレア社）であり，コード化法は SPEAK もしくは ACE であった。文法能力の評価には South Tyneside Assessment of Syntactic Structures（Armstrong ら，1983）が使用された。この検査は絵画刺激を用いて子どもの言語反応を誘発するものである。検査の実施に際しては，TC の子どもに対しては言語療法士が手指英語を併用して教示を行った。子どもの反応はビデオに録画され，統語（syntax）に加えて節，句，単語レベルの形態（morphology）に基づいた分析

が行われた。この検査のステージⅣは，健聴児では2歳半から3歳の時期に到達するため，人工内耳装用後3年を経過した子どもにおいてはステージⅣに到達することが期待された。以下はステージⅣの文例である。

He's	giving	the girl	some presents		
主語	動詞	間接目的語	直接目的語		＝ SVOO clause
('auxiliary' 'be')	(－ing)	(determiner)	(determiner)	(plural)	＝形態構造

分析の結果，ステージⅣに到達したのは18人（40％），到達しなかった児が19人（42％），ステージⅣを超えたものが8人（18％）となっていた。コミュニケーション様式による成績は，TCを使用する21人のうち10人がステージⅣに到達し，11人は到達していなかった。OCを使用する24人のうち，17人がステージⅣに到達する一方で，7人は到達しなかった。なお，小さいサンプルの検定に求められるイェーツの補正をともなうカイ二乗検定による検討の結果，コミュニケーション様式のほか，失聴原因，人工内耳の装用開始時期，教育の場，重複障害の有無など，いずれの要因の影響も確認されなかった（5％水準）。

　Nikolopoulosら（2004）は82人の子どもを対象にprospective（前向き）研究により，話しことばの文法に関する検討を行っている[20]。失聴時期の平均は生後6.5ヵ月（範囲：0～34），人工内耳の埋め込み時期は平均4.2歳（SD：1.3）であり，対象児に他の障害を重複すると思われる子どもは含まれていない。人工内耳埋め込み前の裸耳聴力は2000Hz及び4000Hzで105dB以上であった。装用する人工内耳はNucleus（コクレア社）であった。子どもの話しことばの文法力は英語の対比（contrast）について，イギリスにおいて2000人以上の児童を用いて標準化された，Test for Reception of Grammar（TROG）によって評価された。この検査は4つのアイテムを含む20のブロックから構成されており，各ブロックは名詞，動詞，否定，受動態，単数と複数の別，関係詞といった，特定の文法の理解力を評価するために設けられている。問題の提示は検査者によって音声のみで行われ，子どもは4つの中から正しいと判断した絵画を指さしで回答する。以下，問題の一例として第5ブロックを紹介する。

　（1）その少年は走っていません。
　（2）その犬は飲んでいません。
　（3）その少女は跳び上がっていません。

(4) その犬はおすわりをしていません。

これらの各文が提示された後に、子どもは4枚の絵画のうち正しいと思うものを選択するのである。採点された素点は健聴児との比較を目的に、パーセンタイル値に換算された。この検査は人工内耳埋め込み前と埋め込み後3年を経過した時点で実施された。追跡期間中に脱落した子どもはいなかったが、検査の適応年齢に上限があるため、人工内耳埋め込み前には44人、3年経過後には82人、5年経過後には30人のデータが解析の対象となった。図5－11は4歳以降に人工内耳の埋め込みを行った子ども（16人）における、埋め込み前と3年経過後、5年経過後の成績である。図5－12には4歳前に埋め込みを行った子ども（14人）の3年経過後と5年経過後の成績が示されている。2つのグラフの比較から4歳前に人工内耳の埋め込みを行った子どもでは4歳以降に埋め込みをした児に比して、5年経過後における成績が概ね高いこと

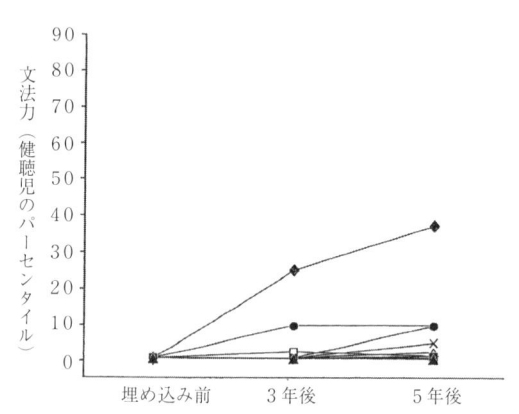

Nikolopoulos, T.P., Dyar, D., Archbold, S., O'Donoghue, G.M. Development of spoken language grammar following cochlear implantation in prelingually deaf children. Archives of Otolaryngology Head and Neck Surgery, 2004, 130(5), 629-633. を一部改変

図5－11　4歳以降に埋め込みをした子どもの変化

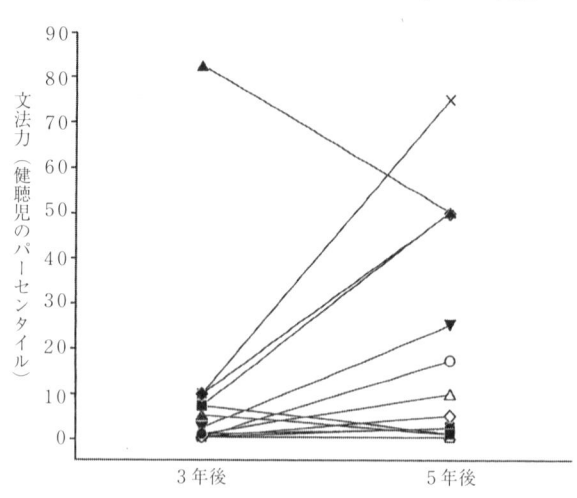

Nikolopoulos, T.P., Dyar, D., Archbold, S., O'Donoghue, G.M. Development of spoken language grammar following cochlear implantation in prelingually deaf children. Archives of Otolaryngology Head and Neck Surgery, 2004, 130(5), 629-633. を一部改変

図5－12　4歳前に埋め込みをした子どもの変化

が示されているが，他方，5年経過後における成績の個人差が大きいことも理解されるところである。Nikolopoulosら(2004)は人工内耳埋め込み前には第1パーセンタイルを超えた子どもは全体の僅か2%だったものが，3年経過後には40%，5年経過後には67%となっていた。そして，埋め込みから5年経過後には20%の子どもが，とくに4歳前に埋め込みをした子どもに限ると36%が25〜75パーセンタイルの間に位置しており，本研究の結果が，人工内耳の埋め込み時期の早期化のトレンドを支持するものだと考察している。

　Spencerら(1998)は人工内耳を装用するTC児を対象として，会話場面における英語文法の獲得状況について報告している[21]。対象は人工内耳装用後2年を経過する言語獲得前に失聴した25人の子どもであった。人工内耳の装用開始は平均で5歳7ヵ月(SD：2年6ヵ月)であり，音入れは平均で生後5歳10ヵ月(SD：2年9ヵ月)に行われており，検査時までの装用期間の平均は3年7ヵ月(SD：1年2ヵ月)，検査時の年齢は平均9歳5ヵ月(SD：2年7ヵ月)であった。23人の子どもがMPEAK方式のコード化法を使用していた。加えて対照群として13人の補聴器を装用する子どもが参加し，検査時の年齢の平均は10歳2ヵ月(SD：2歳9ヵ月)であった。全ての対象児が家庭と学校においてトータル・コミュニケーション(TC)を使用しており，地域の公立学校に通っていた。文法データの採取は15分間程度の個別セッションに続いて，その間に話題に出なかった事柄を検査者が質問した(例：「夏休みに何をしたか教えてくれる？」)。子どもが話した内容の多くは，飼っているペットや家族，学校のことなどであった。サンプルの採取を目的としたセッションは12分間程度であった。手話に熟知したSpencerが子どもの発話を記録した。その際に，各発話に使用されたモード(音声と手話，手話のみ，音声のみ)が記録された。たとえば，もし子どもが「私のお父さんは農場で働いている」と手話で話したにもかかわらず，音声モードでは「お父さんは農園で働いている」と発話した際には，［s］(手話のみ)，［vs］(手話＋音声)，［v］(音声のみ)の記号が附記され以下のように記述された。

My［s］dad［vs］work/s［vs：root(語基)］［v：end(語尾)］on［vs］a［vs］farm［vs］

　加えて，子どもの会話に出現した束縛形態素(bound morpheme)，具体的には複

数形の−s，所有格の−'s，現在進行形の−ing，三人称単数，過去形の−edの使用が分析された。人工内耳埋め込み児（以下，CI児）が12分間のセッションで発話した形態素数の合計の平均は16（SD：17）であり，補聴器装用児（以下，HA児）における平均3（SD：1）を上回っていた（t（36）=2.56, p=0.015）。束縛形態素の使用状況は，複数形の−sがCI児では182，HA児では39，所有格の−'sではCI児が38，HA児が1となっていた。現在進行形の−ingはCI児が89，HA児では5，三人称単数ではCI児が59，HA児が3，過去形の−edについてはCI児が40，HA児が0となっていた。つぎに，会話場面において発話に際して子どもが使用したコミュニケーション様式であるが，人工内耳装用児では補聴器装用児に比して，概して音声のみで表現する割合が高い傾向が確認された。とくに，語基に付加する束縛形態素を表現する際には，TCを使用する子どもにあっても，人工内耳を装用する場合には，手指を伴わずに音声のみで表現する傾向が顕著であるとSpencerら（1998）は述べている。なお，語彙及び文法の発達の実相については，後述する言語発達の諸相において紹介する。

第4節　人工内耳装用児のリテラシー

　人工内耳装用児のリテラシーのうち，とくに読書力については今日まで諸家により報告がなされ，近年，Marscharkら（2007, 2010）によって詳細なレビューが作成されている[22)23)]。以下，リテラシーに関する研究報告のうち，"Implant Camp"に参加した子どもを対象としたGeersの報告，トータル・コミュニケーションによる教育を受ける児童を扱ったアイオワ大学のSpencerらの報告，最後に読書力と他の変数との関係性を精緻に検討したコーナーらの業績に焦点を当て，読書力を中心とした，人工内耳装用児のリテラシーにおける成績を紹介する。

1．Geersらの研究

　Geersらは人工内耳装用児を対象に，1996年の試行的キャンプの実施から2000年まで，継続的に"Implant Camp"（人工内耳装用児の夏期キャンプ）を実施した。キャンプに参加する子どもの選定は，①データ採取時に生活年齢が8〜9歳11ヵ月にある者，②生後36ヵ月までに失聴している者，③生後5歳までに埋め込みを済ませた者，という3つの基準に該当する子どもを，コクレア社の社員がデータ

ベースより抽出した。該当する子どもの家庭に向けて，④子どもに知的障害や自閉症などの重複障害を認めないこと，⑤子どもが育つ家庭が英語のモノリンガルであること，という2つの基準に該当する場合には，この研究プロジェクトへの参加を要望する旨，手紙にて依頼を行った。このような手続きにより参加者を募り，参加した親子には，夏期キャンプが実施されるセントルイスまでの子どもと親（父か母のいずれか1人）の往復の旅費，ならびに4泊分のホテル宿泊代が主催者より支払われた。このような手続きを踏まえキャンプに参加した子どもを対象に，読書力を含む言語発達に関する検討を行った。

以下，Geers（2003）により報告されたretrospective（後ろ向き）研究による，読書力（Peabody個別学力検査（PIAT）改訂版）の成績を紹介する[24]。対象は8～9歳1ヵ月までの181人の子どもであり，生後3歳までに聴覚障害が発見され，5歳半までに人工内耳の装用を開始しており，検査時点で4～6年の装用経験をもっていた。なお，対象児及び家庭の詳細な情報はGeersら（2003）に述べられている[25]。対象児に重複障害をもつ者は含まれておらず，動作性知能（PIQ）の平均は102（SD：14.5，範囲：65～136）であった。子どもの家庭の年収の中央値は5～6万5千ドルの階級にあり，53世帯では年収が8万ドルを超えていた。家庭の言語環境は英語のモノリンガルであり，2例を除いて（両）親は健聴であった。エスニシティは大部分（162世帯）が白人であった。人工内耳の埋め込み手術は1990～1996年の間に行われ，その多く（72％）は1992～1994年に実施されていた。約8割の対象児が検査時点において，通常学級で教育を受けていた。検査時点でのコミュニケーション様式は，聴覚口話が98人，トータル・コミュニケーション（TC）が83人となっていた。PIATによって測定された読書力の成績（標準得点）は平均が85.6（SD：16.4，範囲：55～131）となっていた。対象児のうち52％は健聴児の平均レンジ内（マイナス1 SD以上）であったが，他方48％の児童はそれを下回っていたと述べられている。なお，読書力と関連を有する要因を検索する中で，人工内耳の装用開始時期と読書力との関係が分析された。しかしながら，2つの変数の間に有意な相関は認められなかった（r＝－0.07,NS）。

Geers（2004）は上記の対象児（Geers, 2003）を，動作性知能（PIQ）が80を上回り，先天性の聴覚障害という2つの条件を満たす133人に絞り込み，再度，人工内耳の装用開始時期と読書力との関係を検討したが，PIATを含む読書力データ

の総合得点（主成分得点）と人工内耳の装用開始時期，及び総合得点と人工内耳の装用期間との間に，相関は確認されなかった（r＝0.04,NS；r＝0.07,NS）[26]。

近年，Geersら（2008）は人工内耳装用児の長期にわたる言語経過についての続報を発表しているが[27]，その中から読書力に関する知見を紹介する。対象は既に小学校在籍時（平均：9.1歳）に言語評価を受けた181人のうち，高等学校在籍時（平均：16.8歳）に再評価が可能であった85人の生徒である。人工内耳の埋め込み時期の平均は生後3歳6ヵ月（SD：0.1）であり，再評価時までの装用期間の平均は13年2ヵ月（SD：0.12）であった。埋め込み前の聴力は報告されておらず，再評価時の人工内耳を装用した条件での平均聴力レベルは31.74dB（SD：9.63）であった。人工内耳埋め込み時には子どもの75％が特別な教育プログラムに参加しており，初回評価時（小学生の時点）では83％が健聴児と共に通常学級に在籍していた。人工内耳埋め込みから5年経過後のコミュニケーション様式は，やや聴覚口話コミュニケーション重視の者の割合が多かった。読書力の評価には先述したPIATに加えて，Woodcock Reading Mastery検査（WRMT），読み理解検査が使用された。

PIATにより測定された成績の詳細は報告されていないが，小学校在籍時（初回評価時）と高等学校在籍時（第2回評価時）における，対象児（85人）の読書力（PIAT）の分布の状況が，図5－13に示されている。この散布図からは，読書力の成績（学年レベル）は初回評価時（小学校の時点）に比して，第2回評価時において分散（バラツキ）が顕著であることが確

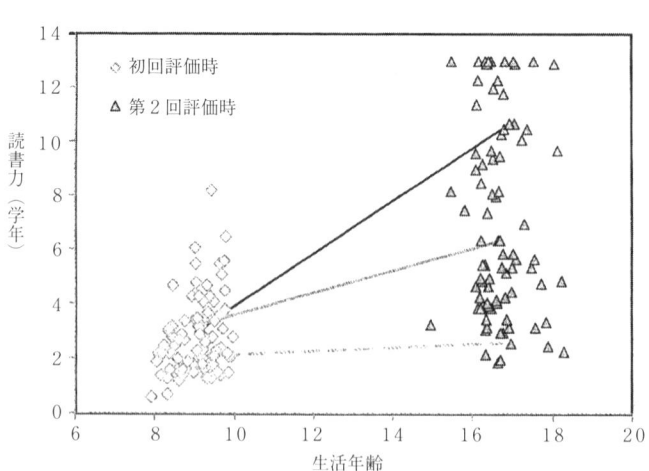

Geers, A., Tobey, E., Moog, J., Brenner, C. Long-term outcomes of cochlear implantation in the preschool years. From elementary grades to high school. International Journal of Audiology. 2008, 47 (Suppl 2), S21-30.を一部改変

図5－13 発達にともなう読書力の変化（PIAT）

認される。このことは，小学校から高等学校にかけての人工内耳装用児における読書力が，「順調に伸びる者」「ゆるやかに伸びる者」「小学校時とほぼ同じ成績で止まる者」と，個人より発達のパタンに大きな違いが存在することを示唆するものである。

なお，これら Geers らによる一連の報告に対しては，その結果の解釈にあたって注意が必要である。Beadle ら（2005）は Geers らの研究対象が，アメリカのみならずカナダを含む遠路から"Implant Camp"への参加に承諾し，実際に参加できた子どもであり，加えて prospective（前向き）縦断研究が行われていない点に着目し，これらが総じて研究結果を脅かす選択バイアスとして作用していると批判している。よって，Geers らの研究対象はいずれも「特別な子ども」であり，そこから得られた研究成果は，選択バイアスの作用したものとなる。そのような理由から，Belzner ら（2009）も指摘するように[28]，キアーツによる一連の研究から得られた知見を，様々なエスニシティや社会経済的条件を背景にもつ人工内耳装用児に一般化することは困難であると思量する。なお，小児人工内耳研究における研究方法論を巡る問題については第9章結論にて考察する。

2．Spencer らの研究

Spencer らアメリカアイオワ大学のグループにより，今日まで人工内耳装用児の読書力を含むリテラシーに関する精力的な報告がなされてきた[29][30][31][32][33]。Marschark（2007）も指摘するように，Spencer らはトータル・コミュニケーション（TC）による教育を受け，教育場面においても手話通訳などの配慮がなされている児童を対象に研究を行ってきた。

Spencer ら（2003）は人工内耳装用児のリテラシー（「読み」「書き」）を検討している。対象は生後30〜47ヵ月に人工内耳を埋め込み，平均して5年11ヵ月（SD：7）の装用経験をもち，リテラシー評価時の年齢（平均）が9歳10ヶ月（SD：7ヵ月）の子どもであった。全ての対象児は手話通訳を使いながら地域の通常学級でトータル・コミュニケーションによる指導を受けていた。研究方法は retrospective（後ろ向き）研究が採用され，対照群として生活年齢をマッチングした健聴児16人が使用された。リテラシーの評価において，読書力（「読み」）については，Woodcock Reading Mastery 検査改訂版（WREM）の中の Passsage

Comprehension Test により評価した。さらに「書き」(作文力) については, Fey & Catts(2000) の手法に従い, 3コマ絵画を提示し作文させたものを評定した。結果は, 読書力においては人工内耳装用群が90.13 (SD:11.18), 対照群では99.5 (SD:14.09) となっており, t検定により人工内耳装用群の成績を5％水準で上回っていることが確認された。作文力では, 生産性 (productivity) が総単語数及びtユニット数で求められ, tユニット当たりの平均単語数により, 産生された文章の複雑さ(complexity) が評定された。分析の結果, 総単語数とtユニット当たりの平均単語数の2つの指標において, 健聴群が人工内耳装用群の成績を有意に上回っていた(表5－6)。さらに, 産生された作文における誤りが分析された。決められた単語形態の削除変形, 不適切な動詞形態, 主語—動詞の不一致, 不適切な名詞修飾が評価の対象となり, 人工内耳装用群の平均が4.25 (SD:2.52), 健聴群が2.32(SD:2.50) となっており, t検定の結果, 5％水準で人工内耳装用群の誤り数の平均値が健聴群を上回っていた。

表5－6 「書き」の生産性

	群別の平均		
	人工内耳群 (SD)	健聴群 (SD)	t値
総単語数	60.06 (32.03)	109.13 (42.44)	－3.69＊＊
一話毎のt-ユニット	8.16 (3.71)	11.30 (5.40)	－1.91
t-ユニット毎の単語数	7.22 (1.09)	10.42 (3.98)	－3.10＊

Spencer, L.J., Barker, B.A., Tomblin, J.B. Exploring the language and literacy outcomes of pediatric cochlear implant users. Ear and Hearing, 2003, 24 (3), 236-247.を一部改変
注1：＊p＜0.05 ＊＊p＜0.01

3. Connorらの研究

Connor ら (2004) の研究は読書力に他の要因がどのような影響を及ぼすのか, また, 要因相互の関係の強さや方向性について, 共分散構造分析 (SEM) によりモデルの検証を行っている[34]。対象となったのは人工内耳を装用する91人であり, 認知発達に問題のある子どもは含まれていない。人工内耳は平均して6.78歳(SD:3.06) で埋め込まれ, 読書力の評価時点までの装用期間は4.23年 (SD:2.15) であった。埋め込み前の裸耳聴力は80dB以上, 補聴器装用条件における聴力の平均は53.37dB (SD:14.01) であった。埋め込み後の聴力は15～30dBの範囲にあった。人工内耳は88人がNucleus22 (コクレア社) を装用し, 残る3人は

Nuecleus24（コクレア社）を使用していた。検査時点のコード化法は全員がSPEAKであった。対象児のコミュニケーション様式は埋め込み前の情報に基づき，口話コミュニケーション（OC）群（48人）とトータル・コミュニケーション（TC）群（43人）に分けられた。なお，トータル・コミュニケーション群の子どもが使用する手話はSigned EnglishもしくはSigning Exact English（SEE）であった。読書力の評価時における年齢は平均10.98歳（SD：2.67）であった。読書力はWoodcock Reading Mastery検査改訂版のパッセージ理解サブテストで測定された。同テストはクローズド法によるものであり，回答者には短文中の欠損した箇所に適切な単語を補うことが求められる。なお，回答時には音声に加え手指の使用を認めた。人工内耳埋め込み前の語彙力の評価は①Woodcock-Johnson認知能力検査の中の絵画語彙検査（WRMT）と，②One-Word絵画語彙検査（EOWPVT）を用い，人工内耳埋め込み後の語彙力の測定にはWoodcock-Jhonson検査を使用した。これら両検査では，回答者には提示された絵画刺激に対して命名することが求められる。回答に際してはジェスチャの使用は許容せず，スピーチ，手話，もしくは指文字による回答のみを受けつけた。以上の手続きでデータを採取した結果，語彙力については人工内耳埋め込み前の平均が59.73（OC：53.08；TC：66.54），埋め込み後の平均は70.77（OC：67.12；TC：74.60）となっていた。さらに読書力の平均は69.78（OC：69.21；TC：70.40）であった。次に共分散構造分析（SEM）を用いて，a）埋め込み前のコミュニケーション様式，b）埋め込み前の補聴器装用条件での聴力，c）家庭の社会経済的状況，d）人工内耳の装用期間，e）埋め込み前の語彙力，f）埋め込み時の年齢，g）埋め込み後の語彙力，h）読書力，の変数を用いて因果モデルを設定した。共分散構造分析によりモデルの適合を検証した結果，カイ二乗値が12.348（df：10；p＝0.262），TLIが0.995，CFIが0.998，RMSEAが0.051，Pcloseが0.436となっており，図5－14に示すモデルの適合が確認された。確証されたモデル（パス図）及びパス係数から，次の事柄が明らかとなった。すなわち人工内耳の埋め込み前にトータル・コミュニケーションを用いていた子どもの方が，人工内耳埋め込み前の語彙力が高く（パス係数：＋0.43），加えて人工内耳埋め込み前の語彙力が埋め込み後の語彙力に影響を及ぼしていることが確認された（パス係数：＋0.35）。さらに，人工内耳埋め込み後の語彙力は評価時点の読書力に影響を及ぼしていた（パス係数：＋0.3）。これらのパス係数

144

図5-14 諸要因と読書力の関係

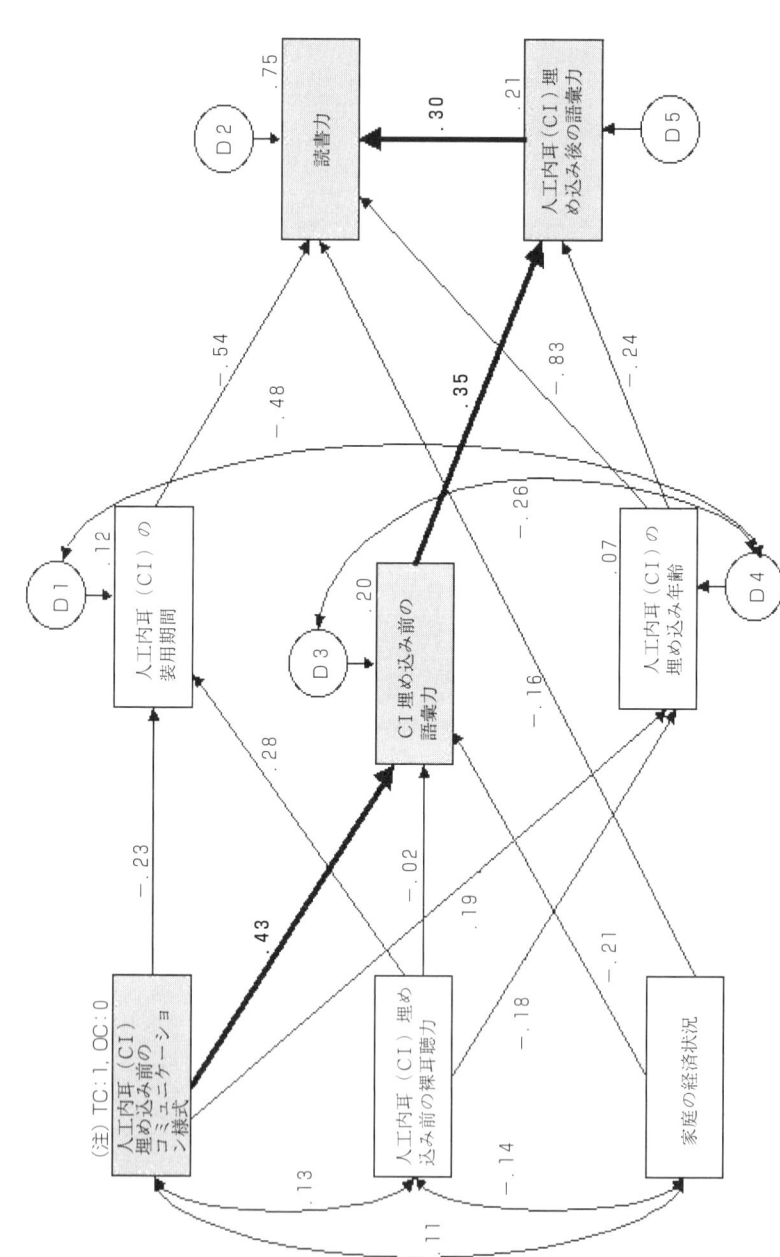

Connor, C.M., Zwolan, T.A. Examining multiple sources of influence on the reading comprehension skills of children who use cochlear implants. Journal of Speech, Language, and Hearing Research, 2004, 47(3), 509-526.を一部改変

から，人工内耳埋め込み前のトータル・コミュニケーションの使用が人工内耳装用前の語彙力とポジティブに関係しており，人工内耳埋め込み前の語彙力は埋め込み後の語彙力に影響をあたえ，それがひいては直近の読書力と関係するメカニズムが明らかにされた。

第5節 人工内耳装用児の学力と学習の実態

1. 学力

　Marscharkら（2007）は人工内耳装用児のリテラシーと学力のエビデンスを扱った総説[22]の中で，西ペンシルベニア聾学校で自らが行った研究から得られた知見の概要を紹介している。他の聾学校と同様に，近年，この聾学校でも人工内耳装用児が一貫して増加しており，その割合は2006年には全児童生徒の約2割程度にまで達した。同校では2002年以来，人工内耳装用児の学力に関する追跡調査を行ってきた。人工内耳を装用する対象児は，対照群となる人工内耳を装用しない聴覚障害児と生年月日，ジェンダー，履修科目などの属性でマッチングされた。学力の測定には，スタンフォード・アチーブメント・テスト第9版（SAT 9）及びペンシルベニア学校評価システム（PSSA）が用いられた。SAT 9は言語，数学の問題解決，数学の手続き，読書力の4種の下位テストから構成され，PSSAは数学，読書力，作文の3領域から構成されていた。4年間の評価において，人工内耳装用群とマッチングされた非装用群の間に，いずれの下位テストにおいても有意な成績差は認められなかった。さらに，2005年の評価に際しては17人の人工内耳装用児が対象となったが，2つの変数，すなわち人工内耳の装用期間ならびに人工内耳の装用開始時期と学力の間には，関連が認められなかったことを報告している。

　Staceyら（2006）はイギリスにおける人工内耳装用児を含む聴覚障害児を対象とした包括的な研究を実施し，その成果を報告している[35]。対象となったのはイギリス全土に居住する，良耳の聴力（裸耳）が40dBを上回る聴覚障害児であり，1988年にStaceyらが確認した17160人の両親に対して，再度，1999年に研究への参加を求めた。その結果，527人の人工内耳装用児の両親を含む3274人（37％）から，研究への参加についての同意が得られた。人工内耳装用児は装用開始時期による「生後5歳前」と「生後5歳以後」の2群に，装用経験年数に基づく「2年未満」「2～4年未満」「4年以上」の3群を乗じた，計6群に分けられた。両

親と教師の報告に基づき，〈読み〉〈書き〉〈数〉〈お金〉〈尺度化された測度の使用〉についての学力が測定された。さらに，5～7歳（KS 1），7～11歳（KS 2），11～14歳（KS 3）の3段階の最終学年ごとに評価される，〈読み〉〈書き〉〈算数〉〈科学〉の学業に関するナショナル・カリキュラムの得点（Key-Stage Level）が教師から聴取された。Staceyら（2006）の研究では上記の6つの群別にみた得点は示されていない。一方，教師と両親によって報告された学力及びナショナル・カリキュラムの得点と人工内耳の装用開始時期及び装用経験期間との関係が，重回帰分析により検討されている（表5－7）。表5－7から明らかなように，学力の指標と装用開始時期及び装用経験期間の相関は総じて低く，これらの人工内耳装用に関する要因により学力を説明することが困難であることが理解される。

　Thoutenhoofd（2006）はスコットランドにおいて2000～2004年の間に実施された大規模な全国調査の集成データに基づき，人工内耳装用児の学力の実態を報告している[36]。この調査は学齢期にあるスコットランドの聴覚障害児の全数調査の一部として実施され，5～18歳までの152人の人工内耳装用児が含まれていた。人工内耳装用児の内訳は小学生（P 1～P 7）が105人，と中等学校生（S 1～S 6）が47人であった。評価時点における小学生の平均年齢は8.06歳（SD：2.1）であり，人工内耳の埋め込みは平均3.02歳（SD：1.6）で実施され，装用期間の平均は4.01年（SD：1.9）であった。中等学校生の平均年齢は14.07歳（SD：1.9），平均7.07歳（SD：4.1）で人工内耳の埋め込みが行われ，評価時点における装用経験年数の平均は5.03年（SD：3.0）だった。人工内耳装用児が教育を受ける場は，地域の通常学校へのメインストリーミングの他に，難聴学級や聾学校と多岐にわたっていた。以下，学力については，読書力年齢とナショナルテスト

表5－7　人工内耳装用児の学力と装用期間等との相関

	生後5歳前に埋め込み 装用期間（年数）			生後5歳以降に埋め込み 装用期間（年数）		
	＜2	＞2から＜4	＞4	＜2	＞2から＜4	＞4
教師が評価した学力	－0.039	－0.234	0.077	0.022	0.063	0.137
全国学力テスト	－0.004	－0.090	0.185*	0.104	0.103	0.178

Stacey, P.C., Fortnum, H.M., Barton, G.R., Summerfield, A.Q. Hearing-impaired children in the United Kingdom, I　Auditory performance, communication skills, educational achievements, quality of life, and cochlear implantation. Ear & Hearing, 2006, 27（2），161－186. より作成
注：値は重回帰分析の結果である。＊はp＜0.05。

(「読み」「書き」「算数」)の結果に着目する。読書力年齢は表5-8に示した通りであり，加齢に伴い暦年齢（CA）と読書力年齢との乖離が大きくなり，遅れが顕在化することが理解される。なお，この調査で使用されたのは集成データである理由から，読書力年齢が入手できた児童生徒の人数と，先述した対象者数とは一致しない。Thoutenhoofd（2006）は読書力年齢の実態について，11～13歳では約3年の遅れがあり，15～17歳ではそれが4～5年に拡大する，と述べている。さらに，ナショナルテストの3教科の成績を小学校と中等学校，全体で聴力別に示した資料からは，人工内耳装用児の学力が総じて健聴児の全国データの成績を下回り，一般の聴覚障害児と同程度である実態が理解される。Marscharkら（2007）はこの成績について，大部分の人工内耳装用児の学力が，未だ健聴児の全国データの成績を下回るものだと指摘している[4]。Thoutenhoofd（2006）は人工内耳装用児の学力が一般の聴覚障害児の学力を上回るものではなく，算数においては中等度の聴覚障害児と同様，さらに読みと書きにおいては中等度から重度の聴覚障害児とほぼ同等の成績を示した，と総括している。

最後に，近年発表された国立聾工科大学（NTID）の在学生を対象としたConvertinoら（2009）の研究の成果を紹介する[37]。この研究では10種の調査から得られた聴覚障害をもつ大学生（568人）の集成データを用いて，大学での学業に

表5-8　人工内耳装用児の読書力と暦年齢の関係

読書力の乖離 (年)		暦年齢						
		5-7	7-9	9-11	11-13	13-15	15-17	17+
	n=178	25	47	60	27	12	6	1
上回る	>2y	－	－	－	－	－	－	－
	1-2	－	1	－	－	1	－	－
	0-1	3	2	6	2	1	－	－
	0	1	－	1	1	－	－	－
下回る	0-1y	6	9	11	3	－	1	－
	1-2	10	20	9	3	1	1	－
	2-3	1	6	15	5	1	1	1
	3-4	1	6	8	3	3	－	－
	4-5	－	1	1	4	－	－	－
	5-6	－	－	－	2	2	－	－
	6-7	－	－	－	－	1	1	－
	7-8	－	－	－	－	1	2	－
欠損値		3	2	8	4	1	－	－

Thoutenhoofd, E. Cochlear implanted pupils in Scottish schools : 4-year school attainment data（2000-2004）. Journal of Deaf Studies and Deaf Education, 2006, 11（2），171-188.を一部改変

影響を与える要因の解析が行われている。具体的には学力に関する資料は，大学が管理するデータベースから入手され，大学入学テスト（ACT），〈読み〉〈書き〉〈算数〉により構成される NTID クラス分けテストと，ミシガンテスト（英語）などが使用された。さらに学力を説明する要因として，聴能学的要因，コミュニケーションに関する要因，家族に関する要因が取り上げられた。聴能学的要因には聴力レベル，失聴時期，補聴器の使用，人工内耳の使用が含まれていた。コミュニケーションに関する要因は対象者の自己評価に基づくものであり，主たるコミュニケーション様式，ASL の学習経験と使用及び技能，英語に基づく手話（English-Based Sign）の産出と受容に関する能力などが含まれていた。重回帰分析（ステップワイズ）による検討の結果，学力に及ぼす聴能学的要因とコミュニケーションに関する要因の影響は確認されなかった。Convertino ら（2009）は，少なくとも大学に入学する頃になると，手話と口話の技術は，いずれも学業遂行の決定的な予測指標とはならない，と述べている。さらに，学生が教室で使う，もしくは今日まで使用してきたコミュニケーション様式よりも，大学における学業に向けた準備状況の方がはるかに重要である，と指摘している。加えて，人工内耳の装用が大学での学力遂行と関連を示さない理由について，人工内耳は早い時期においては，聴覚障害児のリテラシーや学力を明確に支援するものだが，このことは高校や大学においては当てはまらない，と総括している。

2．学習の実態

これまでに，教師や両親により，人工内耳装用児の通常学級でのコミュニケーションや学習に伴う様々な問題点が報告されてきた。そのなかで，Archbold（2005）は「人工内耳は，良好に作動し過ぎるのかもしれない」という意味深長な指摘を述べている[38]。Marschark ら（2007）[22]はこの言説について，通常学級で教える健聴の教師の目からすると，人工内耳を装用した子どもは，何ら聞こえに関する困難をもっていない子どもと誤解されてしまい，そのことが，教室での情報保障サービスの必要性に教師が気づかない理由になっているのではないか，と述べている。 Wheeler ら（2007）はイギリスにおける人工内耳装用児に対するインタビュー調査を行い，学校や教室において装用児が自ら感じている「生の声」を紹介している[39]。対象はイギリスにおける主要な人工内耳プログラムである，ノッ

ティンガム人工内耳プログラムとサウス・オブ・イングランド人工内耳プログラムに参加する，13〜17歳までの29人の生徒であった。教育を受ける場の内訳は20人が地域の通常学級，5人は聴覚障害児のためのリソースルームであった。以下，4人の生徒の「声」である。

〈人工内耳は先生が話したことを聞き取るために大切だけど，ティーチング・アシスタント（TA）は，私が授業を理解するために必要なの。たとえば，授業の場面で，どんな内容が，どのように進んでいるのか，書いて教えてくれるの〉
〔14歳，女性，手話と口話を使用〕

〈スペイン語と理科の授業ではビデオを使うでしょ。私はビデオのナレーションが聞き取れないから，イスに腰掛けて，ただスクリーンをながめているだけだったわ。自分でもスペイン語のCDをもっているけど，聞いても聞き取れないの…。そりゃ幾らかは聞こえるわよ。でも意味をつかめないのよ。人工内耳は聞くことを助けてはくれるわ。だけど，TAは私が授業を理解するのを助けてくれるのよ〉
〔14歳，女性，口話を使用〕

〈小学校は聾学校じゃなかったけど，今度の学校（聾学校）では，まわりはみんな聾で，みんなが耳にヘッドフォンをつけているでしょ。だから互いにコミュニケーションができるのさ。前の学校（通常学級）じゃ，話すときは，きまって僕と先生だけだったからね〉
〔15歳，男性，手話と口話を使用〕

〈授業が理解できないことが，ときどきあって，とてもしんどかった。先生が話している内容がわからないのよ。そんなときは怖くて，気が動転してしまったの〉
〔14歳，女性，口話を使用〕

　Wheelerら（2007）によれば，インタビューに回答した29人のうち生徒の22人が「授業を理解する際に人工内耳が役立っている」と語り，残る6人は，「人工内耳は大部分もしくは幾らかの時間役立っている」と答えていた。さらにこの6人のうち2人においては，「手話による支援が人工内耳と同じくらい，授業をうける上で大切だ」と報告したことを述べている。

先に引用した Archbold（2005）は，騒音に満ちた典型的な教室において，授業内容の要求が高度化するに従い，人工内耳を装用する生徒は，この複雑な機器のモニタリングに加えて，授業におけるきめ細やかな情報保障が必要になってくる，と述べている。さらに中等学校や高校における授業への参加の困難に触れて，この頃になると装用児の構音は明瞭になっているものの，教室という騒音に満ちた，そして教科によって担任が入れ替わる状況下において，高度な内容の授業に参加するに足る，洗練された言語力を持ち合わせていない，と人工内耳を装用する生徒の，授業参加における困難を総括している。

第6節　人工内耳装用児の言語発達の諸相

言語発達プロセスを追跡調査した3つの事例研究の紹介を通して，人工内耳を使用する子どもにおける全体的な言語発達の様子をみていくことにする。

Ertmer ら（2003）は話しことばの発達の検討を目的として，「ハンナ」の事例を検討している[40]。ハンナの聴覚障害は新生児聴覚スクリーニング検査によって検出され，生後5ヵ月に聴性脳幹反応を用いた聴力検査により低周波数帯域で中度から重度，中・高周波数帯域で最重度の聴力低下が確認された。失聴の原因はサイトメガロウィルス感染症（CMV）であった。ハンナは生後6ヵ月より補聴器の装用を開始したが，1年を経過しても顕著な効果は認められず，生後19ヵ月に人工内耳（Clarion Multi Strategy）の埋め込み術を受けた。コード化法は CIS（Continuous Interleaved Sampling）であった。ハンナは抵抗を示すことなく人工内耳を受け入れ，使用1年後における装用時の成績（聴力レベル）は，500～4000Hzの周波数帯域において25～30dB であった。そのほか，ハンナの認知，適応行動，微細・粗大運動機能は生後18ヵ月時点において，いずれも正常範囲内にあった。口話ハビリテーションに精通した専門家が週に1～2回の頻度で家庭を訪問し，助言を行った。これは生後3歳になりハンナが聴覚口話法の学校に入るまで続けられ，ハンナに対する聴能訓練と両親と家族に向けた手話及びことばの促進に焦点があてられた。人工内耳埋め込み前には月に2回，埋め込み後は月に1回のペースで，ハンナと母親の30分間の交渉場面が，概ね2年間にわたってビデオに録画された。加えて，人工内耳の音入れ後30ヵ月，36ヵ月，42ヵ月の時点において，諸種の言語発達の検査実施を含むデータの採取が行われた。使用された検査は

PPVT-Ⅲ,幼児言語理解検査(ACLC),ビギナーズ構音検査(BIT),表出語彙検査であった。ハンナと母親の交渉場面のデータは,人工内耳の音入れ後,13ヵ月,15ヵ月,17ヵ月,19ヵ月,20ヵ月,23ヵ月,30ヵ月,36ヵ月,42ヵ月の資料が分析の対象となった。なお30分間の交渉場面のデータについては,セッション開始後11分から20分までに10分間のデータが分析の対象となった。交渉場面の発話は,「発話の型」〈a:非単語(NW),b:前単語(PW),c:単語(SW),d:部分的に正しい語連鎖(PCWC),e:全体的に正しい語連鎖(TCWC)〉と「交渉の型」〈a:誘発模倣(EI),b:自発的模倣(SI),c:質問への応答(RQ),d:自発話(SU)〉,「総単語数に占める異語数」(Type-token率:TTR),「平均発話長(MLU)」の観点から計量分析が行われ,以下の結果が明らかにされた。

発話の型に認められる変化としては,セッションの経過とともに非単語(NW)や前単語(PW)の割合が減少する一方で,発話に占める有意味かつ理解可能な部分的に正しい語連鎖(PCWC)や全体的に正しい語連鎖(TCWC)の割合が増加していることが理解される(図5-15)。交渉の型においては,誘発模倣(EI)は13～15ヵ月のセッション時に増加したものの,以降,10%以下の一貫して低い発現率であった。自発的模倣(SI)は観察期間全体を通して全カテゴリのなかで最も発現率が低かった。質問に対する応答であるRQはセッションを重ねるごとにその割合が増加し,最終の2回のセッションでは,発話全体の5割を占めるに至っている。自発話(SU)は人工内耳の使用を開始の後17ヵ月のセッションでは発話全

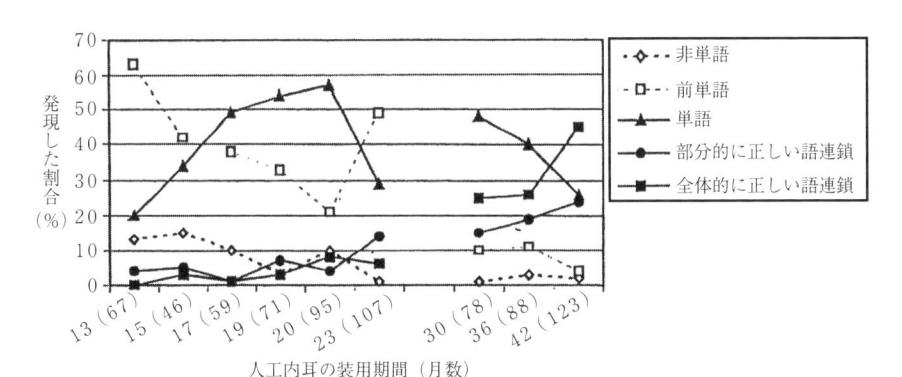

Ertmer, D.J., Strong, L.M., Sadagopan, N. Beginning to communicate after cochlear implantation. Oral language development in a young child. Journal of Speech, Language, and Hearing Research, 2003, 46(2), 328-340.を一部改変

図5-15 発話の型別にみた発現率の推移

体の80％を占めていたが，後に30ヵ月のセッション以降，質問への応答（RQ）の増加と時を同じくして減少するものの，最終の2回のセッションでは発話全体を自発話（SU）と二分するに至っている。続いて発話された総単語数に占める異語数を示す指標であるType-token率（TTR）の推移をみていくことにする。TTRは人工内耳使用開始から20ヵ月には0.45, 30ヵ月には0.48, 36ヵ月には0.59, 42ヵ月には0.49と，概ね0.5で推移していた（表5－9）。Ertmerら（2003）は人工内耳装用期間を生活年齢とみなすならば，ハンナの成績は先行研究[41]から得られた健聴児の3歳半（42ヵ月）時点のTTRである0.44に迫るものだと述べている。しかしながら，他方でハンナの異語数の増加が，人工内耳の使用開始30ヵ月から42ヵ月にかけて，僅か10となっており，健聴児の42ヵ月時点での成績と比較した場合，マイナス2標準偏差を下回っていると指摘し，TTRそのものにおいては健聴児に比肩するもの，異語数の増加が健聴児に比して明らかに遅いと結論づけている。言語発達にともない複雑な統語構造が使用されることにより，長くなることが予想されるMLUについては，人工内耳装用後36ヵ月（生後55ヵ月）のセッション時は51の発話が産生されMLUは1.61であり，健聴児の生後24ヵ月相当に止まっていた。42ヵ月（生後61ヵ月）のセッションでは74の発話が産出され，6ヵ月の間にMLUが概ね1増加し2.57となったものの，この値は健聴児の生後32ヵ月相当にあたると述べられている。Ertmerら（2003）は言及していないものの，論文中に示されたMLUのデータからは，ハンナの発話に使用される構文の複雑さが，伸び悩んでいる実態が理解される。最後に標準化された言語発達検査による評価のうち，理解語彙の力を測定するPPVT-Ⅲの結果を紹介する。

表5－9　各セッションにおける言語成績

暦年齢（月齢）	人工内耳の装用期間	非模倣発話数	単語の種類	単語のtoken	TTR
32	13	8	6	9	NA
34	15	4	4	4	NA
36	17	37	17	40	NA
38	19	50	25	55	0.45
40	20	50	25	55	0.45
43	23	44	22	51	NA
49	30	50	38	79	0.48
55	36	50	41	70	0.59
61	42	50	48	97	0.49

Ertmer, D.J., Strong, L.M., Sadagopan, N. Beginning to communicate after cochlear implantation. Oral Language Development in a Young Child. Journal of Speech, Language, and Hearing Research, 2003, 46（2）, 328－340.を改変

PPVT は人工内耳の装用後 30 ヵ月を経過した生後 49 ヵ月, 36 ヵ月が経過した生後 55 ヵ月, 42 ヵ月が経過した生後 61 ヵ月の成績が示されている。人工内耳装用から 2 年半を経過した生後 49 ヵ月の標準得点は 87 点 (語彙年齢は 36 ヵ月相当) となっていた。同様に装用から 3 年が経過した生後 55 ヵ月時の成績は 79 点 (同 34 ヵ月相当), 3 年半が経過した生後 61 ヵ月時の成績は 79 点 (同 41 ヵ月相当) となっていた。これら PPVT の成績について Ertmer ら (2003) は人工内耳の装用期間, すなわち経験期間を健聴児の暦年齢 (CA) に見なして考察するならば, 健聴児に比肩するものであったと強調している。しかしながら, 先述した通り, 加齢にともなう健聴児との語彙年齢の開きは大きくなっており, CMV に起因する聴覚障害児であるハンナの理解語彙発達に遅れが存在したことは明らかである。

　Yoshinaga-Itano (2006) はコロラド病院で出産した「イワン」の事例を報告している[42]。イワンは生後 24 時間で新生児聴覚スクリーニング検査を受け, 経過観察が必要と判断された。生後 2 週目にイワンは両耳に最重度の聴覚障害があることが明らかとなった。生後 6 週目にはコロラド家庭介入プログラム (CHIP) のサービスが開始され, 同時に補聴器装用を開始した。イワンの家族に対して 1 週当たり 1 時間 30 分間の家庭介入プログラムが提供され, イワンの言語や社会・情緒, スピーチ, 聴能に焦点があてられた。加えて聴覚障害当事者の講師による, 家族に向けた手話の指導が行われた。しかしながら, 介入プログラムの導入から 6 週間を経過しても, 補聴器装用による聴能における顕著な変化は認められず, イワンは生後 21 ヵ月で人工内耳の埋め込みを受け, 22 ヵ月で音入れをした。人工内耳の埋め込み前には, 手話を用いたイワンの言語表出の発達は正常範囲内にあった。具体的には, 生後 10 ヵ月時点で 4 つの手話単語, 15 ヵ月時点で 14 の手話単語が確認された (表 5 − 10 参照)。人工内耳埋め込みの後, マッカーサー・コミュニケーション発達検査及び両親への語彙獲得調査票, ミネソタ幼児発達検査が実施された。人工内耳の音入れから 1 ヵ月後, マッカーサー・コミュニケーション発達検査で評価された際に, イワンは手話を用いて回答した。音入れから 5 ヵ月を経過した生後 28 ヵ月時点において, イワンの表出語彙は 318 にまで増加し, そのうち 8 つはスピーチによって, 92 は手話のみにより, 残る 218 は手話を伴うスピーチで表出された。Yoshinaga-Itano (2006) は, イワンは明らかに手話のみの表出から, スピーチに手話を併用した様式へと移行しつつあった, と述べている。その

表5-10 「イワン」の言語成績

生後月齢	両親の報告					言語サンプル		
	MAC表出語彙	MCDI LQ-表出	MCDI LQ-理解	発話数	単語数/異語数	音素数	発話明瞭度
10	4：SL	105（LA=10.5）	130（LA=13）	NA	NA	8V；4C	NA
15	14：SL	93（LA=14）	86.5（LA=13）	NA	NA	10V；8C	NA
22 [CI音入れ]							
23	232：SL；1：SP	91（LA=21）	130（LA=30）	37 (100％SL；8％SP)	37/2	10V；7C	不明瞭
28	92：SL；8：SP；218：SL+SP	91（LA=25.5）	101（LA=28.5）	162 (71％SL；80％SP)	120/42	12V；12C（単語外）15V；12C（単語）	発話の5割は聴取可能
36	56：SP	91LA（LA=33）	115（LA=42）	288 (24％SL；95％SP)	424/92	15V；20C	注意深く聞くと全て聴取可能
42	522：SL+SP	109（LA=48）	123（LA=54）	303 (6％SL；99％SP)	668/174	15V；21C	聴取可能

Yoshinaga-Itano, C. Early identification, communication modality, and the development of speech and spoken language skills. Patterns and considerations. In Spencer, P.E. & Marschark, M. (Eds.) Advances in the spoken language development of deaf and hard-of-hearing children. Oxford University Press, 2006, 313-316.
凡例：SLは手話，SPはスピーチ，SL+SPは手話とスピーチ。LAは言語年齢（月齢），NAは入手不能。

後もこの傾向，すなわちスピーチ単独もしくはスピーチと手話を併用した単語表出が増加し，生後36ヵ月までにはイワンの表出する全ての語彙が，この様式で表出されるに至った。次にミネソタ幼児発達検査による評価成績をみていく。人工内耳埋め込み前の生後10ヵ月時点での言語表出は，言語発達指数（LQ）において105となっており正常範囲にあり，その後もLQは91～93程度を維持した。一方，ミネソタ幼児発達検査により測定された言語理解については，生後10ヵ月時点で正常範囲を上回るLQ130が確認され，以降，LQは生後15ヵ月時点では86.5であった。人工内耳埋め込み後の成績（LQ）は，生後23ヵ月時点で130，生後28ヵ月時点で101，生後36ヵ月時点で115となっており，良好な成績で推移した。

　その他，継続的にイワンと母親との25分間の交渉セッションが観察された。短時間のセッションからイワンの言語発達の全体を捉えることは難しい一方，セッションの観察により，適度に母子間に典型的な実際の言語使用が明らかにされた。上記の標準化された検査とセッションの観察という，異なる手法によるデータ採取にもかかわらず，イワンの言語発達について一致した結果が得られた。人工内耳を装用直後にあたる，生後23ヵ月から42ヵ月のセッションにおいて，顕著な言語発達が認められた。スピーチによる発話の増加と手話のみにより表出される発話の減少という，明らかな変化が示された。何より，音入れから1ヵ月を経過した，生後23ヵ月時点では主たる発話は手話によるものであったが，生後42ヵ月時点ではイワンの発話全体の99％がスピーチを含むものとなっていた。さらに，セッション場面における語彙の増加を示す異語数についても，人工内耳の使用開始から14ヵ月を経過した，生後36ヵ月時点では92であったものが，半年後の生後42ヵ月時点では174にまで増加していた。なお，イワンは人工内耳を使用する前から発声を開始しており，生後10ヵ月時点で8種の母音と4種の子音が確認された。音素のレパートリーは増加をしたものの，生後15～23ヵ月の間においては，そのスピードは概して緩やかであった。人工内耳埋め込みから1ヵ月を経過した生後23ヵ月時点では，早くもスピーチのみによる2つの単語の表出が確認され，加えて3つの手話とスピーチを併用した単語発話が存在した。人工内耳装用後には速やかに無意味な発声が減少し，有意味なスピーチが増加した。

　次にセッション場面における構音の変化について触れる。人工内耳埋め込みか

ら1ヵ月後の生後23ヵ月時点では，イワンのスピーチは成人の聞き手にも聴取が困難であったが，音入れから14ヵ月が経過した生後36ヵ月時点では15の母音と21の子音の構音が可能となった。さらに生後42ヵ月までにはイワンのスピーチは，セッションの観察者のみならず，両親や世話をする者からも明瞭と判断される水準にまで変化した。生後2歳半でイワンは公立学校の就学前プログラムに参加するようになった。そこにはイワンの他に10人の聴覚障害児がおり，教師は指導に際して，トータル・コミュニケーションを使っていた。イワンの家族は継続して手話の指導を受け入れた。生後36ヵ月時点において，イワンは聞こえる人々と会話する際にはスピーチを選択したが，状況に応じて手話のみ，もしくはスピーチと手話の併用の様式へと，臨機応変に切り替えていた。さらにイワンの聞こえは，静かな場所でも騒音がある場所においてもスピーチを聴取できるまでに発達した。

　イワンの事例では人工内耳が生後21ヵ月で埋め込まれる前に，生後6週目から補聴器装用の開始に加え，コロラド家庭介入プログラムの導入や家族に対する手話の指導が系統的に導入された。このことによる，人工内耳埋め込み後のみならず埋め込み前の，イワンに対する様々なコミュニケーション回路の提供と，柔軟なコミュニケーション環境の保障が，その後のイワンの言語発達に影響を及ぼしたことが推察される。さらに，イワンの事例では，先述したハンナの事例とは対照的に，多様なコミュニケーション様式のメニューが常に用意され，いつ，どのような様式を選択するのかは，イワン自らに任せていた。Yoshinaga-Itano (2006) の報告からは，人工内耳を使用する子どもに対する，スピーチのみならず手指モードも含めた，多様なコミュニケーション回路を確保することの重要性が示されている。

　最後にConnor (2006) により報告された「クリストファー」の事例について紹介する[43]。クリストファーはアメリカ食品医薬品局 (FDA) が人工内耳を正式承認する以前の1988年に，生後5歳で人工内耳の埋め込み手術を受けた，いわば小児人工内耳の分野における"パイオニア"の子どもである。クリストファーの失聴原因は家族性であり聴力低下は進行し，生後3歳までに最重度の聴覚低下に至った。クリストファーは1988年に5歳で人工内耳（コクレア社製）を埋め込まれ，当初のコード化法はSPEECHであった。埋め込み後の各周波数帯の聴力レベルは20〜40dB程度であった。彼の人工内耳のコード化法は6年目 (1994年) にSPECTRAに変更された。両親の報告によれば，クリストファーは人工内耳を常時使用していた。

教育に関しては，生後間もなく聴覚障害が診断されてから，聴覚障害児のための介入プログラムに参加した。プログラムは当初は家庭で実施され，2歳になるとプレイグループに参加するようになった。生後4歳になると，地域の聴覚口話プログラムを採用する公立学校の就学前プログラムに入った。彼は人工内耳の埋め込みから3～7年目にかけてサマーキャンプに参加し，そこで手話を覚えた。最終評価時にはクリストファーは手話通訳の利用など，特別な教育上のサービスを利用しながら高校に通っていた。クリストファーの言語発達の経過については構音（McGarr発話明瞭度検査），語彙（PPVT-R，PPVT-Ⅲ），読書力（Woodcock読書力検査，Woodcock-Johnson文理解到達度検査）の諸検査が，ほぼ継続して実施された。なお，これらの検査は人工内耳の認可に向けた，アメリカ食品医薬品局（FDA）の治験の一部として実施されたものである。この他，年に1回の頻度でクリストファーのセッション（15～20分間）場面がビデオに録画され，この発話資料が言語発達の分析対象となった。年少時のセッションでは発話を引き出すために，玩具や絵が用いられた。もう少し大きくなると，家族やスポーツそしてサマーキャンプの話題が取り上げられた。以上のような手続きで採取されたデータの分析により次の事柄が明らかとなった。構音の経過は，人工内耳埋め込みから発話明瞭度が向上し，埋め込み後6年には80%に達していた。図5－16は語彙及び読書力の経年変化を示したものである。これらの言語検査の結果に認められる成績の向上について，Connor（2006）は埋め込み後5～7年にかけて急激に変化が訪れたと指摘している。

次に合計8回のセッション場面で記録された会話の特徴を見ていくことにする。会話

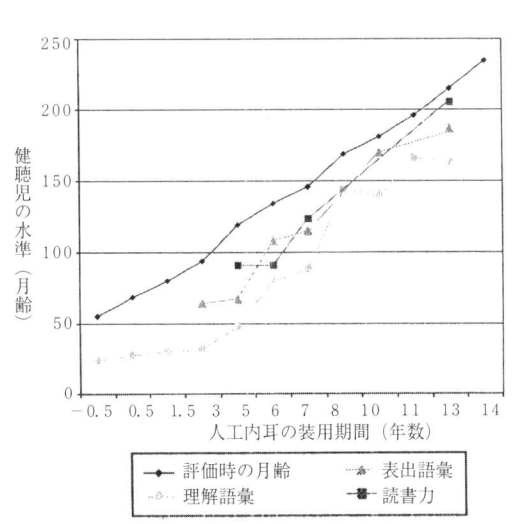

Connor, C.M., Craig, H.K., Raudenbush, S.W., Heavner, K., Zwolan, T.A. The age at which young deaf children receive cochlear implants and their vocabulary and speech-production growth. Is there an added value for early implantation？. Ear and Hearing, 2006, 27(6), 628-644.を一部改変

図5－16 表出語彙および理解語彙，読書力の発達変化

の分析では C-unit の平均長（MLCU），異語数（NDW）及び統語（syntax）の複雑さ（SYN）の3つの観点から実施された。なお，C-unit とは発話の分析単位であり，年長児の発話の複雑さの過大な評価を回避するために有効だとされる。SYN は Miller（1981）による統語（syntax）の複雑さに基づく段階であり，ステージⅠ（CA：19〜26ヵ月），ステージⅡ（CA：27〜30ヵ月），ステージⅢ（CA：31〜34ヵ月），ステージⅣ（CA：35〜38ヵ月），ステージⅤ（CA：43〜48ヵ月）の5段階に分類される。第1回のセッションは人工内耳の埋め込み前である4歳7ヵ月時に行われた。発話の平均長である MLCU（C-unit）は2.0 であり，同年齢の健聴児における平均である5.6 を大きく下回っていた。異語数は僅か2であった。統語の複雑さを示す SYN は V が期待されるものの，ステージⅠであった。人工内耳埋め込みから半年を経過した5歳8ヵ月時点で行われた第2回のセッションでは MLCU は期待される6.0 に対して2.4 であった。異語数は11 に増えたものの，SYN はステージⅠであった。第3回のセッションは人工内耳の使用開始からほぼ1年を経過した6歳8ヵ月時に行われた。MLCU は2.1，異語数は20，SYN はステージⅠであった。クリストファーが7歳10ヵ月の時に第4回のセッションが行われ，人工内耳の装用から3年が経過していた。MLCU は3.6 に増加し，異語数も30 に増えたものの，SYN はステージⅠにとどまっていた。第5回のセッションは人工内耳装用から5年が経過した9歳11ヵ月時に行われた。MLCU は順調に増加し4.0 となった。異語数は51 に増え，発話で使用された統語（SYN）はステージⅡになった。クリストファーが10歳10ヵ月の時点で行われた第6回のセッションでは，人工内耳の使用開始から6年を経過していた。MLCU は5.6 となり，異語数も81 を認め，SYN はステージⅤに到達した。第7回のセッションは12歳2ヵ月時に行われ，この時点でクリストファーは7年間の人工内耳の装用経験をもっていた。セッションで発話された文の長さを示す MLCU は5.0 を認め，異語数は95 にまで増えた。加えて統語の評価指標である SYN はステージⅤ＋となっていた。

　Connor（2006）はクリストファーのセッションの分析から得られた発達的変化を以下のように総括している。(a) クリストファーの聞く力と話す力は増進し，(b) 使用していた手話が後に使われなくなり，(c) コミュニケーションのスキルが改善し，セッション場面では自ら話すようになり，(d) 会話で扱われる話題も

「いま・ここ」を離れたより抽象度の増した，家族や友人，そして自らの文化的アイデンティティに関する事柄に変化していった。

第7節　要約

人工内耳装用児のスピーチ（構音），言語（語彙・文法），リテラシー（「読み」「書き」），学力・学習の実態については，次のように要約される。なお，ここでは5章で検討した諸家による報告から得られた知見を取りまとめるにとどめ，先行研究で用いられた方法論に付随する問題点については，後の結語（第9章第2節）において考察する。

1. 構音

1）健聴者の聴覚印象に基づく，スピーチ明瞭度の5段階評価であるSIRスケールを用いた研究から，人工内耳装用児の構音は，埋め込みから5年経過後には，約8割の子どもがカテゴリ3（「談話におけるスピーチは聞き手が聞き取りに集中し，かつ読唇を併用すれば聞き取り可能である」）のレベルを通過していた。しかしながら，最も高い明瞭度であるカテゴリ5（「談話におけるスピーチは全ての聞き手にとって聴取しやすい」）を通過した者は，全体の僅か3割程度にとどまっている実態が，Flipsen Jr.（2008）により報告された。

2）Connorら（2006）の報告では，生後2.5歳までに人工内耳を埋め込まれたグループの構音が最も明瞭であった。さらに，7歳以降に埋め込まれた子どもでは，補聴器装用児の構音とほぼ同程度であり，人工内耳の埋め込み時期と構音については一定の関連性があることが確認された。

3）使用するコミュニケーション様式と構音との関係については，Tobeyら（2004）によるスピーチ・サンプルの分析から，聴覚口話（OC）群の成績がトータル・コミュニケーション（TC）群を上回るとされた。

4）Connorら（2000）は人工内耳の埋め込み時期の影響を勘案しつつ，コミュニケーション様式と構音の関係についての検討を行い，生後5歳まで（就学前）に埋め込みが行われている場合には，OC群とTC群の構音成績に，差が認められないことを報告している。

2. 言語

1）人工内耳装用児の語彙の獲得については，Connor ら（2006）が絵画語彙検査（PPVT）を用いた研究において，生後2.5歳までに埋め込みがされた子どもでは，理解語彙の発達のスピードが早く，健聴児の正常得点範囲内（マイナス1 SDの下限）に到達したと報告している。

2） Hayes ら（2009）も PPVT を用いた報告を行い，1歳代と2歳代に埋め込みをした子どもでは，理解語彙の発達は健聴児の正常得点範囲内に達したことを報告している。さらに Hayes ら（2009）は，平均的な知能を備えた子どもが2歳までに埋め込みを行い，集中的な聴覚口話訓練が施された場合には，埋め込みから数年後には子どもの年齢に相応の語彙を獲得することが可能である，と総括している。

3）語彙発達とコミュニケーション様式の関係について，Connor ら（2000）が理解語彙と表出語彙に関する報告を行っており，生後5歳（就学前）までに人工内耳の埋め込みが行われている場合には，OC 群のみならず TC 群においても良好な理解語彙の発達が示された。さらに表出語彙については，生後5～6.9歳に埋め込みが行われているグループでは，TC 群の成績が OC 群を上回ることが確認された。Connor ら（2000）は就学前または小学校の低学年までに人工内耳の埋め込みをした子どもでは，TC 群において OC 群に比べて早いスピードで表出語彙が発達していた，と総括している。

4）聴覚口話法を採用する全米の教育機関を利用する子どもを対象に Geers ら（2009）が近年行った研究によれば，健聴児の正常得点範囲内（マイナス1 SDの下限）に到達したのは，理解語彙では50％，表出語彙では58％の子どもであり，小学校入学時点において健聴児の語彙成績の正常範囲内に到達する者は約半数程度にとどまる実態が示された。

5）人工内耳を装用する幼児の話しことばにおける文法能力について，Inscoe ら（2009）は埋め込みから3年が経過した時点で，健聴児の2歳半～3歳に相当する文法能力の段階に到達した者が58％いた一方，残る42％はこの水準に到達せず，さらに，コミュニケーション様式のほか，失聴原因，埋め込み時期，教育の場などのいずれの要因の影響も確認されなかったと報告している。

6）Nikolopoulos ら（2004）は人工内耳の埋め込みから5年が経過した30人の文法能力について検討し，4歳前に埋め込みが行われた子どもに限ると，36％が健

聴児の正常得点範囲内（25 ～ 75 パーセンタイル）に到達したと報告している。

7）Spencer ら（1998）は TC を使用する人工内耳装用児の文法能力を検討しており，自由会話場面における束縛形態素（複数形の－ s，所有格の－ 's，進行形の－ ing，過去形の－ ed）の適切な使用が，人工内耳装用児では補聴器を装用する対照群に比べて多いこと，加えて収束形態素を表現する際には，手指を伴わずにスピーチのみで表現する傾向が認められたことを報告している。

3．リテラシー

1）人工内耳装用児の読書力について，いわゆる"Implant Camp"に参加した子どもを対象とした Geers らによる一連の報告がある（Geers，2003；Geers ら，2003；Geers，2004；Geers ら，2008）。対象児は夏期キャンプに参加した OC と TC を使用する全米の子どもであり，小学校在学時の読書力は対象児の 52％において，健聴児の正常得点範囲内（マイナス 1 SD の下限）に到達していた一方，48％はその水準に達していなかった。さらに，人工内耳の装用開始時期と読書力の間に関連性は確認できなかった。上記の対象児のうち，高校在学時に再評価が可能であった者の読書力のデータの分析からは，小学校在学時の初回評価時と比べて，加齢にともない個人差がより顕在化する実態が理解された。

2）リテラシーのうち，人工内耳装用児の作文力についての報告は少ない。地域の学校で学ぶ TC の子どもを対象とした Spencer ら（2003）による報告では，マッチングした同年齢の健聴児との比較から，読み理解（読書力）に比べて，リテラシーにおける表出の側面である作文力の領域における遅れが顕著であった。

3）Connor ら（2004）は人工内耳装用児の読書力にどのような要因が影響を及ぼすのかについて，要因相互の関連の強さや方向性に着目して分析を行った。そして，埋め込み前に TC を用いていた子どもの方が，埋め込み前の語彙力が高いこと，加えて，このことが埋め込み後の語彙力の状態にも，ポジティブな影響を及ぼすと共に，読書力に作用するメカニズムを明らかにしている。

4．学力・学習の実態

1）聾学校に在籍する人工内耳装用児の学力について，Marschark（2007）はマッチングされた人工内耳を装用しない聴覚障害児との間に，SAT 4 のいずれの下位

テストにおいても有意な成績差が確認されず，加えて，人工内耳の装用期間ならびに装用開始時期が，ともに学力と相関を認めなかったことを報告している。

2）Staceyら（2006）はイギリス全土に居住する聴覚障害児を対象とした調査データの分析から，人工内耳の装用が聴性行動や話しことばのスキルと関連を有する一方，学力や生活の質（QOL）とは関連が認められなかった，と総括している。さらに，学力と装用開始時期及び装用開始期間との相関は総じて低く，人工内耳装用児の学力をこれらの要因をもって説明することが困難であることが示されている。

3）Thoutenhoofd（2006）はスコットランドにおける全国調査から得られたデータの分析から，人工内耳装用児の学力について，読書力は11〜13歳で約3年の遅れがあり，この遅れは15〜17歳になると，さらに4〜5年に拡大することを指摘し，人工内耳装用児の学力が一般の聴覚障害児のそれを上回るものではなく，算数においては中等度の聴覚障害児と同等，さらに「読み」「書き」においては中等度から重度の聴覚障害児と同等の成績を示したと報告している。

4）Convertinoら（2009）は国立聾工科大学（NTID）の大学生のデータを用いて，大学での学業に影響を与える要因の解析を行ったが，聴能学的変数とコミュニケーションに関する要因の影響は確認されなかった。Convertinoら（2009）は，少なくとも大学に入る頃になると手話と口話の技術は，いずれも学業遂行の決定的な予測指標とはならず，人工内耳は早い時期においては，聴覚障害児のリテラシーや学力を明確に支援するものだが，このことは高校や大学においては当てはまらない，と総括している。

5）Marscharkら（2007）は，通常学級で教える健聴の教師の目からすると，人工内耳を装用した子どもは，何ら聞こえに関する困難をもっていない子どもと誤解されてしまい，このことが，教室での情報保障サービスの必要性に教師が気づかない理由になっているのではないか，と述べている。

6）Wheelerら（2007）はイギリスにおける人工内耳装用児に対するインタビュー調査の結果を報告し，回答した29人のうち「授業を理解する際に人工内耳が役立っている」と回答したのは22人であり，残る6人は「人工内耳は大部分もしくは幾らか時間，役に立っている」と回答し，これらの生徒のうち2人は，「手話による支援が人工内耳と同じくらい，授業を受ける上で重要だ」と述べていた。

7）Archbold（2005）は中学校や高校における授業の参加の困難に触れて，この

頃になると人工内耳装用児のスピーチは明瞭になっているものの，教室という騒音に満ちた，そして教科によって担任が入れ替わる状況下において，高度な内容の授業に参加するに足る，洗練された言語力を持ち合わせていない，と人工内耳を装用する生徒の授業参加における問題点を総括している。

引用文献

1) Eisen, M. D. :History of the Cochlear Implant. In Waltzman, S. B., Roland Jr., J. T.(Eds.) Cochlear Implants (2nd Ed.). Thieme, 2006, 1 -10.
2) Eisen, M. D. :The History of Cochlear Implants. In Niparlo (Ed.) Cochlear Implants :Principles & Practices (2nd Ed.). Lippincott Williams & Wilkins, 2009, 89-93.
3) Brimacombe, J. A. :Cochlear Implants. In Gerber, S. E. (Ed.) The Handbook of Pediatric Audiology. Gallaudet University Press, 1996, 277-313.
4) Marschark, M. :Raising and Educating a Deaf Child. Oxford University Press, 2007, 47-48.
5) Blamey, P. J., Sarant J. Z., Paatsch L. E., Barry J. G., Bow C. P., Wales R. J., Wright M., Psarros C., Rattigan K., Tooher, R. :Relationships among Speech Perception, Production, Language, Hearing Loss, and Age in Children with Impaired Hearing. Journal of Speech, Language, and Hearing Research, 2001, 44(2), 264-285.
6) Flipsen Jr., P. :Intelligibility of Spontaneous Conversational Speech Produced by Children with Cochlear Implants:A Review. International Journal of Pediatric Otorhinolaryngology, 2008, 72(5), 559-564.
7) Allen, M. C., Nikolopoulos, T. P., O'Donoghue, G. M. :Speech Intelligibility in Children after Cochlear Implantation. American Journal of Otology, 1998, 19(6), 742-746.
8) Ramirez Inscoe, J. M., Nikolopoulos, T. P. :Cochlear Implantation in Children Deafened by Cytomegalovirus: Speech Perception and Speech Intelligibility Outcomes. Otology and Neurotology, 2004, 25(4), 479-482.
9) Beadle, E. A., McKinley, D. J., Nikolopoulos, T. P., Brough, J., O'Donoghue, G. M., Archbold, S. M. :Long-Term Functional Outcomes and Academic-Occupational Status in Implanted Children after 10 to 14 years of Cochlear Implant Use. Otology and Neurotology, 2005, 26(6), 1152-1160.
10) Jensema, C. J., Karchmer, M. A., Trybus, R. J. :The Rated Speech Intelligibility of Hearing Impaired Children : Basic Relationships and a Detailed Analysis. Series R, No.6, Office of Demographic Studies, Gallaudet College, 1978.
11) Connor, C. M., Craig, H. K., Raudenbush, S. W., Heavner, K., Zwolan, T.A. :The Age at which Young Deaf Children Receive Cochlear Implants and Their Vocabulary and Speech-Production Growth :Is there an Added Value for Early Implantation?. Ear and Hearing, 2006, 27(6), 628-644.
12) Peng, S. C., Spencer, L. J., Tomblin, J. B. :Speech Intelligibility of Pediatric Cochlear Implant Recipients with 7 years of Device Experience. Journal of Speech, Language, and Hearing Research, 2004, 47(6), 1227-1236.
13) Tye-Murray, N., Spencer, L., Woodworth, G. G. :Acquisition of Speech by Children who Have Prolonged Cochlear Implant Experience. Journal of Speech and Hearing Research, 1995, 38(2), 327-337.
14) Tobey, E. A., Rekart, D., Buckley, K., Geers, A. E. :Mode of Communication and Classroom Placement Impact on Speech Intelligibility. Archives of Otolaryngology Head and Neck Surgery,

2004, 130(5), 639-643.
15) Connor, C. M., Hieber, S., Arts, H. A., Zwolan, T. A. :Speech, Vocabulary, and the Education of Children Using Cochlear Implants :Oral or Total Communication?. Journal of Speech, Language, and Hearing Research, 2000, 43(5), 1185-1204.
16) Holt, R., Svirsky, M . A., Neuburger, H., Miyamoto, R. T. :Age at Implantation and Communicative Outcome in Pediatric Cochlear Implant Users :Is Younger always Better?. International Congress Series, 2004, 1273, 368-371.
17) Hayes, H., Geers, A. E., Treiman, R., Moog, J. S. :Receptive Vocabulary Development in Deaf Children with Cochlear Implants :Achievement in an Intensive Auditory-Oral Educational Setting. Ear and Hearing, 2009, 30(1), 128-135.
18) Geers, A. E., Moog, J. S., Biedenstein, J., Brenner, C., Hayes, H. :Spoken Language Scores of Children Using Cochlear Implants :Compared to Hearing Age-Mates at School Entry. Journal of Deaf Studies and Deaf Education, 2009, 14(3), 371-385.
19) Inscoe, J. R., Odell, A., Archbold, S.,Nikolopoulos, T. :Expressive Spoken Language Development in Deaf Children with Cochlear Implants who are Beginning Formal Education. Deafness and Education International, 2009, 11(1), 39-55.
20) Nikolopoulos, T. P., Dyar, D., Archbold, S., O'Donoghue, G.M. :Development of Spoken Language Grammar Following Cochlear Implantation in Prelingually Deaf Children. Archives of Otolaryngology Head and Neck Surgery , 2004, 130(5), 629-633.
21) Spencer, L. J., Tye-Murray, N., Tomblin, J. B. :The Production of English Inflectional Morphology, Speech Production and Listening Performance in Children with Cochlear Implants. Ear and Hearing, 1998, 19(4), 310-318.
22) Marschark, M., Rhoten, C., Fabich, M. :Effects of Cochlear Implants on Children's Reading and Academic Achievement. Journal of Deaf Studies and Deaf Education, 2007, 12(3), 269-282.
23) Marschark, M., Sarchet, T., Rhoten, C. Zupan, M. :Will Cochlear Implants Close the Reading Achievement Gap for Deaf Students?. In Marschark, M., & Spencer, P. E. (Eds.) The Oxford Handbook of Deaf Studies, Language, and Education (Volume 2), Oxford University Press, 2010, 127-143.
24) Geers, A. E. :Predictors of Reading Skill Development in Children with Early Cochlear Implantation. Ear and Hearing, 2003, 24(1Suppl), 59S-68S.
25) Geers, A., Brenner, C. :Background and Educational Characteristics of Prelingually Deaf Children Implanted by Five years of Age. Ear and Hearing, 2003, 24(1Suppl), 2S-14S.
26) Geers, A. :Speech, Language, and Reading Skills after Early Cochlear Implantation. Archives of Otolaryngology Head and Neck Surgery, 2004, 130(5), 634-638.
27) Geers, A., Tobey, E., Moog, J., Brenner, C. :Long-Term Outcomes of Cochlear Implantation in the Preschool Years :From Elementary Grades to High School. International Journal of Audiology, 2008, 47(Suppl 2), S21-30.
28) Belzner, K.A., Seal, B. C. :Children with Cochlear Implants :A Review of Demographics and Communication Outcomes. A. A. D., 2009, 154(3), 311-333.
29) Spencer, L. J., Tomblin, J. B., Gantz, B. J. :Reading Skills in Children with Multichannel Cochlear-Implant Experience. Volta Review, 1997, 99, 193-202.
30) Tomblin, J. B., Spencer, L. J., Gantz, B. J. :Language and Reading Acquisition in Children with and without Cochlear Implants. Advances in Otorhinolaryngology, 2000, 57, 300-304.
31) Spencer, L. J., Barker, B. A., Tomblin, J. B. :Exploring the Language and Literacy Outcomes of Pediatric Cochlear Implant Users. Ear and Hearing, 2003, 24(3), 236-247.

32) Spencer, L. J., Gantz, B. J., Knutson, J. F. :Outcomes and Achievement of Students Who Grew up with Access to Cochlear Implants. Laryngoscope, 2004, 114(9), 1576-1581.
33) Spencer, L. J., Oleson, J. J. :Early Listening and Speaking Skills Predict Later Reading Proficiency in Pediatric Cochlear Implant Users. Ear and Hearing, 2008, 29(2), 270-280.
34) Connor, C. M., Zwolan, T. A. :Examining Multiple Sources of Influence on the Reading Comprehension Skills of Children Who use Cochlear Implants. Journal of Speech, Language, and Hearing Research, 2004, 47(3), 509-526.
35) Stacey, P. C., Fortnum, H. M., Barton, G. R., Summerfield, A. Q. :Hearing-Impaired Children in the United Kingdom, I. :Auditory Performance, Communication Skills, Educational Achievements, Quality of Life, and Cochlear Implantation. Ear and Hearing, 2006, 27(2), 161-186.
36) Thoutenhoofd, E. :Cochlear Implanted Pupils in Scottish Schools : 4 -Year School Attainment Data (2000-2004). Journal of Deaf Studies and Deaf Education, 2006, 11(2), 171-188.
37) Convertino, C. M., Marschark, M., Sapere, P., Sarchet, T., Zupan, M. :Predicting Academic Success among Deaf College Students. Journal of Deaf Studies and Deaf Education, 2009, 14(3), 324-343.
38) Archbold, S. M. :Pediatric Cochlear Implantation : Has Cochlear Implantation Changed the Face of Deaf Education?. ENT News, 2005, 14(5), 52-54.
39) Wheeler, A., Archbold, S., Gregory, S., Skipp, A. :Cochlear implants :The Young People's Perspective. Journal of Deaf Studies and Deaf Education, 2007, 12(3), 303-316.
40) Ertmer, D. J., Strong, L. M., Sadagopan, N. :Beginning to Communicate after Cochlear Implantation :Oral Language Development in a Young Child. Journal of Speech, Language, and Hearing Research, 2003, 46(2), 328-340.
41) Templin, M. C. :Certain Language Skills in Children. University of Mnnesota Press, 1957, 115.
42) Yoshinaga-Itano, C. :Early Identification, Communication Modality, and the Development of Speech and Spoken Language Skills :Patterns and Considerations. In Spencer, P. E. & Marschark, M.(Eds.) Advances in the Spoken Language Development of Deaf and Hard-of-hearing Children. Oxford University Press, 2006, 313-316.
43) Connor, C. M. :Examining the Communication Skills of a Young Cochlear Implant Pioneer. Journal of Deaf Studies and Deaf Education, 2006, 11(4), 449-460.

第6章
最近のトータル・コミュニケーションの動向

　1960年代末に台頭したトータル・コミュニケーションは，1970年代から1980年代の初めにかけて急速な発展をみせ，わずか10数年で聴覚障害教育において圧倒的な地位を確立したことは，事実である。

　その後，1980年代中期からASL（アメリカ手話言語：アメスラン）の使用が実践の場で増え始め，さらに1990年前後からは二言語二文化教育が台頭し，前述（第3章）のように現在は，トータル・コミュニケーション，ASL，二言語教育が，聾学校で使用している全体のコミュニケーションの約25％ずつを，それぞれが占めていると言える。ある意味では，トータル・コミュニケーションの衰退ととらえることもできるかもしれないが，依然としてトータル・コミュニケーションの理念と方法は第3章でみたように，中心的な柱として，生き続けていることも事実である。

　当初，トータル・コミュニケーション関係の実践の成果，研究の成果は，第2章でみたように非常に多く報告されており，その内容も広範にわたっていた。まさに目覚しいものがあったと言える。

　しかし，本書で目標としている，1990年代中期から現在までの実践報告，研究報告は，それほど多くはない。それがなぜなのかは，即断できないが，1つはトータル・コミュニケーション台頭から20年以上経過する中で，トータル・コミュニケーションに関わる様々な問題が，実践の場，あるいは研究の場で，一応の解決，検証がなされ，一定のコンセンサスが確立したことによる，と言えるかもしれない。もう1つは，実践，研究の関心が，ASLまたは二言語教育の方向に動いていったと考えることもできる。

　いずれにしても，本章ではトータル・コミュニケーション（方法的には，手話とスピーチの同時使用）および手指コミュニケーション（ASLまたは二言語教育と明記されていないものを含めて）に関する研究について，検討したい。

第1節　コミュニケーション・言語に関する研究

まず，コミュニケーションと言語に関する研究について取り上げたい。

1. Calderon らの研究

　親子の早期介入の効果（成功・失敗）に及ぼす，子ども，家族，環境の要因について解明することを目標として，Calderon ら（1998）が追跡研究を行っている[1]。
　対象は，28家族でシャトルの「幼児家庭教育」（Early Childhood Home Instruction；ECHI）を修了した者（聴力レベルの幅は50〜91dB以上）である。子どもの両親は，すべて健聴であった。このプログラムでは，聴能スピーチ訓練と手指コミュニケーション（SEE2によるトータル・コミュニケーション）を用いつつ，言語・コミュニケーションの発達を強調している。
　子ども，家族の特徴については，面接者の実施した子どもの評価，親・教師への質問紙，親の面接，母子交渉のビデオテープ，ECHIの記録文書の調査によって，データが収集された。ここでは，主にコミュニケーション・言語についての結果をみてみたい。

① ECHI に登録した年齢は，平均21ヵ月で，修了した時の平均年齢は36ヵ月であった。修了時の表現言語で平均11ヵ月の遅れ，受容言語で平均8ヵ月の遅れを示した。
　追跡研究時の子どもの年齢は，生後42〜87ヵ月で，ECHI 修了後9〜52ヵ月が経過していた。
② 補聴器の使用は，補聴器なしが2名，目覚めている間の25％の時間使用が2名，同じく50％使用3名，75％使用7名，100％使用14名であった。子どもの補聴器装用の効果についての母親の評価では，「効果なし」が6名，「いくらか」が4名，「明らかに有効」が6名，「非常に有効」が12名であった。
③ ECHI 修了後の現在の教育プログラムのタイプでは，聾学校10名，統合1名，メインストリーム3名，通常学校の固定学級（聴覚障害児のみの学級）14名であった。
④ これらの教育プログラムでのコミュニケーション様式では，ASL 1名，口話1

名，ピジン手話英語（トータル・コミュニケーション）9名，SEE2（トータル・コミュニケーション）17名であった。
⑤ 子ども，親，教師間のコミュニケーション・スタイルは，報告によれば一般に親，教師は，子どもに対して「手話とスピーチを同等に」または「口話が多く，手話はいくらか」使用する傾向があり，一方子どもは，親，教師に「手話とスピーチを同等に」または「殆ど手話を」使用する傾向があった。子どもと親，教師間のコミュニケーション様式の主要なミスマッチは，稀であった。

母親の自分自身および子どもについての自己報告と，観察者による母子交渉のビデオでの結果との比較では，約3分の2の母親の報告が，観察者の結果と一致していた。

以上の結果について，ECHI を修了した子どもの大多数が，SEE2，ピジン手話英語を使用し，トータル・コミュニケーションを強調している，特別な聾教育プログラムに在学していたことは，特に注目される。つまり，大多数の家族は，プログラムについて，ある選択をしたからであると，Calderon らは考察している。

2. Rottenberg の研究

Signed English（手指英語方式の1つで，トータル・コミュニケーションで主に幼児に用いられる）を用いた読みの能力の発達について，Rottenberg（2001）が，事例研究を行っている[2]。

対象児は幼稚部段階の男子で，4歳6ヵ月より研究が開始され，両親も Signed English を用いた。家族と本児の間では，効果的なコミュニケーションが成立しているようにみえた。聴覚障害は最重度で，補聴器の効果はみられなかった。

本児は，3歳7ヵ月で聾学校のトータル・コミュニケーション・クラスに入級した。学校では，本児は本に親しみ，本を読んだ。書記英語と対応した手話の絵がついた，絵本が使用された（英語の単語に対応した手話が絵で単語の下に示されている）。家庭でも有名な物語の Signed English 版が利用された。

教師は，学年度開始後3ヵ月の初めから，組織的な物語の読み聞かせ活動（話す，読む，手話を使う）を行った。9ヵ月間にわたり週5時間，クラス（4名）での本児の友達，教師とのコミュニケーション行動が記録された。

本児は，①絵本の絵，手話の絵に注目，②文脈の中のよく知っている語を読む，

③印刷された手話の本に興味をもつ，④書記英語と印刷された手話を結びつける，⑤独自に書記英語を読む，という発達の順序を示した。

手話が印刷された絵本の利用は，有効であり，絵の手がかりと書記英語の橋渡しを手話の絵が果たしている。手話の絵は，書記英語と対応しているので，書記英語の読みに役立っている。こうした絵本を利用することによって，本児は，読む能力を発達させ，得た知識を友達や教師にしばしば示し，独立した読み手に成長した，と Rottenberg は結論づけている。

3. Wilson と Hyde の研究

オーストラリアの研究ではあるが，グリフィス大学の Wilson と Hyde (1997) は，物語の本の英単語（印刷文字）に対応した手話の形を描いた絵の使用が，聾児の効果的な読みの理解をもたらすかどうかを検証している。このことが，①読みのエラーを減らすことができるか，②子どもの読みのレベル（能力の高低）は，読みの効果に影響するか，を解明しようと意図している[3]。

対象児は，小学校附属の2つの特殊教育ユニットに在学する16児で，スポーツ，美術活動で統合している。年齢は8～13歳で，聴力レベル75dB以上，手話英語能力をもつ。読書年齢は，5～9歳相当である。

彼らは，読書力良好のAグループ（10名で読書年齢7歳3ヵ月～9歳）と読書年齢の劣るBグループ（16名で同じく6歳～7歳2ヵ月）に分けられた。

4つの本（様々な点で同等と評価された）のうち，Aグループに2つの本，Bグループに2つの本が用いられた。各グループの2つの本は，1つは印刷された文字のみの本，もう1つは文字に手話英語の絵を加えた本であった。読解についての6つの質問が，①物語の筋の把握，②文脈での単語の理解，③主旨の理解，詳しい読み取り，④類推，⑤原因・結果の理解，⑥物語の要素の比較・対照，について行われた。

児童は，2つの本についての読みの検査を受ける。児童は，①読解についての6つの質問（物語の筋の把握など）に答える，②読み取った物語を再び物語る（これをビデオテープに撮って分析する）。①については，得点をパーセントに，②については，基本的要点をパーセントにして表した。

主な結果は，次の通りであった。

① 読解の質問では，2つの別の本で，AグループのほうがBグループよりも有意に優れていた。両グループとも手話英語の絵を加えた本の方が，変換しない文字のみの本よりも高成績であった。(表6－1参照)
② 物語を読みとった後に，再び物語る検査でも，前記①と全く同じ結果が示された。(表6－2参照)
③ 読んだ物語を再び物語る際に使われた単語の数では，両グループとも手話英語の本の方が，変換しなかった本の場合よりも増加した。
④ 同じく再び物語る際の意味上のミスキュー（手がかりの誤り）の数では，両グループとも手話英語の本の場合，ミスキューが全くなかった。
⑤ 物語を読んでいる際の単語と手話の置換は，両グループとも手話英語の本では，置換が少なかった。
⑥ 同じく読んでいる際の省略は，手話英語の本の方が変換しない本よりも，有意に減少した。
⑦ 同じく読んでいる際に，全体的に児童らは，手話英語の本を読んでいる時の方が，変換してない本よりも，単語を同定するのにより多くの手話を用いた。
⑧ 指文字の使用については，Bグループの方が，Aグループよりも，2つのタイプの本で有意に多かった。また，両グループとも手話英語の本の方が，指文字の使用が減少した。

結論として，英単語に手話の絵がついた本の使用が，聾児の読みの能力の開発に有効であることがわかった。つまり，知らない印刷文字の単語を，手話の絵を

表6－1　読解の質問での正答率 [3]

児童	変換なしの本 平均	手話英語の本 平均
Aグループ	89.20 %	95.80 %
Bグループ	43.10 %	68.10 %

表6－2　物語を再び物語る作業の得点の% [3]

児童	変換なしの本 平均	手話英語の本 平均
Aグループ	44.4%	66.3%
Bグループ	28.6%	53.9%

たよりに正しく知ることができる（語彙の拡充に有効）。読みの能力が劣った読み手にとって，手話英語の本はより有効であり，健聴の親にとっても役に立つ。とくに，初期の読み指導に有効であると思われる，とWilsonらは述べている。

4．Allmanの研究

　早期の読みの指導においては，音韻意識と発音が重要であると，一貫して読みの研究者によって報告されてきた。聾児の場合，一般に読み書き能力のレベルの低さに比べて，スペリングは優れている，という報告がある。

　Allman（2002）は，聴覚障害児はスペリング（文字のつづり）において，特別な構えをもっているのではないかという仮説のもとに，①幼稚園の聾・難聴児は，早期読み選別検査で健聴児と同じような成績をおさめるのか，②彼らが，幼稚園から小学校1年まで進歩する間にみられる，スペリングでの反応パターンは，どのようなものであるか，を検討している[4]。

　対象児は，聾児が幼稚園の7名（平均6.2歳），難聴児は幼稚園の5名と小学校1年の4名，健聴児は幼稚園の34名である。聾・難聴児ともクラスでトータル・コミュニケーションを使用し，それによってコミュニケーションする。難聴児は，聴能訓練士を利用している。

　この早期読み選別検査は，初歩の読み手の文字に関連した単語知識を調べるもので，「アルファベットの知識」「テキストの単語の概念」「音韻意識」「単語の認知」の下位検査から成る。検査の方法としては，①健聴児は単語を指さし，声を出してそれを読む，②聾児は単語を指示し，手話でそれを表す，③難聴児は単語を指さし，手話とスピーチで同時に表すか，または手話なしで話すことで反応する。

　データの分析は，年4回，12語のスペリング検査で発達をみた。主な結果は，次の通りであった。

① 聾児のグループは，アルファベットの知識で他のグループよりも良い成績を示し，単語の概念，単語の認知で他のグループよりも有意に良い成績を示した。しかし，音韻意識で他のグループよりも有意に劣った。彼らは，ユニークな音韻意識を示した。
② 難聴児グループは，音韻意識で健聴児グループに匹敵する成績を示した。
　また，時間的変化（幼→小1）にみる発達の状況を分析したところ，次のこと

が明らかになった。

① 聾児のグループでは，スペルの置換はランダムではなく，読話，手話の手がかり，知っているスペリング・パターンのような視覚的手がかりを使用している。つまり，聾児はスペリング・パターンの発達で健聴児とは異なっていた。視覚情報によって発達のはじめから終りまで，より系列に従っているようであった。読話では，/p/./b/./m/ の発音が同じに見えるので，読話による音韻の誤りがみられた。

② 健聴児は，はじめは「feet → F」であるが，「feet → FT」のように聴覚情報による発達を示した。健聴児は，初めの6ヵ月は「子音＋母音」のスペリングが84サンプルのうち8と少ないが，後半では84サンプルのうち62と増加した。

③ 聾児の手話の手がかりとしたスペリングの誤りとして，picking のスペリングでFを語の初めにスペルする誤りがあるが，これは picking の手話でFの手を使うことによる，また，picking のスペリングで ing のみを書く子がいたが，これは pick の手話に ing の手話マーカーをつけて表すことによる影響である，などの例がみられた。こうしたことから，文字と手話に明らかな関係がある。つまり，手話の手がかり（キュー）を誤って用いる「ミスキュー」がみられることがある。

④ 聾児のスピーチ明瞭度（教師による5段階評定）と正しいスペリング（最後のスペリング検査の結果）の関係をみると，本研究の結果では，関係がみられなかった。従来，スペリング能力とスピーチ明瞭度の間には，「関係あり」と「関係ない」という異なる結果がみられている。

さて，結論として次の事柄が指摘されている。

① 難聴児は，有意差はなかったが，健聴児よりもアルファベットの知識，単語の概念，単語の認知で成績が良かった。このことから，トータル・コミュニケーションは確かに難聴児にトータルなインプット・システムを提供している可能性がある，と考えられる。

② 聾児は，スペリングでは良くないが，単語の概念・認知では健聴児よりも良かった。つまり，スペリングでは良くないが，より多く単語を読めるということである。

③ 音韻システムと文字システムを結びつけるのは，聾児の場合，読みのプロセスを通してであろう。豊かな読みの経験が，スペリングのルール，意韻意識を内

的化させ，発達させる。指文字は，文字と最も強力に結合している。指文字を手話で表現したり，手話を指文字で表現したりする方法が，文字との結合で有効である。

④ 話しことばと手指の両コードを用いるトータル・コミュニケーションの方法が，音韻意識，スペリングの知識の獲得のために，本研究では用いられた。

5．MayerとAkamatsuの研究

カナダにおける研究ではあるが，MayerとAkamatsu (2000) は，二言語二文化アプローチの多くの主張者は，スピーチや英語ベースの手話による基本的形式で英語に接することなく，第一言語としてASLを確立すれば，英語の読み書き能力は読み書きの手段として達成できると確信していると述べ，これが事実かどうかを検証した研究は，いまだ多くは報告されてこなかった，と指摘する。

最近の聾児の作文研究の動向から，手話の産出と書記言語の関係，および聾児が書く行為を行うときに聾児が用いる「内言」の性質について考察することが重要であると考え，次のような研究を実施している[5]。

二言語二文化プログラムにおいて，ASLと書記英語の役割に加えて，英語ベースの手話の役割があるのではないか。英語ベースの手話は，英語文のモデルとして重要な役割を果たし，高い水準の英語の読み書き能力の発達を促進する上で，内的スピーチの形式の発達のための基礎を，提供するだろう。

研究のねらいは，①いかに聾児が英語で作文する課題に取り組んでいるかに関して，知見を明らかにすること，②2つの手話言語形式（ASLと英語ベースの手話）が，内容の理解を可能にし，また書記文で手話の意味を再構成するプロセスの媒介方法を，究明することにある。

対象は，7～8学年の3名で，うち1名は両親聾者の聾児，2名は両親健聴者の聾児である。3名の在学する聾学校では，ASLと書記英語が用いられている。

両親聾者の聾児は，14歳の男子で，8歳で聾学校に入学した。チェコスロバキア生まれでカナダに来てから，ASLとチェコ手話言語の二言語が可能となった。家庭では，ASLとチェコ手話言語を併用した。両親健聴者の聾児の1人は12歳の女子で，聴覚障害は最重度で，4歳で幼稚部に入学した時に手話言語が導入された。家族は英語使用で，親は彼女にスピーチと英語手話を併用した。もう1人は12歳

の男子で，最重度で幼稚部に入学したとき，すでに流暢に手話を使っていた。

　材料として，2つの寓話について，①ASLでビデオ録画したもの，②手指英語（signed English）の修正形式で録画したものを用いた。手順は，2回のセッションの中で，それぞれ子どもはASL版と手指英語修正版（英語ベースの手話版）のビデオテープを見る。その後，見たことについて，英語で作文を書く。英文を書いているプロセスと2つの手話版の理解の難易についての感想を面接で聞く（作業の難易，ストーリーの理解，教訓の理解など）。

　主な結果は，次の通りであった。

① ASLおよび英語ベースの手話の2つのビデオを見て，英語で作文した結果を分析（得点化）したところ，3名とも十分理解していたことが示された。両親健聴者の女児は，ASL，手指英語とも5点満点で4点台，両親健聴の男児は，ASLで4点，手指英語で3点，両親聾者の男児は，ASLで3点，手指英語で4点であった。

② 寓話に表された陳述（ASLまたは手指英語で表現）を，英作文で表現できた陳述の割合で分析した結果，両親健聴者の女児は，ASLで61％，手指英語で60％，両親健聴者の男子は，ASLで39％，手指英語で42％，両親聾者の男児は，ASLで26％，手指英語で49％であった。

③ 寓話の教訓については，両親健聴者の女児と男児は表現できたが，両親聾者の男児は，この点不明瞭であった。

　次の事項を分析している。

① 寓話の手話テキストの理解は，ASLでも，英語ベースの手話でも，どちらでも可能であった。ASLおよび英語ベースの手話は，認知・概念の発達に有効である。

② 英語ベースの手話は，内的スピーチと作文の橋渡しとして有効な方法である。英語ですでに書くことができる子どもは，英語（スピーチまたは手話）で思考している。

③ 〔語彙と文法の分析〕3名とも動詞の語形変化で多くの誤りを示し，通常，冠詞を省略した。両親健聴者の女児は，ASLで7.5，英語ベースの手話で7.9の語彙・文法の得点を示した。同じく，両親健聴者の男児は，ASLで8.1，英語ベースの手話で7.5であった。両親聾者の男子は，ASLで5.3，英語ベースの手話で4.9の得点であった。彼がASLテキストに基づいて作文したときは，主

な名詞と動詞の省略の誤りがみられたが，一方英語ベースの手話テキストに基づいた作文では，語順の誤りを含んでいた。

④〔特性分析〕3名とも寓話のストーリーの内容を表すのに，十分英語で書けた。両親健聴者の女児と両親聾者の男児は，英語ベースの手話での内容理解（作文表現にみる）が，ASL 版より有効であると思われる。

⑤ 面接では，3名すべて ASL 版，英語ベース手話版とも「殆ど容易」と答えた。つまり，両版とも理解に困難はなかった。

Mayer と Wells（1996）は，ASL から英語への移行は二重の不連続を有すると言う。ASL（第一言語）から口話英語（殆どの聾児は聴覚口話チャンネルへのアクセスができない）への移行は，1つの不連続であり，また ASL（書記形式なし）から書記英語への移行はもう1つの不連続である。

手指英語（第一言語）の場合は，書記英語（第一言語の読み書き能力）への移行が可能で，ASL は第二言語となる（両親健聴の女児と男児の場合）。ASL（第一言語）の場合は，手指英語（第二言語）へ移行し，さらに手指英語から書記英語（第二言語の読み書き能力）へ移行する（両親聾者の男児の場合）。

結論として，Mayer と Akamatsu は，両親健聴者の聾児にとって，英語ベースの手話は，手話で表された英語（第一言語）の発達のために，適切な選択肢であろうと指摘している。

6. Akamatsu らの研究

Akamatsu ら（2000）は，5児の一対一場面の英語能力を検討した。2名の担任教師は，強力な手話コミュニケーション介入プログラムに参加した。このプログラムは，一貫して英語を手話に記号化する能力を向上するために，計画されたものである[6]。

研究の目的は，教師の手話表現の変化（向上）の文脈の中で，子どもの手話表現と英語能力の発達をみることであった。5児は，研究の4年間，すべて参加した。対象児の特徴は表6－3の通りである。

検査として，①「導出言語の文法的分析」（GAEL C 型式）を用いた。冠詞，名詞の複数，動詞の変化など7つの文法的カテゴリーで分析している。教示は手話によって行われた。②スタンフォード学力検査（読解下位検査）を用いた。

表6-3 事例研究の児童の特徴 [6]

名前	研究中の年齢	聴力レベル	両親の聴力状況	両親の子とのコミュニケーション
カーク	7～10歳	80 dB	両親聾者	ASL；健聴の兄弟に話すときはスピーチを伴う英語に似た手話
アン	8～11	100	両親健聴者	英語に似た手話，SEE₂にかなり類似
リン	9～12	85	母親聾者 父親健聴者	ASL；英語に似た手話
リンダ	9～12	90	両親健聴者	音声英語，初歩的手話
エディ	9～12	80	両親聾者	ASL；健聴の兄弟に話すときはスピーチを伴う英語に似た手話

　プロジェクトの4年間の毎年秋に，各児に検査が実施された。この研究対象のクラスは，英語が第一言語である。手話は，修正手指英語（modified signed English）が用いられたが，これは英語ベースの手話表現（English-based Signing）の一種であり，SEE₂などとは違う。つまり，英語の語順で手話を用い，ASLの特徴を含む。

　データは，テスト中のビデオにより，各児のスピーチまたは手話で表された単語，形態素が記録，分析された。

　「導出言語の文法的分析」の検査の主な結果は，次の通りであった。

① カーク：1年目は文法的に劣るカテゴリーが多かったが，4年目にはすべてのカテゴリーで平均以上の成績を示した。

② アン：1年目は全体的の成績で，すべて平均（標準）以下であった。4年目には，著しい進歩を示した。

③ リン：1年目の成績は，平均以下であった。4年目において，全体の成績は改善を示した。

④ リンダ：1年目，2年目は，この検査で成績をおさめることはできなかった。3年目は，平均よりも少し低い得点を示した。4年目は，多少成績が向上した。

⑤ エディ：1年目は，成績をおさめることはできなかった。2年目は，殆どすべてのカテゴリーで，平均か平均以下であった。4年目は，それまでの成績に比べて改善を示した。

　スタンフォード学力検査の結果は，1年目では全員3学年レベルか，それ以下であったが，4年目には，カーク，アン，リンの3名は，相当学年レベルか，それ以上の成績を示した。リンダとエディは，より典型的な聾児にみられる読みのレベ

表6-4 スタンフォード学力検査, 読解下位検査得点 [6]

児童	1年目の年齢	スタンフォード得点	学年相当	4年目の年齢	スタンフォード得点	学年相当	3年間の利得
カーク	7	556	2.5	10	644	6.0	3.5
アン	8	532	2.0	11	677	8.8	6.8
リン	9	579	3.0	12	648	6.0	3.0
リンダ	9	466	1.4	12	568	2.8	1.4
エディ	9	491	1.6	12	589	3.3	1.7

ルを示し続けた。(表6-4参照)

主に、次のような考察がされた。

① 教師は、言語指導とともに、英語ベースの手話表現に力点を置いた。こうした環境で、子どもらは、手話に対する、より自由放任なアプローチでは通常見られない利得を示した。

② 数名の研究者(Hoffmeister, 2000 ほか)は、手話様式の英語の価値について疑問を呈しているが、我々のデータは、Stwart (1993) の示唆と一致している。つまり、「ASLと英語の手指コードに含まれる心理言語的情報は、以前考えられていたよりも、一般に多くのものを有しているようだ」ということである。

③ 本研究の教師の英語ベースの手話表現は、ASLの特徴と広範に結合していた。ASLは家庭で用いられているケースもあるが、クラスの指導の主要な言語ではない。本研究のASLと英語の読み書きに関する見解は、Moores (2001) の結論によって支持されている。つまり、読み書きの発達に影響する要因の相関関係の研究に基づけば「ASLは、英語の読み書きとは相関はない」という結論である。Akamatsu らは結論として、次のように述べている。

アンは、ASLを用いない家庭環境から来ているが、英語で最高の成績を達成した。このことは、手話コミュニケーションを用いる聾児にとって、ASLは英語(手話または文字形式)を獲得するのに"必要"ではないのかもしれないことを、また英語ベースの手話表現は、英語の獲得を妨害せず、多分促進するだろうという主張を、支持している。

7. Nicholas と Geers の研究

聾中央研究所の Nicholas と Geers (2003) は，同時コミュニケーションと口話コミュニケーションの聾児および健聴児の，コミュニケーションと言語の発達について比較研究している[7]。

同時コミュニケーションの子どもは，ピジン手話英語から SEE2 までのインプットを受ける。家庭の第一言語は英語である。母親は，生れつきの ASL 使用者ではない。口話コミュニケーションの子どもは，私立の2校より対象として選ばれた。（表6-5参照）

表6-5 対象児の年齢による区分 [7]

コミュニケーション様式の群	年齢による区分				
	18ヵ月	24～30ヵ月	36～42ヵ月	48～54ヵ月	計
同時コミュニケーション	6	10	14	8	38
口話コミュニケーション	6	11	10	11	38
健聴	12	24	24	24	84

方法としては，1人の親または養育者との遊び場面を，各児30分間ビデオ撮りし，このビデオの間のコミュニケーションを記録した。

分析の項目は，次の通りである。

① すべての意図的コミュニケーション行動を同定し，その頻度を求めた。
② 同上のコミュニケーション行動をコミュニケーション機能のカテゴリーに分類し，その頻度を求めた。
③ 情報的・発見的機能（対応，説明，質問）と非情報的・発見的機能（指示，模倣，繰り返し，注目）を合計し，情報的・発見的機能の割合を算出する。これは，コミュニケーションの成熟を表す指標となる。
④ 言語的な面として，表現された単語の総数，総異語数の合計（異語数：同じ語彙は複数回表現されても1語となる），発話の長さ（発話当たりの平均単語数）が求められた。

なお，同時コミュニケーションの場合，手話は音声の随件にかかわらず，カウントされた。

表6-6 年齢別の口話・同時群の人数と平均数と標準偏差（SD）[7]

評価項目	同時群 18～30ヵ月 16名 平均	SD	同時群 36～54ヵ月 22名 平均	SD	口話群 18～30ヵ月 17名 平均	SD	口話群 36～54ヵ月 22名 平均	SD
意図的コミュニケーション行為	41.56	35.71	121.00	75.25	36.76	35.68	131.67	70.79
情報的・発見的機能の割合	0.23	0.20	0.46	0.17	0.04	0.12	0.34	0.21
異語数	13.88	17.55	45.50	29.08	2.65	5.87	38.90	3.96
発話当りの単語数	0.99	0.44	1.25	0.18	0.31	0.50	1.33	0.36
話された単語の合計	3.56	5.19	23.09	33.03	5.47	14.10	117.88	207.75
話された異語数	2.62	3.59	12.91	17.38	1.94	4.29	38.67	44.00

主な結果は，次の通りであった。ここでは，健聴幼児との比較は省略した。（表6-6参照）

① 早期の言語・コミュニケーション行動に及ぼすインプット様式の効果について，年少児グループ（18～30ヵ月）と年長児グループ（36～54ヵ月）に分けて検討した。

② 意図的コミュニケーション行為は，同時群も口話群も，年長児グループの方が年少児グループより多くのコミュニケーション行為を表現した。

③ 情報的・発見的機能の割合は，両群とも年長児グループの方が年少児グループより，より成熟したコミュニケーション機能を示した（割合が高い）。同時群の方が，成熟したコミュニケーション機能をより有意に多く使用したことが示された。とくに，年少児グループでこの優位が顕著であった。

④ 総異語数は，年長グループの方が，年少グループよりも，より広範な語彙を有した。しかし，同時群と口話群の間に差はなかった。

⑤ 発話の長さの点では，同時群は，口話群に比べて，年少児グループと年長児グループの間の差はより少なかった。これは，同時群は，口話群の子どもが話しことばを使い始めるよりも前に，手話単語をすぐに使い始めるという事実を基本的に示すものである。また，同時群の子どもは，年少児グループで，口話群の子どもよりも，発話当たりの単語数が多かった（つまり，発話が長かった）。

⑥ 話しことば（スピーチの単語）の総数について，一度以上話された単語を含む，すべての話された単語の総数を集計したところ，独占的な口話言語インプットの効果は，この点に関してみられなかった。その理由は，第一に口話群内で，

非常に大きな変動があったからだと考えられた。
⑦ スピーチを用いた異語数は，口話群の子どもは，同時群の子どもよりも，より急速に発達することが示された。とくに年長児グループで，口話群の子どもはより広範な話しことばを，有意に使用した。
⑧ 子どものコミュニケーションの発達と親の手話能力の関係では，次のことが明らかになった。親の手話使用の異語数は，
  a. 子どものコミュニケーション機能の成熟と相関があった。
  b. 子どもの発話数と相関があった。
  c. 子どもの異語数と相関があった。
 同じく，親の手話を含む発話数は，
  a. 子どものコミュニケーション機能の成熟と相関があった。
  b. 子どもの意図的コミュニケーション行為と相関があった。
  c. 子どもの異語数と相関があった。

多くの親の手話の語彙がより広範で，頻繁に手話語を用いれば用いるほど，子どもの手話語彙の使用は多くなることが明らかになった。

口話群の子の親によって用いられた，スピーチの異語数は，口話群の子どものコミュニケーション機能，語彙，発達速度，発話の長さとは，有意な相関がみられなかった。

以上の結果から，次のような考察が行われた。
① 同時コミュニケーションと口話コミュニケーションの両教育プログラムからの子どもの間に，全体のコミュニケーション行動の頻度，使用された異語数，スピーチされた単語の頻度数で違いはなかった。
② 18～30ヵ月の子どもより,36～54ヵ月の子どもの方が成績が良かった。こうしたことから，両アプローチは，聾児のコミュニケーション発達を促進する上で効果的であるように思える。しかし，健聴児と比べると，どちらのアプローチも，聾児両群のコミュニケーション発達に及ぼす，重度，最重度の聴覚障害の影響を，改善する上では役立っていない。
③ 同時コミュニケーションの受容の優位性は，情報的・発見的コミュニケーション機能が，最も年少児グループでより多くみられ，また発話の長さで評価された単語が，早期に用いられた。手話の使用は，効果的コミュニケーション・シ

ステムへのより早期のアクセスを促進しているように思える。しかし，この優位性は，口話を強調するプログラムの子どもが，コミュニケーションの言語的手段を獲得するにつれ，年齢とともに消滅してしまった。

8. Stewart らの研究

1）研究の意図

トータル・コミュニケーションの発展の中で，教師の手指コード英語の表現能力が問題となってきた。Stewart ら（1995）は，従来の状況を概観しつつ，教師の手指コード英語の能力を高めるための援助について，4年間の実践研究を，次のように報告している[8]。

殆どの聾・難聴児の教師による手話コミュニケーションの一貫しない使用，教育的場面において ASL のさらなる使用への要求，従来の手指コード英語（MCE）システムに向けられた批判，などをみたとき，クラスでの手話コミュニケーションについて言われる状況は，努力して取り組まねばならない事柄である。

従来のクラスへの MCE システムの組み入れについての歴史的概観は，その効果的使用に対してもたらされる，ある基本的な懸念を明らかにしている。手短かに言えば，MCE はたいていは，ASL の言語的原理（例：動詞の方向性）を考慮していない。そして，大部分の教師は，MCE を熟達して使用するための訓練を受けてこなかった。なぜならば，殆どの大学の養成プログラムは，1～3の手話コースを提供しているにすぎない。最後に，学校は教室での手話使用を統制する効果的方針を実施してこなかった。

こうした批判に伴って，ASL の教育的価値についてのコンセンサスが増大してきた。研究者によって，視覚・空間様式の中で MCE は，ASL のような手話言語と共通するものを多くもっているであろう，と指摘されている。さらに，英語の手話表現が英語の発達を妨害するよりも，むしろ好影響を与えるという証拠を見出すことができる。教師がクラスで英語を手話で表現できるようにするという目標は，理にかなったことである。

2）研究の方針

本研究は，教師が英語ベースの手話表現において，より完全に，より一貫した表現ができるように援助を行ってきた，4年間の研究を報告するものである。

実践的な手指コミュニケーション方針の開発が，最初のステップであった。対象となった学校区の教師は，MCE の指導での使用に焦点を置くが，それでも ASL の使用を許容するという方針を望んだ。彼らは，ASL の語彙と Singed English と SEE2 からの接辞マーカーをもつ言語的特徴を併用することを選んだ。
　そして，次の言語・コミュニケーションの方針が設定された。
① 英語は，クラス指導の基本的言語である。
② 手話とスピーチの同時表現は，児童の英語理解を促進するだろう。
③ 視覚・空間的手段で英語をコード化することは，ASL の語彙，ASL の言語的特徴に依存するが，表された情報が，文法的に正しい英語を伝達するのに十分であり，児童に理解可能であることを，確実にする。
④ ASL は，児童の指導での理解を援助するため，また児童の聾社会との言語的参加を促進するための介入手段として使われる。
⑤ 指導内容が，ASL の言語的側面，聾社会の文化的側面，または児童の ASL 表現に関係するとき，教師は好む言語として ASL の使用を選択肢としてもつだろう。
⑥ 指導が ASL を単位コース（いくかの州の学校は，ASL コースを外国語単位として認めて提供する）または非単位コースとして教えることに関係するとき，ASL が使われるであろう。
⑦ 指導および教科外のサポートを提供する聾・難聴成人は，ASL 使用の選択肢をもつだろう。
⑧ 教師は，すべてのクラスを通して，2つの言語の一貫した言語受容を提供するため，英語と ASL の正しい使用をモデルとするだろう。
⑨ ピジン手話は，聾・難聴児の指導で正式な役割をもたないだろう。しかし，ある通訳，会話場面でピジン手話は，コミュニケーションを促進するために使用するのが，実際的であることが認められている。
⑩ ところが，上記の目標は，初等部（幼稚部～8学年）と中等部（9～12学年）のすべての教師を，コミュニケーション要求の異なるセットに直面させるだろう。それは，児童の言語能力とカリキュラム・ガイドラインの複雑な構成から生じるもので，このことは，性質の異なる一連の内容の指導を要求している。
　4年間の研究は，教師の手話コミュニケーション行動についての上記の方針の，実施の効果を検証したものである。

3）研究の実際

プロジェクトの中西部学校区は，小学校，中学校，高校レベルの3つのセンター・プログラムに7名の健聴教師（聾・難聴児指導）を有する。転職などのため，最終的に2名の教師がプロジェクトの対象となった。

プロジェクトの主目的は，上述の言語的一貫性の目標を実践する上で，必要なスキルを教師が習得するのを援助することである。教師は英語に合わせて手話し，英語での言語的一貫性に焦点を置く。ASL は，児童とのコミュニケーションを促進するための手段として使われる。

現在のプロジェクトのために作られた，手話コミュニケーション発達モデルの基本原理は，次の3つである（図6-1参照）。

① 教師は自らの言語能力について，メタ言語的に気づいている必要がある（言語に伴う表情，身ぶりなどの諸特徴）。
② 教師は，特定の考えを表現する点で，どんな選択肢があるか，知らねばならない。
③ 教師は，なぜ自分がほかのではなく，ある手話の方法を選んだのか知らねばならない。

〔知識について〕

利用されている様々なタイプの手話システムの違いと，それぞれがクラスの中で果たす役割について，教師は確実な知識をもつべきである。教師は，プロジェクトの指導者と英語手話システム（SEE2 など）と聾社会で一般に使われている英語手話表現（English Signing）の相違点と類似点について討論をする。ASL の特徴を協調させる効果についても討論する。この知識獲得期間は，プロジェクトのうち，まず最初の4ヵ月間続く。

〔スキルについて〕

教師が英語の手話と ASL のスキルを発達させ，そのスキルをクラスに適用することに焦点がある。1年目の半ばに手話についての指導が始まり，3年目の終りま

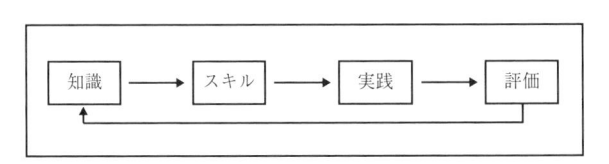

知識 → スキル → 実践 → 評価

図6-1　手話コミュニケーションの発達モデル[8]

で続く。手話能力の向上を教師が認めることが，クラスで英語とASLの手話表現スキルを用いようと，教師を動機づける上で重要な役割を果たす。

全体的目標は，英語を手話で完全に，一貫して記号化することである。ASLは，クラスで用いる前に，たとえば物語の本のASLでの読み書かせは，教師がそれを前もって練習することができるので最適である。このプロジェクトでは，教師はもしそれが，児童が指導を理解する上で役立つと確信するなら，英語からASLへスウィチすることが勧められる。ASLで介入したあと，教師はまた英語にスウィチバックする。

〔実践について〕

2名の現職指導者チーム（聾者と健聴者）が，2年目，3年目の間，各教師を週1回指導した。チーム・ティーチングの経験から得られたフィードバックが，現職の訓練のための教示を提供してくれた。

〔評価について〕

毎年教師は，1～2時間ビデオ撮りされた。ビデオテープは，教師に報告するために記述化された。チェックリストが，手話された英語，ASLのスキルについての情報を得るために用意された。教師の目標とする行動の試みの成功，不成功が観察された。評価の重要な部分は，児童の反応である。児童は，教師が英語を手話で表しているとき，もっとゆっくり行ってほしいとか，正しく英語を表してほしいとか求める。非公式な評価が，多くの面接，討論（教師とプロジェクトの職員の間）から得られた。

〔研究の実施〕

研究は，教師Aと教師Bを対象に行われた。教師Aは，同時コミュニケーションで訓練を受け，ASLと手話語彙のいくつかのコースを受けている。プロジェクト開始時，8年間のこの教育の経験があり，うち6年間はトータル・コミュニケーション・アプローチで教えた。4学年，5学年に続き，幼稚園で2年間教えた。

教師Bは，開始時14年間のトータル・コミュニケーション・プログラムで教えた経験をもつ。ASLと手話語彙のクラスを受講していいたが，ASLの有能な使用者ではなかった。小学校レベルで教えた。

方法としては，4年間のプロジェクトの各年で，教師のコミュニケーション行動と児童の言語，教科の成績についてデータが集められた。

1年目は，両者ともクラス活動を2時間単位でビデオ撮りされた。1年目の後半，教師の手話行動を修正するために毎週3時間の現職研修を実施した（英語のより完全な手話による記号化とASLの特徴との協調）。

2年目は，現職研修が3名の成人聾者と1名の健聴の指導者によって行われた。各教師の1時間のビデオテープが，コミュニケーション行動の分析に使われた。

3年目は，2年目の活動が継続された。

4年目は，教師への介入は全くなし。学年度の中間で指導を1時間ビデオ撮りした。ビデオテープは記述化され，明瞭な発話と手話の手の形，方向性，位置，動きの要素が記述された。

4）研究の結果

主な結果は，次の通りであった。

ASLは教師によって使われなかったので，分析されなかった。

① 両教師は，プロジェクトの間，英語の完全な手話による記号化を提供する上で，良好な進歩を示した。

表6－7は，4年間のスピーチの形態素に対して手話の形態素を使用した割合を示したもので，4年目でA教師は98.9％，B教師は89.7％に上昇している。

表6－8は，4年間の「手話とスピーチの完全な発話」および「形態素1つが省略された完全な発話」をまとめたものである。4年目には，A教師は98.7％，B教師は92.0％に上昇した。

② 英語の文法的形式の特別なカテゴリーを手話に記号化する能力の分析では，A教師は，手話マーカー（－ment，－ingなど），代名詞，to be動詞，冠詞ですべて良好な成績を示し，B教師では，to be動詞，冠詞で進歩がやや少なかったが，他のマーカーでは同様に良好な成績を示した。マーカーを英語に対応して使用する割合は，A教師は，1年目28.3％，4年目95.4％，B教師は同じく28.6％から70.0％へと上昇した。

5）考察

次のような考察が行われた。

本プロジェクトの教師への介入方略は，有効であることがデータから示された。Maxwell（1990）は，両様式（音声と手話）での表現は，心理言語学的に処理の制約が生じるかもしれないと指摘している。しかし，本研究では両教師ともこうし

表6-7　4年間にわたるスピーチに対する手話の形態素の比率のまとめ [8]

	手話された形態素	話された形態素	スピーチに対する手話の比率
1年目			
教師A	3,015	5,040	59.8%
教師B	3,406	5,143	66.2%
2年目			
教師A	2,461	2,734	90.0%
教師B	2,932	3,999	73.3%
3年目			
教師A	1,241	1,348	92.1%
教師B	1,320	1,646	80.2%
4年目			
教師A	1,662	1,681	98.9%
教師B	2,338	2,610	89.7%

表6-8　4年間の手話とスピーチの完全な発話及び1形態素が省略された完全な発話のまとめ [8]

	手話された発話	スピーチの発話	スピーチに対する手話発話の比率
1年目			
教師A	79	371	21.3%
教師B	183	488	37.5%
2年目			
教師A	194	266	72.9%
教師B	253	408	62.0%
3年目			
教師A	122	137	89.1%
教師B	115	170	67.6%
4年目			
教師A	151	153	98.7%
教師B	287	312	92.0%

た制約を受けていないように思われる。クラスでの基本的言語は，英語であり，手話を伴う手指英語（signed English）である。児童が教師の英語の手話表現の文法性について，誤りを指摘することがあった。

　本プロジェクトのMCE（手指コード英語）は，Signing Exact English（SEE2）や他のMCEシステムとは異なる。SEE2の方が，本プロジェクトの手指英語よりも，英語をより完全に代表している。手指英語方式（SEE2など）と英語ベースの手話表現のどちらが良いかは，本研究からは答えられない。英語の文法だけでなく，手話で表された発話の意味にアクセスする実際的手段として，またコミュニケーションする実際的手段として，本研究のデータは，合理的で望ましい期待をもたらす。

9. 要約

トータル・コミュニケーションに関係するコミュニケーション・言語についての研究をみてきた。その研究の内容は，多岐にわたっている。

（1） Calderon らの研究は，親子の早期介入の効果に及ぼす要因について明らかにしたものである。トータル・コミュニケーションと聴能スピーチ訓練を行っている「幼児家庭教育」を修了した子ども（生後42〜87ヵ月）の追跡調査をしている。

修了後の現在の教育プログラムは，聾学校と固定学級が圧倒的に多かった。これらのプログラムでのコミュニケーション様式は，ピジン手話英語と SEE2 が，同じく圧倒的に多かった。母親，教師，子ども間のコミュニケーションは，「手話とスピーチを同等に」使用することが多く，3者のコミュニケーション様式の大きなミスマッチは稀であった。こうしたことから，修了生の大多数が，トータル・コミュニケーションを強調している，特別な聾教育プログラムに在学していることが確認され，早期介入の結果，こうしたプログラムの選択を行ったことが明らかになった。

（2） Rottenberg は，両親とも Signed English を用いた男子の事例（4歳半より研究開始）の読みの発達について研究している。聾学校のトータル・コミュニケーション・クラスに3歳7ヵ月で入学したが，学校では手話の絵のついた絵本を用いて読みの指導をした。

教師は，クラスに対して組織的な物語の読み聞かせ活動を行った。本児は，読みの発達の順序を示しながら，読む能力を発達させた。とくに，手話の絵のついた絵本の利用が有効であった。

（3） Wilson らは，手話の絵を英単語につけた絵本の使用が，聾児に効果的な読みの理解をもたらすかどうかを検証している。統合状況にある，8〜13歳の16児を対象に，読書力良好の A グループと読書力の劣る B グループに，絵つきの絵本と無変換の絵本を用いて，読解についての質問と再び物語る検査を実施し，成績を比較した。

上記の2つの成績で，A グループの方が，B グループよりも，どちらの絵本でも有意に優れていた。また両グループとも，手話の絵がついた絵本の方が，無変換の絵本よりも高成績であった。こうした結果から，英単語に手話の絵がついた

本の使用が，聾児の読みの能力の開発に有効であると結論づけている。そして，手話の印刷された本が利用でき，これらの本を読む時間と機会をもつようにすべきである，と提言している。

（4）Allmanは，聾・難聴児の早期の読みにおけるスペリングの成績と発達に伴って，スペリングの反応パターンに変化がみられるか，解明している。聾・難聴児ともにトータル・コミュニケーションを使用しており，難聴児は，聴能訓練士を利用している。

聾児のグループは，アルファベットの知識で，他のグループ（難聴グループと健聴グループ）よりも良い成績を示し，単語の概念，単語の認知で他のグループよりも有意に良い成績を示した。しかし，音韻意識で他のグループよりも，有意に劣っていた。

難聴グループは，音韻意識で健聴児に匹敵する成績を示した。また，時間的変化によるスペリング（文字のつづり）の発達では，聾児は読話，手話の手がかり，知っているスペリング・パターンのような視覚的手がかりを，スペリングに用いていることが明らかにされた。

音韻システムと文字システムを結びつけるのは，聾児の場合読みのプロセスを通してであり，豊かな読みの経験が，スペリングのルール，音韻意識を内的化させ，発達させると考えられた。また，指文字と手話の変換は，文字との統合に有効であると提言された。なお，聾児のスピーチ明瞭度と正しいスペリングの関係をみると，本研究の結果では，関係がみられなかった。

（5）Mayerらは，7～8学年の3名について，ASLと英語ベースの手話の作文における有効性について検証している。方法として，2つの寓話について，ASLでビデオ録画したもの，英語ベースの手話で録画したものを，各児に見せ，見たことについて英語で作文を書かせた。また，2つの手話版のビデオについての理解の難易度について，感想を面接で聞いた。

その結果は，①2つの手話版のビデオを見て，作文した結果を分析したところ，3名とも十分理解していたことが示された。うち2名は，英語ベース版での内容理解が，ASL版より有効であると思われた。ASLおよび英語ベースの手話は，認知，概念の発達を促進する。②英語ベースの手話は，内的スピーチと作文の橋渡しとして有効な方法である。英語ですでに書くことができる子は，英語（スピー

チまたは手話）で思考している。

　結論として，両親健聴者の聾児にとって，英語ベースの手話は，手話で表された英語（第一言語）の発達のための，適切な選択肢であろう，と結論づけている。

（6）Akamatsuらは，強力な手話コミュニケーションの訓練を受けた，2名の教師が受けもつクラスの5児について，英語能力の進歩を検討した。

　研究は，4年間にわたり，クラスの指導は，修正手指英語（英語ベースの手話の一種）で行われ，第一言語は英語である。4年間の子どもの進歩は，2つの言語・読解検査によって評価された。その結果，5名とも4年間に進歩がみられた。とくに5名のうち3名の進歩は，著しいものがあった。

　教師の英語ベースの手話に力点を置いた指導が，児童に通常以上の英語能力の向上をもたらし，また，研究データによって，手指様式の英語の価値が検証されたと，考察している。

　結論として，①ASLは英語の読み書きとは相関はない，②手話コミュニケーションを用いる聾児にとって，ASLは英語を獲得するのに"必要"ではないようだ，③英語ベースの手話は，英語の獲得を妨害しないし，多分促進するだろう，と述べている。

（7）Nicholasらは，同時コミュニケーション児と口話コミュニケーション児および健聴児の，コミュニケーション行動と言語について，比較研究している。同時コミュニケーションでは，ピジン手話英語からSEE2までの幅のあるインプットを受けている。親との遊び場面をビデオ撮りし，コミュニケーション行動の機能について分析した。言語面については，単語や発話について分析した。

　その結果，同時コミュニケーション群のほうが，口話コミュニケーション群よりも，より成熟したコミュニケーション機能を有意に多く使用した。発話の長さでは，年少児グループで同時群の方が，口話群よりも発話当たりの単語数が多かった（つまり発話が長かった）。これは，同時群は口話群が話しことばを使い始めるよりも早く，手話単語を使い始めるという事実を示すものと解釈された。

　一方，口話群の子どもは，同時群の子どもよりもスピーチを用いた異語数が，急速に発達することが示された。また，同時群の親の手話使用が多ければ多いほど，子どものコミュニケーションの発達と言語の発達が，ある点で進んでいることが示された。口話群の親の場合は，こうした関係はみられなかった。

　口話群の子どもは，私立の2つの学校，いわゆる選抜校の子どもたちであるこ

とを考えると，この結果について，Nicholas らが手話使用は，効果的コミュニケーション・システムへのより早期のアクセスを促進しているように思える，と考察していることは，極めて重要である。

（8）Stwart は，トータル・コミュニケーションにおける教師の MCE（手指コード英語）のスキルの向上を図って，教師を援助した4年間の実践報告を行っている。対象となったのは，最終的に2名の健聴教師であった。

手話コミュニケーションの発達モデルに従って，4年間英語を記号化する手話行動の向上を図って，現職研修，面接，討論などが行われた。その結果，両教師とも英語の手話表現（形態素レベルでの対応）において，良好な進歩を示した。手指コード英語システムは，聾児の英語（第一言語）の能力を促進する上で，適切な方略であると考察された。

第2節 家族の心理的問題に関する研究

次に，手話コミュニケーションについての家族の心理的問題に関する研究をみてみたい。

1. Mapp と Hudson の研究

Mapp と Hudson（1997）は，聾・難聴児をもつ家庭のストレスとそれを克服する対応について研究を行っている[9]。6つの仮説の1つとして「高いコミュニケーション能力をもつ親は，制約されたコミュニケーション能力しかもたない親よりも，ストレスのレベルが低いであろう」という仮説を設定している。

対象は，私立の聾・難聴児学校の138児の両親または養育者で，うち98名（71％）から質問紙の回答があった。98名の平均年齢は37.32歳であった。また，ヒスパニック系，アフリカ系が87％を占めていた。ストレスに関して「ストレスについての質問紙」と「ストレス克服の方法についての質問紙」が実施された。

両親の手話スキルについては，次のようであった。
① 4％が流暢に手話ができる。
② 21％が上手に手話ができる。
③ 18％が十分に手話ができる。
④ 50％がとても上手に手話することはできない。

⑤ 6％が全く手話はできない。
子どもの手話のコミュニケーション・スキルについては，次のようであった。
① 29％が流暢に手話ができる。
② 40％が上手に手話ができる。
③ 16％が十分に手話ができる。
④ 15％がとても上手に手話することはできない。
また，子どもの読話スキルについては，次のとおりであった。
① 7％が流暢に読話ができる。
② 21％が上手に読話ができる。
③ 20％が十分に読話ができる。
④ 43％が上手に読話することができない。
⑤ 7％が全く読話ができない。

親のストレスとの関係では，「流暢に手話ができる，または上手に手話ができる子ども」をもつ親は，「手話が上手にできない，または手話ができない子ども」をもつ親よりも，ストレスのレベルはより低かった。

子どもと親のコミュニケーション能力が，親のストレスに関係することが確認された。また，子どもの手話によるコミュニケーション能力が，有意に両親または養育者の経験するストレス・レベルに，関係することが見出された。子どもの読話能力は，親のストレスとは関係がなかった。

Mapp らは，結論として，こうした結果にもかかわらず，これらのストレスが親子関係に永久的なダメージをもたらすとは結論づけられない，と述べている。

2. Desselle の研究

他の人々と同じく，自尊心（self-esteem）は聾者の社会に貢献する能力を形成する上で，重要な役割を果たす。家庭内で聾児とのコミュニケーションが成立することによって，その子は家族に受容されていると感じる。

Desselle（1994）の調査研究は，家族のコミュニケーション・パターンが，聾児の自尊心にもたらす効果を検討することである。この研究は重要である，なぜならばそれはトータル・コミュニケーションの使用の増加への必要性を示唆しているからである[10]。

殆どのケースで研究対象である親は，手話言語を知らなかったし，健聴の親と聾児の間に生じるコミュニケーションは，きわめて少なかった。聾の子どものコミュニケーション能力が低いことにより，親は子どもとコミュニケーションできず，フラストレーションを感じる。そして，子どもは，フラストレーションを内化させる。

親が手話言語を禁止し，健聴児のように機能することを学べと強制すれば，子どもの自尊心は負の影響を受ける。親が利用できるすべての手段（手話言語，指文字，読話，補聴器など）で子どもとコミュニケーションする努力をすれば，子どもの自尊心は積極的な影響を受けるであろう。

以上のことから，研究の課題と仮説が設定された。

① 家族のコミュニケーション方法と聾児の自尊心のレベルとの間に，関連があるか（トータル・コミュニケーションを使う親の子どもは，口話のみのコミュニケーションを使う親の子どもよりも，自尊心の得点がより高いであろう）。

② 自尊心と聾児の学業成績のレベルとの間に，関連があるかどうか（学業成績が高い子は，改訂自尊心検査で高得点をうるであろう）。

南部の寄宿制聾学校の13～19歳の53名が対象となった。対象生徒は，言語獲得前の重度，最重度の聾であり，トータル・コミュニケーションを使用している。クーパースミス自尊心検査を聾生徒用に改訂して使用した（社会的自己，学業，友達，家族・両親の4つの下位検査項目から成る）。また，対象生徒用コミュニケーション質問紙（多肢選択法）で，生徒は自分のコミュニケーション方法について回答する。

主な結果は，次の通りであった。

親は，子どもの好むコミュニケーション方法についてチェックした。①スピーチ，②スピーチと指文字，③スピーチと指文字と手話（トータル・コミュニケーション），④指文字と手話，⑤手話，の5項目である。また，手話言語スキルについて，親の自己報告（5段階評定）を求めた。1～3は手話スキルが低い，4～5は手話スキルが高いと分類された。

① 分析の結果，家庭のコミュニケーション方法と聾児の自尊心の間に，正の有意な相関がみられた。トータル・コミュニケーションを使う家庭は，コミュニケーションに口話のみを用いる家庭よりも，その子どもの自尊心が高得点であった。

手話スキルの高い家庭の子の自尊心の得点平均は，31.63点（50点満点）で，手話スキルの低い家庭の子の自尊心の平均は27.97点で，有意差があった。
② 子どもの読みのレベルは，学校のスタンフォード学力検査の下位項目「読み」の記録から3段階に分けられた。つまり，「低い」(1.4～1.9学年相当)，「中位」(2.0～3.9学年相当)，「高い」(4.0～12.0学年相当) により分類した。読みのレベルの低い者の自尊心の平均点は26.89点，同じく中位の者の平均点は27.54点，同じく高い者の平均点は32.28点であった。3グループ間のすべてに有意差があった。つまり，読みのレベルが高くなればなるほど，ますます自尊心も高得点となることを示している。

以上を要約して，次のように述べている。

① 子どもの自尊心は，親のコミュニケーション方法の影響を受けることが明らかになった。とくに，親の手話言語の高いスキルは，子どもの自尊心に正の影響を及ぼすことが示された。より早く，親が手話言語の使用を始めれば，聾児が言語とコミュニケーションの概念を把握することが，より早く生じるであろう。子どもが家庭の受容を感じることが，自尊心の促進をもたらす。

② 聾児の読みの能力とASLの能力は，積極的な自尊心の発達と，主流の文化への適応の重要な要因となる。聾児が主流の文化，聾の文化の両方に適応するための準備において，親は，果たすべき重要な部分をもつ。手話言語は，聾の文化の重要な特徴の1つである。ASLは，聾文化のメンバーの間の連携を創り出す。

3. KluwinとGaustadの研究

KluwinとGaustad (1994) は，地域の150の公立高校に在学する325名の青年の家族について，家族が用いているコミュニケーション様式と家族の「連帯（結びつき）」との関係について研究を行っている[11]。家族の連帯は，家族内のストレスや葛藤の解決，問題解決の決断，感情的適応などにおいて重要な役割を果たす。コミュニケーションは，この家族の連帯にとって重要な要素である。

対象生徒は，325名で平均聴力レベルは87dB，言語獲得前に失聴した者が89.8%であった。方法としては，生徒の個人データを学校の記録などから収集した（生年月日，性別など）。一方，家族のデータ（結婚，教育レベル，職業など）と「家族適応と連帯評価スケール」(20項目の質問紙に対して回答する) を家族に依頼し

た。親の 40％が，この質問紙に回答した。

コミュニケーションに関係する結果は，次のようであった。
① 家族の連帯の予測因子としては，コミュニケーション様式が最も強力であった。この関係は，手話をする母親は，スピーチや他のコミュニケーション手段を用いる母親よりも，より高い家族の連帯を有する傾向がみられた。
② 手話をより多く用いる母親は，その子どもの聴力損失がより重度で，子どものスピーチ・スキルが比較的劣っているが，良好な手話スキルをもっている（子どもの自己報告）ことがわかった。

以上のことから，次のように考察された。

手話コミュニケーションを用いる家族は，スピーチのみ，または他のコミュニケーション様式に依存する家族よりも，より連携が強いと言える。聴力損失が最重度の場合は，親子のコミュニケーションの選択肢を狭めるが，家族内の機能的なコミュニケーションの存在は，家族の連帯の促進に積極的な役割を果たす。相互に流暢なコミュニケーション様式の使用は，家族メンバーの間に，明確な，支持的，積極的相互作用をもたらす。

4. 要約

手話コミュニケーションが，家族の心理的問題に及ぼす効果について，いくつかの研究がみられた。

（1） 家族のストレスを克服する上で，親のコミュニケーション能力（手話能力）の高低がどのような影響を及ぼすか，Mapp らが研究している。対象は，私立の聾・難聴児学校の親・養育者 98 名であった。結果として，「流暢に手話ができる，または上手に手話ができる子」をもつ親は，「手話が上手にできない，または手話ができない子」をもつ親よりも，ストレスのレベルがより低かった。子どもの読話能力は，親のストレスとは関係がなかった。

（2） Desselle は，家族のコミュニケーション・パターンが，聾児の自尊心に及ぼす効果について検証している。南部の寄宿制聾学校の 13 〜 19 歳の 53 名が対象となった。対象児は，トータル・コミュニケーションを使用している。結果として，トータル・コミュニケーションを使う家庭は，コミュニケーションに口話のみを使う家庭よりも，その子どもの自尊心が高得点であった。親の手話言語の高いス

キルは，子どもの自尊心に正の影響を及ぼすことが示された。また，子どもの読みのレベルが高くなるほど，自尊心も高くなることがわかった。

（3）Kluwin は，地域の公立高校に在学する 325 名の家族を対象に，コミュニケーション様式と家族の連帯（結びつき）との関係について研究している。家族の連帯は，家族のストレスや葛藤の解決などに重要な役割を果たす。結果は，手話を使う母親は，スピーチや他のコミュニケーション手段を用いる母親よりも，より高い家族の連帯を有する傾向がみられた。

こうした点から，家族内の機能的なコミュニケーションの存在は，家族の連帯の促進に積極的な役割を果たす。相互に流暢なコミュニケーション様式の使用は，家族メンバーの間に，明確な，支持的，積極的相互作用をもたらすと考察された。

第3節　総括

最近のトータル・コミュニケーションの実践，研究について総括し，今後の問題について考察したい。

1. トータル・コミュニケーションの成果

1970 年代以降トータル・コミュニケーション（方法的には手話とスピーチの同時使用）に関する実践，事例，研究について多くの報告がなされてきた。手指英語方式（SEE2, Signed English など）や英語ベースの手話表現を用いた実践，研究等については，第 2 章および本章で検討を行ったが，その結果は全般的に肯定的なものが多くみられた，と言えよう。

コミュニケーション，言語発達，読み書き能力，学力，親子関係，心理的適応，社会性などで，それまでにない成果が示されてきた。とくに，それまでの聴覚口話法によって制約されてきたコミュニケーションが，トータル・コミュニケーションの導入，発展によって，自由な，意味ある，容易なコミュニケーションが成立可能となった意義は極めて大きい。

このことが，現在までトータル・コミュニケーションが存続してきた理由の 1 つ，と言えるだろう。近年そのコミュニケーション方法としての普及率は，次第に減少してきたのも事実である。ASL の使用，二言語教育の進展がその原因と考

えられる。とはいえ，前述のように，トータル・コミュニケーションは，依然実践の場において中心的な役割を果たしていることが明らかとなった。

つまり，聾学校，地域プログラムの全体をみると，トータル・コミュニケーションの使用が30%強を占め，ASLの20%強，二言語教育の10%強よりも優位に立っている。また，手指関係の併用について分析した結果，トータル・コミュニケーションが軸となって，ASL，二言語教育との組み合せをもたらしていることが明らかになった。

一方，聴覚口話と手指の併用についての分析でも，トータル・コミュニケーションが軸となって，口話と手指の使用を結びつけていることがわかった。これらのことは，現在でも，トータル・コミュニケーションの役割が，極めて重要であることを示している。

さて，トータル・コミュニケーションの30年以上の実績にもかかわらず，依然聾児の読み書き能力は目覚しい進歩を示していないことから，トータル・コミュニケーションの実践について，疑問視する意見もある。読み書き能力の到達度については，トータル・コミュニケーションに限らず，ASL，二言語使用，聴覚口話など他の方法においても，同じことが言える。

二言語教育におけるASL（第一言語）から読み書き（第二言語）への移行に比べれば，トータル・コミュニケーションの手指英語方式では，第一言語は英語であり，手話とスピーチの同時使用から読み書きへの移行は，より理にかなっているということが，トータル・コミュニケーション支持者から主張されてきた（一言語二様式）。

しかし，Akamatsuら（2000）は，クラスでの手話表現の形式が，いかに英語能力に影響を及ぼすかは，未だ疑問のまま残されている。たとえば，子どもは英語の手話形式を理解できるという単なる理由で，子どもは英語の文字形式の読み書きスキルへ移行が可能であるということが，今まで明らかにされてこなかった，と述べている[12]。

最近，ASLの早期使用が成立した後，手指英語または英語ベースの手話表現を橋渡しとして，英語の読み書き能力の向上を図るという二言語教育の代替案が提起されている[13]。今後の課題であろう。

2. トータル・コミュニケーションの方法上の特徴

　トータル・コミュニケーションの方法は，発達の早期からの手話とスピーチの同時使用に特徴があり，手指方式としては，手指英語方式が採用されてきた。これらの手指英語は，manual English, signed English, manually coded English と称されている。当初は，英語を厳密に手話で表すことが強調されたため，こうした手指英語方式（SEE2, Signed English など）が採用された。

　教師のスピーチと手話の一致，対応については十分でないという見解もあるが，第2章と本章でみたように，教師の精力的な研修や熱意によって一致度が，かなり高まるという報告がある。また，たとえ英語に対応した手話が省略されても，それがメッセージの伝達の上で，許容される省略（メッセージの意味をそこなわない）であれば，問題はないと考えられ，許容されない省略（メッセージの意味をそこなう）や誤った手話を用いているケースでは，研修等によって一致度を高める必要が指摘されている。

　また，手話とスピーチの同時使用において，スピーチの面での単語，母音，二重母音と同様，文の持続時間がより長く，単語間の休止の時間が長い傾向がある，と言われている。こうしたことが聾・難聴児のスピーチの獲得を促進するのか，妨害するのかは，未だ究明されていない。

　いずれにしろ，ASLに比べると第一言語の英語をベースに，手話を同時使用する方法（トータル・コミュニケーション）は，健聴の教師，親にとって習得がより容易であるのは事実である。これに対して，ASLは独自の言語であり，健聴の教師などによるASLの習得は，外国語の習得と同じように困難を伴うと指摘されている。

　一方，SEE2など人工的に創案された方式（マーカーなどを含む）については，言語学者から人工的であるための方法上の問題が指摘されてきた。

　Akamatsuらによると，LasassoとMetzger（1998）は，手指コード英語（SEE2などを指す）の方式について，「水準低減インプット仮説」と「構造的制約仮説」の視点から批判している。前者では，手指コード英語は非常に複雑なので音声言語の多くが，手話の流れから省略されるか，誤った手話にコード化される。つまり，インプットの水準が低減するという仮説である。

　後者の仮説は，手指コード英語では，手話の流れは英語学習のために，学習者

が人間の言語学習能力を活用する上で，十分に構造化されたインプットを提供していない，というものである[14]。

本章で先にみたように，Akamatsu らの研究では，教師の英語ベースの手話が児童の英語能力の獲得に有効である，という知見が得られている。Mayer の研究も，同じ英語ベースの手話は ASL よりも，作文に有効であることを見出している。Calderon の研究では，SEE2 はもちろん，ピジン手話英語をトータル・コミュニケーションの中に位置づけており，これらの採用により教師，親，子どもの間に，コミュニケーションの成立が十分みられたという。

いずれにしても，SEE2 のような方式は実際の使用では扱いにくいという意見もあり，教師によっては，より自然な手話方式である，「英語ベースの手話表現」あるいは「ピジン手話英語」を用いる傾向があると言われている。注意すべきことは，英語ベースの手話表現およびピジン手話英語は，ともに英語の語順に従って手話を使用することである。

Baker-Shenk (1987) は，「同時コミュニケーション」について，次のように説明している[15]。

同時コミュニケーションでは，手話は一般に音声英語の語順に従う。英語の語順に従う場合，3つの異なったグループに分類できる。

① 1970年代初めの英語の新しい手指コードに従って，手話表現を試みる（手指コード英語または手指英語）。
② 手話表現の古い形式で，英語をモデルとして表現される。一般に新しい手話は全く用いず，指文字をより多く使う傾向がある。この手話表現では，音声を伴う場合と伴わない場合（口の動きのみ）がある。
③ ピジン手話英語と呼ばれる手話表現の形式で，ASL の文法的特徴のあるものを用いることがある。これは，ASL と英語の両方の特徴を有する。ピジン手話英語には，いろいろな変種がある。

さて，トータル・コミュニケーションは，当初英語を手話で厳密に表す手指英語方式（SEE2 など）が多く用いられてきたが，本章でみてきたように「英語ベースの手話表現」が用いられる場合がみられるようになった。これは，英語をベースに，またはモデルとして，自然に，柔軟に手話で表す（新しい手話やマーカーはあまり用いず）方法である。また，この方法は ASL の特徴も含む。前述の Baker-

Shenk（1987）の「英語モデルの手話表現」と共通点があると思われ，ある程度英語への近似を目指していると言える。

ピジン手話言語は，ASL と英語の両方の特徴を有しており，必ずしも英語への近似のみを目指したものではなく，「ASL のような英語（ASL-Like English）」や「英語のような ASL（English-Like ASL）」という考え方ができる。幅広い領域をカバーしていると言える。

最後に，トータル・コミュニケーションの方法について確認すべきことが2つある。1つはスピーチと手話という多重な情報の同時受容は，人間の情報処理能力に過重な負担を及ぼし，情報は十分に伝達されないという，主に聴覚口話法からの批判が一貫してみられた。このことは，現在では子どもの実績やコミュニケーション方法の比較研究などによって否定されている。もう1つは，手話の導入は聾児のスピーチの発達を妨害するという問題である。この点も，手話はスピーチの発達を妨害することはないことが，実践や研究によって一般に実証されている。

3．トータル・コミュニケーションの今後

前述のように，最近の傾向として英語を厳密に手話で表そうとするあまり，スピーチの速度，リズム，自然さが欠けるということがあるため，教師はより自然な，自由な英語ベースの手話表現やピジン手話英語を用いているという実態がある，と指摘されている。

当初のトータル・コミュニケーションの理念，定義の包括的性格を考えれば，Denton が言うように，トータル・コミュニケーションは1つの方法を示すものではなく，方式を示すものである。その方式は，自由な，意味ある，快適なコミュニケーションの成立をめざした，弾力的なものであり，ここにトータル・コミュニケーションの基本概念がある。

従って，トータル・コミュニケーションは SEE2 に代表される，厳密な同時使用のほかに，より自然な，自由な英語ベースの手話表現やピジン手話英語を含み，さらに個人のニーズ，指導場面，カリキュラムなどの必要から，ASL を用いることまで含めて，トータル・コミュニケーションの方式に包含されると見ることもできる。

こうした考えを反映するものとして，Spencer ら（2006）によれば，Caccamise

ら (1997) は，トータル・コミュニケーションの理念の中で使われる主要な3つの方式の種類について，① ASL，②手指コード英語，③ ASL と手指コード英語の両方，を挙げている。つまり，ASL がトータル・コミュニケーションの理念の中で使用されると考えられている[16]。

トータル・コミュニケーション台頭の当初から，その支持者であったギャローデット大学の Moores (2006) は，最近の著書の中で英語ベースの手話表現と ASL が，クラス内の最も効果的なコミュニケーション様式であると，次のように主張している[17]。

大多数の聾児にとって，ASL と英語ベースの手話表現が，クラス内の最も効果的なコミュニケーション様式であることに同意する。その理由として，①個人のニーズに弾力的に対応する役割と同様に明瞭性と効率をもたらす，②そのようなアプローチが読み書き能力の発達にとってとくに突出していること，が挙げられる。

また，Moores は，読み書き能力との関係で，次のように述べている。

英語ベースの手話表現が，その制約にもかかわらず，英語の読み書き能力の橋渡しであるに違いない。明らかに，英語ベースの手話表現は，英語の語順またはシンタックスに従うという利点をもつ。しかし ASL の能力と読み書きの間に相関がみられないということは，ASL が聾児の指導にとって強力な手段であるという我々の立脚する見解に，ある検討を必要とする。ASL と英語は異なる言語であり，ASL の能力が英語の検査結果と統計的に低い相関を有するということは，驚くにあたらない。

なお近年，トータル・コミュニケーションあるいは ASL を使用している子どもが，人工内耳の埋め込みを受ける事例があり，その場合人工内耳の利益を加えながら，依然トータル・コミュニケーションや ASL を使用しているという報告もある。Spencer ら (2006) は，技術の進歩がトータル・コミュニケーションを使用する聾・難聴児のグループの音声言語の発達レベルを向上させることと結びついてきたことを，我々は見てきたと述べている[18]。こうした新しい動向も，今後のトータル・コミュニケーションを考える上で重要である。

さて，トータル・コミュニケーションの方法は，当初は英語を厳密に手話で表すことが指向されたが，近年一部で中間型の手話（英語ベースの手話表現・ピジン手話英語）の使用が試みられ，さらに必要に応じて，ASL の使用を試行してい

る実態がみられる。

　第3章のギャローデット大学の統計資料の分析で明らかになったように，トータル・コミュニケーションとASLの併用が顕著である。この結果からも，トータル・コミュニケーションの使用とともに，必要に応じてASLが用いられている現状がうかがえる。

　今後，トータル・コミュニケーションの理念のもとで，あらゆるコミュニケーション手段を用いて，コミュニケーションの成立を図る実践がさらに展開し，聾・難聴児の言語能力，学力，社会性などをいかに向上させていくかが，トータル・コミュニケーションの将来に課せられた重要な課題であると考えられる。

引用文献

1) Calderon, R. et al. :Characteristics of Hearing Families and Their Young Deaf and Hard of Hearing Children. American Annals of the Deaf(以下 A. A. D.), 1998, 143 (4), 347-362.
2) Rottenberg, C. J. :A Deaf Child Learns to Read. A. A. D., 2001, 146 (3), 270-275.
3) Wilson, T. & Hyde, M. :The Use of Signed English Pictures to Facilitate Reading Comprehension by Deaf Students. A. A. D., 1997, 142 (4), 333-341.
4) Allman, T. M. :Patterns of Spelling in Young Deaf and Hard of Hearing Students. A. A. D., 2002, 147 (1), 46-63.
5) Mayer, C. & Akamatsu, C. T. :Deaf Children Creating Writen Texts :Contributions of American Sign Language and Forms of English. A. A. D., 2000, 145 (5), 394-401.
6) Akamatsu, C. T. et al. :Documenting English Syntactic Development in Face-to-Face Signed Communication. A. A. D., 2000, 145 (5), 452-463.
7) Nicholas, J. G. & Geers, A. E. :Hearing Status, Language Modality, and Young Children's Communicative and Linguistic Bahavior. Journal of Deaf Studies and Deaf Education, 2003, 8 (4), 422-437.
8) Stewart, D. A. et al. :Aiming for Consistency in the Way Teachers Sign. A. A. D., 1995, 140 (4), 314-323.
9) Mapp, I. & Hudson, R. :Stress and Coping Among African American and Hispanic Parents of Deaf Children. A. A. D., 1997, 142 (1), 48-56.
10) Desselle, D. D. :Self-Esteem, Family Climate, and Communication Patterns in Relation to Deafness. A. A. D., 1994, 139 (3), 322-328.
11) Kluwin, T. N. & Gaustad, M. G. :The Role of Adaptability and Communication in Fostering Cohension in Families with Deaf Adolescents. A.A.D., 1994, 139 (3), 329-335.
12) Akamatsu, C. T. et al. :Documenting English Syntactic Development in Face-to-Face Singned Communication. A. A. D., 2000, 145 (5), 452-455.
13) Marschark, M. :Raising and Educating a Deaf Child. Oxford University Press, 2007, 147-148.
14) Mapp, I. & Hudson, R. :Stress and Coping Among African American and Hispanic Parents of Deaf Children. A. A. D., 1997, 142 (1), 453.
15) Baker-Shenk, C. :Simultaneous Communication. In Van Cleve, J. V.(Ed.)Gallaudet Encyclopedia of Deaf People and Deafness. 1987, McGraw-Hill, Inc., 176-179.

16) Spencer, L. J. & Tomblin, J. B. :Speech Production and Spoken Language Development of Children Using "Total Communication". In Spencer, P. E. & Marschark, M. (Eds.) Advances in the Spoken Language Development of Deaf and Hard-of-Hearing Children. Oxford University Press, 2006, 170.
17) Moores, D. F. Print Literacy: The Acquisition of Reading and Writing Skills. In Moores, D. F. & Martin, D. S. (Eds.) Deaf Learners, Developments in Curriculum and Instruction. Gallaudet University Press, 2006, 48.
18) Spencer, L. J. & Tomblin, J. B. :Speech Production and Spoken Language Development of Children Using "Total Communication". In Spencer, P. E. & Marschark, M. (Eds.) Advances in the Spoken Language Development of Deaf and Hard-of-Hearing Children. Oxford University Press, 2006, 186-187.

第7章
二言語教育の台頭

1960年代末に台頭したトータル・コミュニケーションの実際指導の方法論は，口話（スピーチ）と手指（手話・指文字）の同時使用を基本とした。口話との同時使用ということからの当然の帰結として，手話，指文字は，口話英語（スピーチ）に対応して用いられた。

コミュニケーションの様式は，「聴覚口話」（音声・聴覚）と「手指」（視覚・運動）と異なっているが，「使われている言語」という視点からみれば「英語」という「一言語」である。つまり，一般に「一言語二様式」と言われる。この英語対応の手指方式として，SEE_1，SEE_2などが1970年代初期に創案され，実際場面に導入，使用されてきた。

第1節　二言語使用の主張

一方，ギャローデット大学のStokoeらによるアメリカ手話言語（ASL）の研究が，1950年代後半に生起し，その後手話言語研究が急速に進展をみせた。このことが，二言語使用（ASLの早期導入から英語への移行）の主張をもたらす，1つの要因となったと言えるが，そのほかにも，次の事柄が挙げられる。
① トータル・コミュニケーションの急速な展開。
② 一般教育における二言語教育の展開（1968年「二言語教育法」成立）。
③ 聾幼児の言語獲得についての研究の進展。
④ 両親聾者の聾児の言語能力，学力の優秀性についての研究成果。
⑤ トータル・コミュニケーションの聾教育における成果に対する疑問。
⑥ 1960年代以降の聾者の権利，言語，文化についての意識の高揚と価値の認知。

聾児への二言語使用の導入を主張したものとして，1974年のKannapellの「聾教育における新しい方向：二言語使用」と題する論文が本格的なものとして重要である[1]。

Kannapell は，アメスラン（ASL）は独自な言語であることを認めている。現状では，アメスランが非公式な場面で用いられ，英語より劣ったものとして扱われ，学校のクラス場面では正式に教えられていないことに，疑問を提起している。とくに，聾学校の健聴教師，健聴両親などの英語を優先し，アメスランを低位にみる態度が，聾児の考えに悪影響を与えている，と強調する。

　Kannapell は，主に次のような提唱を行っている。

① もし概念を英語で提示するならば，同じ日に前もってアメスランで提示しておくのが，有効である。

② 学校に入る聾幼児は，クラスで雰囲気に馴れるまでは，まず母語（アメスラン）で指導され，その後英語が導入される。

③ 聾児は，早期のアメスランの使用とアメスランの文脈での英語導入によって，利益を得るであろう。

　1980年代に入ると，こうした主張が，ますます高揚してくる。ギャローデット大学の Johnson ら（1989）の二言語教育の主張は，とくに大きな関心を呼んだ。その主張は，次のように要約できる[2]。

① 現在までの歴史的な聾教育の成果，とくに学力を評価したとき，期待に応えるものとはなっていない。これは，現在の教育システムの失敗を表し，聾児にとって早期の自然言語能力が必要であること，また教材を理解するためのコミュニケーション・アクセスの必要性を，認めるようなシステムに変えなくてはならない，という議論を支持することになる。

② 聾教育の失敗の原因は，1つは，教育カリキュラムの内容に対する言語的アクセスが，従来の口話法やトータル・コミュニケーションなどでは様々な問題を有すること，もう1つは，聾児の学力に対する期待が低い，つまり聾児の学力が相当学年レベルを下回ってもしかたがない，という聾教育関係者の価値観と態度が存在すること，である。

③ こうした原因を取り除く方策として，聾児達が早期からネイティブな言語に接することにより，通常の言語獲得過程を可能にし，それを基盤に英語の習得，相当学年の学力の達成を目指すべきである。

第2節　二言語教育の原理

　二言語教育を進めていく上でのプログラムの原理について，1980年代に何人かの研究者が見解を示している。これらを要約すると，次のようになる。
① アメスランは聾児にとって母語または，ネイティブな言語である。
② アメスランの使用は，聾児の権利である。聾者の言語（アメスラン）の否定は，彼らの文化や歴史，さらに聾者自身の存在，尊厳などの否定を意味する。
③ アメスランによって，聾児の認知，概念，思考の発達を図る。養われた，知的，認知的スキルや知識を基礎として，英語の読み書き能力を獲得させていく。
④ 両親と教育者は，聴覚障害児にとってとくに必要な読み書き能力を教えるための基礎言語として，手話言語使用の価値を理解すべきである。
⑤ 学習内容のアクセスのための手段または伝達手段として，アメスランは不可欠である。
⑥ アメスランの使用による早期からの聾児と親，教師などとの場面や文脈の助けを借りた意味の創造と経験の共有が，英語の読み書き能力の開発に，有効な働きをする。

第3節　アメスランを用いた試行的実践

　二言語教育の先駆的実践の開始は，1980年代末から1990年代初めにかけてである。本格的実践の開始に至るまでに，アメスランの使用が聾児のコミュニケーション，言語，読み書き，自己像の確立などに有効であるとする，試行的実践がいくつかみられる。
　これらの試行的実践は，研究目的，対象者，発達段階，実践方法・内容，実践結果など様々で，一括してまとめることは困難であるが，次のように要約できるだろう。
① アメスランを使用する成人聾者，助手などが，聾児とのコミュニケーションやアメスランによる物語において，有効な役割を果たすことができる。
② 書記英語とアメスランの翻訳指導を通して，作文力や二言語に対する理解が向上した。
③ 物語の扱いを通して，アメスランのスキルを向上させることにより，英語とア

メスランの違いについての認識力を高め，英語の能力や読み書き能力を高める指導が可能である。
④ アメスランを語句の理解，教材理解，物語理解や子どもとの相互交渉を促進するために，介入的に用いる指導が可能であり，教師の受け入れも良好である。
⑤ 大学レベルで，英語の能力を向上させるために，アメスランで聾の文化を教えたり，アメスランと対比させて英語の文法などを教えたりした結果，聾学生の書記英語の能力の向上が示された。また，自分達の言語についての関心と責任が増大した。

第4節　アメスランについての実験的研究

アメスランによる二言語教育についての関心が高揚する中で，アメスランについての実験的研究が，1980年代に入ってから行われるようになった。これらの研究は，二言語教育の台頭に何らかの関連をもつ研究であると考えられる。次に要約して示す。

（1）アメスランおよび手指英語と読解との関連をみた，Quellette ら（1982）の研究では，読解の成績は，手指英語群の方がアメスラン群よりも高成績であった。対象者がアメスランにあまり接触していないことが，この結果をもたらしたかもしれない，と考察された[3]。

（2）6歳の手指英語を学んでいる聾児（アメスランの経験なし）の記号体系は，英語とは全く異なるかもしれないと考え，Suty ら（1982）はこのことを究明している。子どもの言語サンプルをビデオ分析した結果，手指英語よりもアメスランの特徴がみられた。彼らは，英語とは違った複雑な言語表現形式を身につけており，聾児の言語知識は，彼らのコミュニケーションや認知のニーズに対応していることが判明した[4]。

（3）Livingston（1986）の研究では，アメスランと手指英語で提示した文の理解を動作化させて比較した結果，単純な文は手指英語でも理解されたが，複雑な文はアメスランによって良く理解されることがわかった。このことから，アメスランは，自然な，最も有効な言語形式であり，意味の伝達や思考，学習に適した言語形式である，と結論づけられた[5]。

（4）同じようにアメスランと手指英語の比較を行った Eagney（1987）の研究で

は，両者に差はなかった。しかし，アメスランのモデルに接することが殆どない聾児の成績が，両者において等しかったことは注目される，と結論づけている[6]。

（5）自発的手話言語をビデオ分析したStrong（1988）の研究では，学校のSEE2方式の指導にも拘わらず，子どもの自発的手話は，英語よりもアメスランに近いことが明らかとなった。このことにより，学級指導でのアメスランの有効性の証拠がえられた，と結論づけている[7]。

（6）Erting（1988）は，同時コミュニケーション使用の教師とアメスランを知っている母親（聾者）が，聾幼児（3名）とどのようなコミュニケーション行動をとるかを解明した。ビデオ分析の結果，教師と対象児の相互作用では，手指コード英語の特徴が著しく，子どもに応じた対応を示さなかった。母親の方は，子どもに応じてアメスランや手指コード英語を用い，適切なコミュニケーション行動を示していることが，明らかにされた。こうしたことから，アメスランを用いる幼児担当の聾者教師の養成や成人聾者との接触の必要性が，主張された[8]。

（7）聾工科大学（NTID）の学生を対象に，アメスランと手指コード英語の能力を調べたHatfield（1978）の研究では，アメスランで誤りの最も少ない群は，手指コード英語でも誤りが最も少ないことがわかった。つまり，アメスランの能力は，英語の能力の発達を妨害せず，促進する（転移する）と解釈された[9]。

第5節　二言語教育の先駆的実践の台頭

1980年代末から，1990年代初めにかけて，前述のようなアメスランを巡る動向を受けて，二言語教育の先駆的実践が台頭してくる。

それらは，聾児学習センター（1988年頃試行開始），インディアナ聾学校（1990年に二言語・二文化教育の方針を表明），カリフォルニア・フレモント聾学校（1990年に二言語・二文化教育の開始を表明）である。

これらの実践については，次の章で取り上げるので，初期の状況については，ここでは省略する。

第6節　トータル・コミュニケーション批判

トータル・コミュニケーションについては，口話主義からの批判以外にも，二言語教育からの批判がみられる。次に，この点についてみてみたい。

1. 成果に対する疑問

Eagney (1987) は，トータル・コミュニケーションで，採用されている，手指英語方式の成果について，次のように批判している[10]。

今まで，手指英語方式を用いているプログラムの成果について評価する研究が，殆どなされてこなかった。少数の者は，トータル・コミュニケーションの初期の目的は果たされている，と主張するだろう。殆どの教師は，効果があったことに同意しているが，子ども達の進歩は，このプログラムが開始されたときに期待された能力レベルには，ほど遠いことに気づいている。その理由のうち重要なものは，①早期において親，兄弟との容易な，自然なコミュニケーション交流が欠けている，②手話言語を学ぶ親でも，流暢な言語表現ができない，ことである。

2. 手指英語方式に対する批判

手指英語方式のもつ問題点について，いくつかの批判がみられる。

Rodda (1987) は，手指英語方式の採用を批判して，次のように述べている[11]。

過去10年間以上，極端な口話強調は減少したにも拘わらず，不幸にも多くの教師は，依然英語シンタックスに注目し，それを教えるのにアメスランのシンタックスは妨害となると主張している。いろいろな手指コード英語が，アメスランを排除して学校での採用が主張され，実際に正式に承認，使用されてきた。これらの手指英語方式のコードの開発を正当化する証拠は，聾児の教育のために口話のみの方法を正当化する証拠が，乏しいのと同じである。

また，Baker (1980) は，手指英語方式の手話の使用について，次のように批判している[12]。

教育上の問題として，①実際に子どもは二言語状況（子ども同士のアメスランまたはアメスランに似た手話の使用）にありながら，教育者の一言語主義の態度が，むしろ英語の獲得を困難にしてきた，②聾児は，友達とのコミュニケーションの手段と英語学習のための手段の両者を，同時に学習するという問題に直面すること，が挙げられる。

手指コード英語の手話は，アメスランの手話と同じと言うのは，適切かどうか疑わしい。殆どの教育者が，アメスラン手話の誤用（英語のように機能させようと強制）と手指コード英語の優先を好むことは，聾者社会のメンバーにとって，

彼らの言語，つまりアメスランが尊重されず，獲得する価値がないと考えられていることの表れである。

3. 同時コミュニケーションに対する批判

Kluwin（1981）は，学級で教師が，同時コミュニケーションを用いるとき，スピーチと手話の対応が一致しないことを，次の点から批判している[13]。

① "gonna" というスピーチに対して，手話を対応させると，"am + go + ing + to" の4つの手話となる（話しことばと書きことばは違う）。
② 統語レベルでの音声の高低，速さ，イントネーションを表すことができない（従属節，等位文，質問文などに重要）。
③ 文法的に，英語を手指方式で表現できるかどうか疑わしい。

また，Livingston（1986）は，SEE2 あるいは手指コード英語方式は，口話英語との同時使用，つまりスピーチと手話の同時発信の際に，多くの時間がかかり，聾児が情報の意味を理解し，意味を表現する際に，人工的で煩わしい問題を発生させると予測する。このことから，聾児が言語的入力情報から意味を把握するとき，不自然な作業を，彼らに要求することにならないか，と指摘している[14]。

4.「隠れ口話主義」批判

Glickman（1984）は，トータル・コミュニケーションを支持する考えに対して，それは口話主義と同じであると，次のような批判をしている[15]。

トータル・コミュニケーション支持者も，口話主義者と同じである。アメスランに対して偏見をもっている。両方の主張者とも，聾教育で最も成功した者は，健聴の世界に完全に統合できた人である，と信じている。トータル・コミュニケーションに，アメスランも含まれているとしばしば言われている。全米聾者協会も，トータル・コミュニケーションを支持している。

ある学校は，学級の中で手話言語を使っていると言うが，それは，手話とスピーチの同時使用であって，アメスランではない。聾学校の中等部で，アメスランは生徒によって時として使われることがあるが，指導の言語としては視ることよりも聴くことに，アメスランよりも英語に，聾のアイデンティティよりも健聴者に，価値を置いている。

また，Liddell（1989）は，手指英語方式の主張者は，同時コミュニケーションによって英語が獲得できると主張するが，これは正当ではないし，支持できないと述べている。そして，トータル・コミュニケーションは，「隠れ口話主義」であると言い，トータル・コミュニケーションの本質は，子どもに音声英語（手話で補助されているが）で，教科を理解し，学習することを求めている点にある，と考えている。Liddellは，言語方針を変え，クラスでアメスランの使用を許すことが，学年相当に近い学力の達成を可能にする，と提案している[16]。

5．弾力的扱いを許容する見解

一律に聾児にアメスランを第一言語として採用するのではなく，子どものニーズと能力に応じて適切に判断すべきである，とする見解もある。

Strengら（1978）は，可能であれば，すべての子どもが，英語の発語と読み書きに，早期から接するべきであると主張しながらも，①アメスランによる視覚コミュニケーション方式を確立するか，②話しことばの英語の理解・表現を励ますかの問題は，特定の子どものニーズと能力の観点から，教育者と親によって個別に，適切に決定されるべきである，と考えている。

そして，アメスラン，手指英語，音声，文字言語の関係について，次のように述べている[17]。

もし，標準英語での読み書きが目標であれば，話しことば（または手話）の標準英語方式に親しむことが，読み書きの発達に先行しなければならない。一方，もし教育プログラムでの第一の目標が，聾児のコミュニケーション方式の確立であるならば，アメスランの使用は合理的であるように思える。アメスランが子どもの母語であるならば，話しことばの英語，または手指英語は第二言語と考えられねばならない。第二言語として手指英語を教えるのは困難であるが，音声英語のような聴覚ベースの方式への移行よりは，容易であろう。

また，アメスランと手指英語は，それぞれの役割があり，両者の共存を図るべきであるとする見解がある。

Stewart（1990）は，アメスランが教育プロセスの上で肯定的な成果を得て初めて，聾教育における正式な指導方法として採用，実践されるであろうと述べ，すべての二言語教育プログラムに共通な目的は，①聾児に学力の可能性を開発する

機会を与えること，②文化的な豊かさと自分達の文化に対する誇りを育てること，であると指摘している。

そして，すべての聾児に適する唯一の二言語プログラムはないけれども，すべてのプログラムに共通する要素は「手話様式のアメスラン」と「手話，スピーチ，書記様式の英語」との共存であろう，と考えている[18]。

Stewart は，結論として，アメスランと手指英語の能力を有する優れた教師による二言語教育プログラムは，聾児の教育と福祉の向上に大きな貢献をするであろう，と述べている。

別のところで，Stewart（1993）は，二言語二文化プログラムの目的は，アメスランの使用のみではなく，学力，言語力の成功にあり，このことによって，二言語二文化プログラムは評価されるべきである，と述べている。

そして，アメスランの採用が，手指コード英語（手指英語）のクラスからの排除を意味すべきではなく，アメスランと手指コード英語の特性を生かした実践の可能性を，今後検討していく必要がある，と指摘している[19]。

以上のような二言語使用の主張，アメスランを用いた試行的実践，アメスランについての実験的研究の進展を受けて，1990年前後より二言語教育の先駆的実践が台頭した。次章において，最近の二言語教育の動向について明らかにしたい。

引用文献

1) Kannapell, B. M. :Bilingualism. ;A New Direction in the Education of the Deaf. Deaf American, 1974, June, 9-15.
2) ジョンソン，R. E. ほか　神田和幸・森壮也訳「学力の遅れをなくすために」日本手話学術研究会，1990, 1-15.
3) Quellette, S. E. et al. :The Effect of Three Communication Modes on Reading Scores of Deaf Subjects. American Annals of the Deaf（以下 A. A. D.）, 1982, June, 361-364.
4) Suty, K. A. & Friel-Patti, S. :Looking Beyond Signed English to Describe the Languagge of Two Deaf Children. Sign Language Studies, 1982, 35, 153-168.
5) Livingston, S. :An Alternative View of Education for Deaf Children :Part I. A. A. D., 1986, March, 23-24.
6) Eagney, P. :ASL? English? Comparing Comprehension, A. A. D., 1987, Oct., 272-275.
7) Strong, M. A. :Bilingual Approach to the Education of Young Deaf Children. In Strong, M.(Ed.) Language, Cognition and Deafness. Combridge Univ. Press, 1988, 119-120.
8) Erting, C. J. :Acquiring Linguistic and Social Identity. In Strong, M.　(Ed.) ibid., 192-219.
9) Hatfield, N. et al. :Deaf Students' Language Competency :A Bilingual Perspective. A. A. D., 1978, Nov., 847-851.

10) Eagney, P. ibid., 272-275.
11) Rodda, M. & Grove, C. :Language, Cognition and Deafness. Lawrence Erlbaum, 1987, 246-248.
12) Baker, C. & Cokely, D. :American Sign Language. T. J. Publisher, 1980, 63-72.
13) Kluwin, T. N. :A Rationale for Modifing Classroom Signung Systems. Sign Language Studies, 1981, 31, 179-187.
14) Livingston, S. ibid., 23-24.
15) Glickman, N. :The War of the Language. Deaf American, 1984, 36 (6), 25-33.
16) Liddell, S. K. :Author's Overview of GRI Working Paper 89-3. In Johson, R. C. (Ed.) Access; Language in D af Education, Gallaudet Univ., 1989, 5 -8.
17) Streng, A. H. et al. :Language, Learning & Deafness. Grune & Stratton, 1978, 95.
18) Stewart, D. A. :Directions in Bilingual Education for Deaf Children. TED and Second Language Students, 1990, 8 (2), 4 -9.
19) Stewart, D. A. :Bi-Bi to MCE? A. A. D., 1993, 138 (4), 331-337.

参考文献
1) 草薙進郎 「アメリカ聾教育におけるトータル・コミュニケーションの発展」 1996, イセブ印刷, 271-309, 321-329.

第8章
最近の二言語教育の動向

　二言語教育の先駆的実践は，先にみてきたように，1980年代末から1990年代初めにかけて台頭してきた。この実践は，次第に全米に広がりをみせてきた。先述したギャローデット大学の2004年の調査では，聾学校の21%が二言語教育を採用している。次に二言語教育プログラムの状況について，みてみたい。

第1節　Strongによる調査研究

　Strong (1995) は，1995年当時の状況について次のように述べている[1]。
　1980年代中期より，聾者の権利および社会的意識の面で，重大な変化が生じてきたことが，多くの聾者の生活における，ASL（アメスラン）の役割の重要性について理解を広めてきた。このことが，聾児の二言語二文化教育プログラムを1つの選択肢として発展させた。しかし，参考となる二言語教育プログラムのモデルは，スウェーデンやデンマークといった国にみられる少数のプログラムに限られており，アメリカでは，親，行政府，教師などからの反対にあっている。
　Strongは，いくつかの二言語プログラムの情報を収集し，概観を行っているが，その概観は，これらのプログラムの必須な要素を適切に記述することで，その評価を試みているわけではない，と述べている。次にStrongの調査研究から，聾学校等の二言語教育プログラムについて要約してみたい。

1．カリフォルニア・フレモント聾学校

　同校は，1990年に二言語二文化教育の開始を表明し，その地位を発展させてきた。二言語二文化委員会が，親，教師，生徒，聾社会のメンバーによって構成された。全体の指導は，1名，時には2名の「二言語二文化調整役」によって行われた。1995年1月時点では，同校のどのクラスにも，二言語二文化カリキュラムは存在していなかった。

1) 使命と価値

委員会によって，二言語二文化教育の「使命と価値」の宣言が，スタッフ，言語発達，コミュニケーション・アクセス，カリキュラムと指導などに関連して設定された。とくに，ASL の流暢な教師が必要で，親，スタッフ，聾の友達，成人聾者が常に ASL（第一言語）で子どもと接すること，子どもが早期に英語（第二言語）の読み書きに接すること，の認識が必要であるとした。

2) ASL 能力の発達

ASL 能力の発達のために現職研修，親への研修が実施された。また，聾児を ASL で支援する成人聾者との協力ガイドラインと子どもの ASL 能力を向上させるための方略が，開発された。とくに，0～5歳児の ASL カリキュラムの開発のための手順が開始された。

3) 現職研修プログラム

ASL クラスと聾文化に関するクラスが，スタッフと親に提供される。さらに，二言語二文化ワークショップもスタッフのために計画される。

4) 聾の学習

幼稚園から12学年まで「聾の学習」についてのカリキュラムが作成された。カリキュラムの最新の改訂版には，ASL による物語ビデオの提供や，とくに小学部段階の教師に対する援助が，カリキュラムに含まれるであろう。

5) 第二言語としての英語アプローチ

ASL の第一言語のスキルを使って，英語の読み書き能力を築き上げる。

6) 研究

二言語二文化教育へ移行中の同校への援助を求めて，研究者に協力，活動を委託した。

以上が，フレモント校の概要であるが，Strong は，同校の二言語二文化プログラムの展開は遅く，5年たった1995年1月時点でもまだ実施されているプログラムはない，と結んでいる。

2. インディアナ聾学校

就学前から高等部まで，330名が在籍している。1986年以来二言語二文化プログラムの開発に取り組んできた。13名から構成された，コミュニケーションに関

するカリキュラム委員会が，学校管理者にコミュニケーションに関するカリキュラムは，二言語であるべきである，と提案した．2名の二言語二文化調整役が雇用され，目標，方針書などが作成された．1988年頃より二言語二文化教育の本格的準備を始め，1990年1月学校の新しい方針を表明した．

 1） 使命と理念

殆どの聾児にとって，ASLはアクセス可能な，優位な言語で，思考やコミュニケーションに使われる．英語は第二言語として学習される．これらの二言語の養成と，学力的，文化的に豊かな学習環境によって，聾児は聾社会との同一性の意識を発達させる機会をもつ．

 2） 提案されたプログラム・モデル

方針書委員会と二言語二文化事務局の方針書は，同校の二言語二文化プログラムの基本原理と長期計画を示している．

① 成人の言語的役割モデルが，子どものASLの獲得を促進する．
② ASLの伝統，歴史，文法の学習を行うとともに，芸術的表現にASLを創造的に使用する（英語についても同様に）．
③ 成人役割モデルが，読み書きの使用を提供して，英語の読み書き能力を促進する．指文字の使用およびASLから英語への翻訳を行う．
④ スピーチ・スキルの意味ある使用と聴能的違いの認識に焦点を当てて，英語のスピーチを教える．
⑤ 聾と健聴の役割モデルを提供し，両方の社会の文化的側面を学習し，文化的差異を認識することによって，二文化主義を養成する．
⑥ ASLを通して，情報への言語的アクセスを確実にする．
⑦ 教師，両親のためにASL指導のプログラムを実施する．
⑧ ASLの理解・表現能力，英語の読み書き能力，音声言語，聾の学習について，児童のためのカリキュラムを開発する．
⑨ 研究者との連携を図る．

 3） スタッフ

聾である教師は，正式に幼稚部，小学部の子どもを教えることは許されていないが，現在ネイティブなASL使用者を，もっぱら就学前センターに採用している．また，ネイティブなASL使用者は，各学部に配置され，すべての学年チームのた

めにリソース（資源）を提供している。

　4）コミュニケーションの方針

　ASL は，クラスの指導の言語として使われる。この方針は，ASL は聾児がアクセスできる唯一の言語である，という信念と一致している。

　5）ASL 指導

　各学部は，ASL クラスをもち，ネイティブ言語の学習を子どもに提供する。また，ASL クラスが親に対しても提供されている。

　6）英語指導

　英語を第二言語として教える方法を用いている。殆どの子どもは，読み書きのみで英語を使用する。各学年レベルは，英語の話しことばのプログラムを有する。補聴器の使用は，児童個人にゆだねられている。

　7）研究

　ASL の発達と使用に関する2つの研究に参加しているが，現在，同校自身の研究プログラムは存在しない。

　インディアナ聾学校は，全米で二言語二文化プログラムの理念を正式に採用した，最初の学校の1つである。同校では，二言語二文化アプローチのいくつかの重要な要素が，適切に行われている（ASL を指導言語として使用，英語を第二言語として教えるなど）。しかし，まだプログラムは，完全に，適切に実行されてはいない。学校カリキュラムの開発は，継続中である。

3．聾児学習センター

　聾児学習センターは，1970 年に設立され，乳幼児から高等部までサービスを提供している（マサチューセッツ州）。同センターは，当初トータル・コミュニケーションを採用していたが，聾児のための二言語二文化プログラムへの移行プロセスを開始した，全米で最初の施設である（議論の余地はあるが）。

　1985 年に聾の女性が，ASL と聾文化の専門家として雇用された。そして，これに関するワークショップがスタッフのために，また，ASL のクラスがスタッフや親のために開発された。1988 年にスタッフは，二文化センター（メリーランド州）実施の二言語二文化問題に関するワークショップに参加した。1988 年頃より，二言語教育への本格的準備，試行を開始した。

2名の二言語二文化調整役が，このセンターを二言語二文化学校にする過程で，「全聾児学習センターの社会」を関与させる目標をもって，指名された。この過程は，10年間（1985～1995）の提案としてみられ，結果的に依然として進行中である。

1) プログラムの目的

その中心は，①言語発達，つまりASLと英語の流暢さと読み書き能力，②聾文化，アメリカ文化，家族の文化，多文化主義を含む文化の発展，③自尊心と自己表現の発達，に置かれる。

2) 親の関与

開発の過程で，両親の関与をもたらすために，両親の委員会が設立され，親のワークショップが提供されてきた。また，親の意見交換のためのグループも設けられた。

3) 文化媒介グループ

両者の文化的違いを安定させるために，18名の聾と健聴のスタッフが「文化媒介者」として訓練された。二言語二文化施設への移行において生じる問題を解決するために，両者のペアがスタッフと共に活動する。

4) コミュニケーション方針

聾のスタッフの数が増加して，ASLまたはASLに似たコミュニケーションの増加が可能となってきた。図書館にASL関係のビデオを購入した。一般的に，スタッフと児童間のコミュニケーションは，ASLに似た手話（音声なし）である。音声英語は，教師が，関係するすべての者が快適と感じることを確認したあとでのみ，使用される。

手話支援英語（手話を伴うスピーチ）は，児童がそれを望むか，またはスタッフが個々の児童がそれから利益を得るだろう，と思われた時のみ使われる。

5) 芸術としての言語プロジェクト

ASLと英語を用いた劇場プロジェクトが，近隣の小学校と共同で開発された。

同センターのプログラムは，長期の二言語二文化聾教育への移行として活動していることに，強調点がある。スタッフ，親に，二言語二文化の概念を教育すること，および二言語二文化環境を学校に創造することを目指している。二言語二文化教育への移行について，スタッフ，親の間で意見の違い，対立がないわけで

はないことが，うかがえる。

クラス・カリキュラムのさらなる開発，二言語クラスの正式な設立，正式な評価，プログラムと連携した研究の公表など，現在も進行している。

4. マグネット聾学校

コロラド州にあるマグネット聾学校は，学校ではなく，学校の計画である。それは，二言語二文化原理のもと，その創設からデザインされた学校計画である。

デンバー地区の聾児のニーズに応えるサービスが不足していると感じたコロラド聾者協会の草の根運動に応えて，チャーター校の申請書が，同校のために開発され，ジェファーソン郡教育委員会に提出された。この提案された通学制学校は，デンバー地区の6郡の15の学校区の子を支援する。開校は，1995年秋に予定されている。

1） 使命と目的

就学前より12学年までの教育を提供する。同校は，基本的スキルに加えて，人間存在の積極的状態として「聾」を認知することに使命を持つ。この考えは，ASLの能力と同様に聾の遺産，歴史の知識を含む。同校の目的は，学校が健聴の親，一般社会に対して，資源として支援することである。学校は，聴能指向というより，むしろ視覚指向である。

2） 親の関与

親は，チャーター校申請書の開発に関与した。プログラムが，ひとたび活動を始めれば親のために，ASLと聾文化のクラスが設けられ，親はボランティアとして働くのに応募できる。また，親は学校の理事会，説明責任委員会の代表となる。

3） スタッフ

すべてのスタッフが，ASL能力とコミュニケーション手段として，ASLの使用が可能であることが求められる。聾の知識と言語能力をもとに雇用される。学校の理事会の多数のメンバーは聾者である。面接委員会が面接を実施し，理事会が，面接委員会の選抜について最終的意見を述べる。

4） 二言語モデルと入学方針

逆統合（健聴児が同校に統合する）を含むモデルを提案している。親に聾者をもつなどの健聴児が，入学を許される。両グループ（健聴と聾）が相互に接する

ことにより,両者の言語(ASLと英語)を流暢に使う機会を持つことになる。

5) 言語カリキュラム

ASLと英語の能力(読み書き)を養成する。意味のある,成功をもたらすコミュニケーションに必要なスキルを育てる。聴能訓練,読話,スピーチの訓練は,必要な時に実施する。同校の提案されたプログラムは,方法についてさらに詳細に明確にすべき部分が残されているものの,よく議論され,十分に正当化された提案である。

申請が3つの郡の学校委員会に提出されたが承認されず,その中の1つのジェファーソン郡の学校委員会に再申請することになったが,1995年2月,申請は再度承認されなかった。同校の申請委員会は,1つの選択肢として,州の教育委員会,またはコロラド議会にアピールすることを検討している(チャーター校:アメリカ合衆国で1990年代から増えつつある公設民間運営の新しい学校の試み。保護者,地域住民等が新しいタイプの学校設立を希望した場合,学校の特徴や設立数年後の到達目標を定めて設立の申請を行い,認可されれば公的資金の援助を受けて学校が設立される)。

5. 手話子どもセンター

これは,2〜5歳の就学前プログラムである。1988年のスタート時は23名で,聾児5名,健聴児18名であった。

このプログラムの考えは,カナダのマニトバ州ウイニペグの聾社会のメンバーの間で,1985年にもたらされ「聾プライド会議」で始まった。メンバーは,彼らと彼らの子どもの文化,言語を尊重するデイケア・センターを望んでいた。2年以内に,社会サービス省から資金が確保された。親の委員会が構成され「手話子どもセンター」が設立された。

同センターは,最初から2つのやり方でユニークである。1つは,センターの健聴児は,聾児に対して3倍以上の人数であった。2つ目は,このプログラムは最初から「手話で話す開発プログラム」として知られる,評価的研究を伴っていた。

1) プログラムの目標

手話子どもセンターの目標は,子どものASLと英語の両方でのコミュニケー

ション・スキルを高めること，および2つの文化での学校，生活に備えさせることである。目標達成のために必要な事柄が，いくつかある。
① ASL と英語で，発達年齢相当の言語スキルを習得させること。
② ASL の発達の心理言語学的モデルが，不十分であること。
③ 二言語二文化プログラム促進のためのスタッフの，特別な訓練。
④ 二言語二文化指導の実施において，限られた資源，教材を開発すること。

　2）　研究

　1988年の入学から，1992年の4年間の ASL と英語の言語データが収集され，組織的評価がプロジェクトとして行われた。プロジェクト開始時（1988年）には，70％の子どもに ASL と英語の両方で言語の遅れ（一般的に1年以上の遅れ）がみられた。しかし，4年後の1992年では20％の子どもが，言語の遅れを示すのみであった。

　4年目の主な結果として，次のことが挙げられる。
① 健聴の親の健聴児（13名）は，7名が年齢相当の ASL スキルを有し，2名は ASL の初歩のスキルを有し，3名は両言語（ASL と英語）で遅れを示し，1名は ASL を第二言語として学びつつあった。
② 聾の親の聾児は，年齢相当の ASL スキルを獲得した。
③ 健聴の親の聾児（4名）については，年齢相当の ASL の機能を有する者，初歩的 ASL スキルを有する者，依然遅れを示す者，落伍して遅れを示す者と，様々であった。

　研究者の結論は，手話子どもセンターの成果は，適切な環境と言語モデルに接すれば，効果的な二言語二文化スキルを発達させる可能性がある，ということであった。

　同センターの実践は，健聴児・聾児および二言語二文化プログラムを成功裏に発展させていることに，大きな意義があり，その成果は過小評価されるべきではない。

6. テキサス聾学校

　1991年にテキサス聾学校は，5年間の実験的二言語二文化プログラムを開始した。このプログラムの目的は，二言語二文化諮問委員会が関連する問題を検討，協議すること，そして二言語二文化プログラムを計画，実施することであった。

1） 理念と目的

二言語二文化の重要性と二言語環境，二文化環境の必要性を理念とする。
① ASL の習得を促進する。
② 読み書きを基本に，その概念を最大限に児童に与え，英語の習得を開発する。
③ いかに言語と文化が自己実現を可能にし，それを導くかについて，子どもの意識を高める。

2） 言語の方針

スタッフは，クラス，寄宿舎で，ASL に似た手話表現の開発を求められ，児童には ASL の訓練が提供される。音声英語は，個々の子どものスピーチと聴能の実用的な使用可能性に基づいて，個人ベースで提供される。書記言語はすべての教科で強調されており，ASL，手指英語，コンタクト英語，ピジン手話英語などを通して，適切に働きかけられる。また，芸術としての言語も計画されている。

3） 職員プログラム

すべてのスタッフは，ASL に似た手話表現と手話を身につけることを要求される。このプログラムは，聾の歴史，文化，多文化主義，文化媒介の選択について，訓練を継続している。

4） 親のプログラム

このプログラムでは，親を PTA 活動に結集し，健聴の親が聾の人々に会う機会を与え，すべての親が聾文化に接することを提案している。親に手話クラスの利用と，ASL に似た手話表現を子どもと共に行うことを励ます。二言語二文化の問題についての情報を，ニューズレターで提供する。

5） 研究

二言語二文化委員会は，実験プログラムの自己評価を継続している。クラス，舞台などで，また親と子どもの相互交渉がビデオ撮りされた。これらのビデオ・データから，子どもは自己表現，自己概念のみならず，スピーチと英語による自然なコミュニケーションで進歩がみられたと，二言語二文化委員会は強調している。

同校の実践は，実験的期間にあることを忘れてはならないが，二言語二文化委員会は，同校理事会を確信させるに必要なデータ，および社会と学校の支援を得ていると感じている。

7. クリアリー聾学校

同校は，ニューヨークにあり，1925年に開設されている。1990～1991年に二言語二文化教育を指向した努力を開始し，二言語二文化委員会が組織され，ワークショップが開催された。

1) 使命の声明と活動計画の目的

同校は，個人のコミュニケーション・ニーズと，そのメンバー，児童，スタッフ，家族の文化的違いを認識し，尊重する社会である。ASLと英語は，積極的な自尊心を促進する，オープンな，自然な許容的環境で発達し，すべてのメンバーが社会の中で，その最大限の可能性を達成するために力を与えるものである。

「活動計画の目的」は，州中部資格認定委員会へのレポート（1994）の中で，卒業資格を求める生徒のASLと英語の能力を，個々の生徒の現在のレベルから，1998年には70％へと向上させることを確認している。

2) 子どものためのASL

同校は，ASL能力の向上を達成するために，多くのカリキュラムの調整をし，コミュニケーション方針を明確にした。正式なクラスが，このカリキュラム実施のために予定されている。就学前と初等部の児童は，最優秀のASL能力をもつスタッフによって教えられることによって，ASLに熱中している。これを推進するために，学校は親，家族のために，ASLクラスを提供し続けるであろう。

3) 子どものための英語

英語を第二言語とするプログラムの採用，開発を行う。プログラムは，ホール・ランゲージと正式な英語文法クラスに結合して実施された。英語の書く活動は，物語の語りとASLの使用によって促進されるはずである。子どもは英語を読み，それを正しいASLに翻訳することを教えられるであろう。プログラムが完成した時には，生徒はまた，ASLを英語に翻訳して書くことができるようになるだろう（ホール・ランゲージについては，桑原隆「ホール・ランゲージ」1992, 国土社を参照）。

4) スタッフのためのASL

学校はより多くの聾者を学校に招くことで，多くの言語的役割モデルを増やそうと計画している。学校は，スタッフに手話クラスを提供し続けるであろう。スタッフは，第一言語としてASLを一貫して使うこと，および子どもがいる時は，

常に手話を使うことを求められる。

　5）　スタッフのための英語

　英語を第二言語とする訓練をスタッフは受ける。教師は「共に活動する専門家」とチーム・ティーチングするので，その結果，子どもはASLと英語の両モデルの提供を受ける。教師にとって英語とASLの間の翻訳のスキルの向上が，注目すべき焦点となるであろう。

　6）　聾学習のカリキュラム

　1993年秋に，聾学習のカリキュラムが完成し，クラスの教師に配布された。

　7）　二言語二文化教育に関するワークショップ

　1991～1994年の間に，スタッフや親のためにワークショップ，講演会などが行われた。内容は主に学校，家庭でのASLの使用であった。英語を第二言語として教える方法や聾社会からのインプットなどが，計画されている。

　8）　他の学校の実情調査

　同校の教師，管理者はスウェーデンのマニラ聾学校やカリフォルニア・フレモント校などを含む，二言語二文化プログラムを開発中または実践中の他校を訪問した。

　同校は，二言語二文化プログラム採用に必要な，理念的考えには移行を果たしたが，二言語教育の目的を実現する方向に進みながら，プログラムのいろいろな領域について，開発を続けている。なお，調査・研究活動については計画されていない。

8．アリゾナ盲聾学校

　同校のASLを通して，聾児の英語能力を高める実験的プログラムについて，イリノイ大学とアリゾナ大学の研究チームが1993年から3年間研究を行っている。同校の「学習へのアクセス・プロジェクト」は，連邦教育省から補助金を受けている。研究が，指導の過程と同じように，プログラムにとって重要であると考えている。二言語二文化の2クラスが，すでに計画されていた。

　1）　研究課題

　「健聴家族の聾幼児にASLインプットを提供することが，その子らの英語能力の発達と非言語的領域の能力を促進するか」を研究課題とした。

　2）　理論的背景

研究者は，研究方法を正当化するために，二言語および英語を第二言語とする教育理論を組み合せて，プロジェクトを計画した。つまり，①第一言語（ASL）が指導で使われるときに，多数派の言語（英語）がより良く学習されるという二言語教育理論と，②第二言語は，第一言語とは異なって学習され，学習場面のように正式に，また第一言語に依存せずに，教えられるであろうという，英語を第二言語として教える理論の，両方を支持している。こうしたことから，研究者は対象とする子どものASLスキルの促進を意図する。

3） プログラムの特徴

実験的プログラムは，小学部の2クラスで展開している。6〜12歳からの16名から成り，うち3名は両親が聾であった。クラス，遊びの場面で，ビデオ撮りがされた。1つのクラスで，2名の教師（聾と健聴）がチーム・ティーチングで，第二言語としての英語の方法と共に，ASLを用いて指導を行った。

研究チームは，実験プログラムを実施するために，「言語ベースのカリキュラム」の開発に着手した。その際，研究者は学校の教師と共同して，ASLを紙の上に記述するシステム，つまりASLと英語の組み合せの種類を創案した。

4） 研究デザイン

研究デザインには，3年間のプロジェクトを要した。1993〜1995年の最初の2年間は，クラスの立ち上げ，カリキュラムの計画，そして一部実践と評価を実施した。3年目で，プロジェクトの完全な実施と評価，データ分析，結果の提供などを行った。

分析のため，3つのグループ，両親聾者の子，手話言語をいくらかもっている両親健聴者の子，手話言語をもたない両親健聴者の子，に分けられた。また，実験プログラムをもたない他校の対照群が選ばれた。

5） 評価

クラスと遊びの観察が定期的に行われ，そして，対象グループのASLと英語のスキルが，プロジェクトを通して各学年度3回テストされた。児童の進歩の記録は，観察とテスト結果の両方から得られる。

① 同校のプログラムは，第1に研究プロジェクトであり，3年間の知見が得られることが期待されている。他校のいくつかのプログラムは，開発の進みぐあいに拘わらず，科学的知見を得ることには消極的である。

② 同校のプログラムは，理論的正当性に支持された，指導方法の確立とともに，十分開発されたカリキュラムをもち，またはもつであろう。
③ このプロジェクトは，学校と大学の真の共同研究を表している。

9. メリーランド聾学校

同校は，1969年に正式にトータル・コミュニケーションを採用した，最初の聾学校として著名である。最近同校は，正式にトータル・コミュニケーション方針から二言語教育方針へと移行した。この変化は，言語使用の変化と同様に，理念における基本的な変化を表していると思われる。カリキュラムは，基本的に変化していないようである。

1） 理念と使命

同校の理念は，生徒，親，管理者，職員，スタッフ，理事会，聾社会，同窓会，一般社会の協力によって設定された。声明においてすべての子は，学力的に厳格な，文化的に豊かな環境に対する権利をもつ，と信じられている。早期の言語獲得のために，ASLと英語の言語モデルを提供することが，使命の1つとして設定されている。ASLと書記英語の流暢さを達成するために，言語的に豊かなASLと英語の環境を提供する。

2） 二言語教育の方針

①言語獲得に重要な年齢である乳幼児に，ASLが視覚的にアクセスできるようにすべし。
② ASLの獲得と並行して，英語は第二言語として教えられるべし。
③クラスの内外で，ASLは指導言語として使われ，児童に，情報，知識，偶発的学習に十分なアクセスを提供する。
④管理者，職員，スタッフは，ASLの流暢さを達成することを期待されるだろう。学校は，1名のASL指導者を児童のために雇用し，その者はすべての学校スタッフにASLクラスを提供する。すでに，大多数の児童とASLで効果的に会話することができる。
⑤家族は，ASLの流暢さを発達させるのに必要な機会と支援を受けることができる。すべてのレベルのASLクラスが提供される。
⑥児童は，書記形式で英語を学ぶ。

⑦ 個々の児童に適切である場合，音声言語の指導は，すべての年齢の子どもが利用できる。
⑧ 英語を獲得した後に失聴した場合は，ASL は第二言語となるだろう。
⑨ 英語以外の他の方法を使う家族の児童には，同校は，彼らのネイティブな言語の長所を利用するだろう。

これら上記の項目が，どの程度方針と関連し，また実践と関連するか，必ずしも明瞭ではない。同校は，フレデリック郡の必須カリキュラムを採用しており，厳格な英語指導にますます重要な力点を置いている。スピーチ指導，読話，聴能訓練は，利用できるように保持されている。

10. 全体を通しての結論

Strong は，全体を通して，次のように結論づけている。

多くの要素が，9つの北米のプログラムに共通していた。管理者，スタッフ，研究者の多くは，それぞれのプログラムが発達するにつれて，彼らの考え，経験をお互いに共有してきた。これらのプログラムは，変化への道程に沿って，異なる速度で進展している。殆どは，注意深く進むことを選び，最大のステップ，つまりクラスでの教育方法の変更を行う前に，いろいろな分野からの支持と承認を得ることを求めている。

これらのプログラムは，どれもデンマーク，スウェーデンでみられる二言語二文化プログラムのように，十分に確立されていない。殆どの場合において，カリキュラムとよく定義された指導方法を形成する必要がある。

多くのケースで，学校内外の派閥は，二言語二文化アプローチが価値のあることを，それでも確信する必要がある。

ASL の流暢な，資格ある職員を見出す上での困難さは，1つの隘路となっている。チーム・ティーチングを必要とする方法は，たとえば特別な指導スタッフを求めている。

殆どの学校は，そのプログラムと結合した正式の調査研究に連携をもたず，またその計画もしていない。二言語二文化プログラムが，聾児の言語，学力の面で望ましい成果をあげることが示された場合にのみ，そのプログラムは受け入れられる教育的代替として確立される，機会をもつであろう。

11. 要約

　Strongの詳細な,二言語二文化プログラムに関係する北米9のプログラムについての研究報告は,前記の通りであった。1995年当時まだそれらのプログラムは計画中であったり,一部実践が試行されたりしている段階で,二言語二文化教育の実践の成果は,十分に示されているとは言えない。

　このことは,二言語二文化プログラムへの理念,方針の変革には,まず相当の準備と意識の変革が必要であることを示唆している。また,実践のための種々のカリキュラム,具体的指導法の確立にも,相当なエネルギーを必要とする。しかも,実践の成果を確実にするには,スタッフや親などのASLスキルの習得や成人の言語的役割モデルの必要,二言語環境の整備という前提条件が必要とされる。

　こうしたことから,当時二言語プログラムの実践は計画中,または試行の段階で,Strongも指摘するように明確な成果が示されてはいない。こうした状況は,1970年代にトータル・コミュニケーションが,聾学校などに急速に受け入れられ実践化され,その成果が数多く報告されていったのとは,大いに異なっている。その理由については,後に考えてみたい。

　さて,表8－1に,北米の9つの二言語二文化教育プログラムについて,コミュニケーションの問題を中心に示した。この表から,いくつかの共通点と相違点を指摘することができる。

（1）ASLを第一言語として,子どものASL能力を向上させ,それを基礎に第二言語として英語の読み書き能力を養う点では,各プログラム共通している。ASL能力を英語指導の橋渡し,媒介としている（ASLと英語の翻訳など）。

　こうした点から,二言語プログラムのモデルとしては,図8－1に示す,「移行モデルの第一言語維持モデル」と言うことができるであろう[2]。しかし,第二言語への移行の時期については,いずれのプログラムでも明確ではないが,当然のこととして早くても,子どもが文字言語（読み書き）の理解,表現が可能となる時期を待たねばならないと考える。

（2）聴能と口話は,児童のニーズ,状況に応じて,また適切な場面においてのみ,使用,指導される。手話支援英語（手話を伴うスピーチ）については,聾学習センターにおいて,児童の希望により,また利益になると思われる時のみ使用される。テキサス聾学校では,書記言語の指導に手指英語などを利用している。

表8－1　北米の二言語二文化教育プログラムの状況（1995年）

	名称	ASL（第一言語）	英語（第二言語）	聴能口話
1	カリフォルニア・フレモント聾学校	0～5歳のASLカリキュラムの開発の手順開始。ASLのスキルを用いて、英能能力を築く。	早期に英語の読み書きに接することが必要。	
2	インディアナ聾学校	指文字の使用およびASLから英語への翻訳。ASLは優位な言語で思考やコミュニケーションに使用。	読み書き能力を促進。	スピーチ・スキルの意味ある使用と聴能的違いを認識して、英語のスピーチを教える。
3	マサチューセッツ聾児学習センター	ASLおよびASLに似たコミュニケーションの増加が可能となった。	英語の読み書き能力の向上。	手話支援英語（手話を伴うスピーチ）は、児童の希望、利益になると思われる時のみ使われる。
4	コロラド・マグネット聾学校	ASL能力の養成。健聴と聾の両グループが接することにより、両者の言語（ASLと英語）を流暢に使う機会をもつ。	読み書き能力の養成。	教師、子どもが許容する時のみ、音声言語は使用。
5	カナダ手話子どもセンター	発達年齢相当のASLスキルを習得させる。	発達年齢相当の英語スキルを習得させること。	
6	テキサス聾学校	ASLの習得を促進する。	読み書きを基本に、英語の習得を開発。手指英語、コンタクト英語、ピジン手話英語利用。	音声英語は、個々の子どもの実用的な使用可能性に基づいて、個人ベースで提供。
7	ニューヨーク・クリアリー聾学校	ASL能力の向上のためのカリキュラムの調整。スタッフは子どもに対して、常にASLを使うこと。	英語の読み書きは、ASLとの翻訳によって習得が可能。チーム・ティーチングによる英語モデルの提供。	
8	アリゾナ盲聾学校	ASLの能力の向上によって英語能力の発達を促進する。	二言語教育理論と英語を第二言語として教える理論の両方を具体化。	
9	メリーランド聾学校	ASLの流暢さを達成するための言語モデルの提供。とくに、乳幼児にASLへの視覚的アクセスを。	ASLの獲得と並行して、書記英語を第二言語として教えるべし。	個々の児童に適切である場合、音声言語の指導は、すべての年齢の子どもに利用可能。

Strong, M. A : Review of Bilingual/Bicultural Programs for Deaf Children in North America. A. A. D., 1995, 140（2）, 84-94.より作成

二言語教育プログラム ｛ 移行モデル ｛ 第一言語減少モデル／第一言語維持モデル　並行モデル ｛ 分割モデル／並行モデル

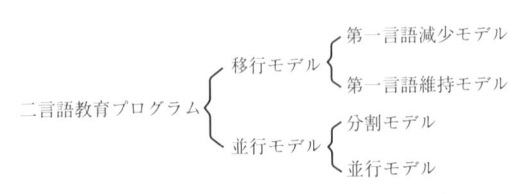

図8－1　二言語プログラムのモデル[3]

（3）二文化（聾者と健聴者の両方の文化）の指導のうち，とくに聾文化については，「聾の学習」というカリキュラムに基づいて，聾の歴史，遺産，伝統，ASLの歴史などについて指導するとともに，自尊心の向上，自己実現を図る点では共通していると言える。

なお，2004年時点で，これら9つの二言語教育プログラムのコミュニケーション方法の実際はどうなっているのか，ギャローデット大学の前述（第3章）の統計調査資料より確かめてみたい。

表8−2にその結果を示した。1995年から約10年経過した2004年の状況をみると，殆どの聾学校等が二言語教育を基本的に継続して使用していることがわかる。インディアナ聾学校は，ASLのみの使用となっているが，これも二言語教育と関係があってのこととみてよいだろう。

なお，二言語教育以外にも，聴覚口話，キュード・スピーチ，トータル・コミュ

表8−2　北米9の二言語プログラムのコミュニケーション（2004年）

		コミュニケーション					
		聴覚口話	キュード・スピーチ	ASL（アメスラン）	手話とスピーチ（TC）	二言語教育（ASLと英語）	その他
1	カリフォルニア・フレモント聾学校			✕		✕	
2	インディアナ聾学校			✕			
3	マサチューセッツ聾児学習センター	✕	✕	✕	✕	✕	
4	コロラド・マグネット聾学校					✕	
5	カナダ手話子どもセンター	✕		✕		✕	
6	テキサス聾学校			✕	✕	✕	
7	ニューヨーク・クリアリー聾学校	✕		✕		✕	
8	アリゾナ盲聾学校	✕		✕	✕	✕	
9	メリーランド聾学校	✕		✕		✕	

注：✕印が採用

ニケーションなどを使用している所が、いくつかある。これは、個々の子どものニーズに応じて、また教育上の必要に応じて使用することを意味していると、解される。その意味で、すべての聾学校等が二言語教育を基本として実践を展開している、と言うことができる。

第2節　LaSassoとLollisの調査研究

聾・難聴児の寄宿制聾学校と通学制聾学校の二言語二文化教育プログラムについて、LaSassoとLollis (2003) が、調査研究を行っている[4]。

全米の78の聾・難聴児の寄宿制校と通学制校の校長等に、1999年3月に、二言語二文化教育に関する質問紙を郵送して、回答を求めた。78校中71校 (91%) が、回答を返送した。

主な調査の結果は、次の通りである。

① 78校中19校 (24%) が、自校を二言語二文化教育プログラムと考えていると回答した。寄宿制校では、63校中16校 (25%) で、通学制校は15校中3校 (20%) であった。なお、校長が聾者と回答したのは、19校中6校 (32%) であった。19校の平均在籍児数は、213名であった。

表8－3　プログラム開始年と校数[4]

開始年	校数	開始年	校数
1989	2	1994	3
1990	3	1996	2
1991	1	1998	1
1992	3	無回答	1
1993	3	計	19

② 二言語二文化教育プログラムを開始した年については、表8－3の通りで、毎年少しずつ増加してきたことがわかる。

③ 各プログラムが、二言語二文化教育に移行した、上位1・2位の影響要因について、表8－4のような報告があった。

表8－4　二言語二文化理念へ移行した要因[4]
（上位1、2位を合計）

移行の理由	件数 (%)
管理者の要望	12 (63)
言語理論	
（例：Cummins言語相互依存理論）	8 (42)
教師の要望	8 (42)
聾社会の要望	6 (32)
研究知見	6 (32)
生徒の要望	5 (26)
親の要望	4 (21)

④ 19校中16校 (84%) が、すべてではないにしろ、殆どの児童にASLを第一言語として奨励している、と回答した。

⑤ 二言語二文化教育プログラムで、

英語を聾児に伝達するために使う方法について（1つ以上の選択可）は，文字16校（84%），指文字10校（53%），文字と共に何らかの手指法（手指コード英語，手話とスピーチ，ピジン手話英語，指文字）10校（53%），手指コード英語，ピジン手話英語，手話とスピーチ7校（37%），文字のみ6校（32%），文字と指文字6校（32%），文字を用いず3校（16%）であった。

⑥ 英語を聾児に伝達するために使用するすべての方法について，プログラム責任者に質問した結果は，表8-5の通りであった。

⑦ 正式な二言語二文化のカリキュラム（毎年の目標，指導方法，教材）を有するかという質問については，15校（79%）がもたない，4校（21%）が有しているという回答があった。

⑧ 正式な読みの指導の開始時期については，4歳前が7校（37%），5～6歳が9校（47%），7～8歳が3校（16%）であった。

上記のような結果から，LaSassoらは，次の点を考察している。

表8-5 聾児に英語を伝達するために使用する方法

	手指コード英語	手話とスピーチ	ピジン手話英語	指文字	キュード・スピーチ	文字
1				×		×
2				×		×
3				×		×
4				×		×
5	×			×		×
6	×					
7						×
8	×					×
9		×	×			×
10						×
11				×		
12				×		×
13						×
14						×
15						×
16						×
17		×	×	×		×
18	×	×	×	×		
19		×	×	×		

① 英語を伝達する方法として，7校（37％）が，手指コード英語または手話とスピーチを用いていることを報告している。この結果は二言語二文化プログラムの創案の主要な推進力が，聾児の英語を発達させる上での手指コード英語，または手話支援スピーチ方式の失敗の認識にあったことを考えれば，驚くべきことである。

② 第2の驚くべきことは，大多数の二言語二文化プログラムが，その教師，サポート・スタッフが ASL 能力で流暢よりも劣っている率が高いことを報告している（流暢，中位，劣の3段階評価）ことである。

19校のうち9校（約半分）が，教師の ASL 能力が流暢に達していないと報告している。2校は，教師の100％が ASL の流暢な使用者だと報告し，1校は同じく教師の80％が流暢な ASL 使用者だと報告している。しかし，6校（32％）が，少なくも4分の1の教師をその能力が劣と評価し，5校（26％）が，少なくも5分の1の教師を劣と評価している。

現職研修の必要とともに，二言語二文化教育に備えた教員養成が急務となっている。

さて，LaSasso らの研究を次に要約してみる。

LaSasso らは，1999年3月に寄宿制校と通学制校78校の二言語二文化教育プログラムについて，質問紙調査をしている。回答は71校（91％）であった。結果は，71校中19校（24％）が自校を二言語二文化教育プログラムであると認めている，と回答した。

プログラム開始の年については，1989年が2校で，1998年まで毎年1～3校が増加している。大多数の学校が，殆どの児童に ASL を第一言語として奨励していると述べている。英語を伝達する上での方法では，文字を通して16校（84％），指文字10校（53％），文字と共に手指コード英語など何らかの手話法10校（53％）などとなった。ASL から英語への移行は，一般に読み書きを通して行われるということから，この結果は，一応首肯できる。

しかし，LaSasso らも指摘しているように，10校（53％）が，手指コード英語などを使用している点は，いわゆる二言語教育主張者が英語能力の発達において，手指コード英語（トータル・コミュニケーション）の失敗を批判してきたことと矛盾している，と考えられる。

また，教師等がASL能力に流暢でないことも，LaSassoらの言う通り，驚くべきことである。二言語教育が台頭して調査時点で約10年が経過したにも拘わらず，こうした状況であると言うことは，二言語教育の実践，研究に関する報告の少なさと，何らかの関係があると思わざるをえない。

第3節　聾学校等の実践報告

二言語教育の実践報告が，いくつかの聾学校等でみられる。

1. メトロ聾学校

ミネソタ州セントポールにあるメトロ聾学校（二言語チャーター校）の研究結果について，Bailes (2004) が報告している[5]。同校は，1993年に設立され，研究時にプログラムは，幼稚部（5歳）から5学年までの39名を有していた。Bailesは，ASLを通して英語の読み書きを教えることに関係して，初等学年の聾児の教師の方略と認識について，検討している。

初等学年の3名の教師は聾者で，うち2名は，聾の家族出身で，ASLはネイティブな言語であった。もう1人の聾の教師は，3歳の時から寄宿制聾学校でASLを第一言語として学び始めた。初等学年（幼稚部〜3学年）には，19児がおり，教師は4名であった。

メトロ聾学校では，ASLが優位であった。指導は基本的にこの言語で行われた。アクセス可能な，理解できる言語によって，教師と児童の間の明瞭な，効果的なコミュニケーションを確実にする。この方略をBailesは「ASLと英語を統合した言語指導」と名づけている。子どもは，ASLにより流暢になるにつれて，注視は，次第に注視，手話表現，読み，書きの4つの様式の間のバランスへと移行していく。

［原理1　ASLと英語で言語モデルを提供］

ASLと英語に流暢な，優れた教師が不可欠である。殆どの子は，ASLまたは英語のどちらについても，確実な言語基礎なしで幼稚部レベルに入学してくるので，とくに，この原理は重要である。

［原理2　聾児にとって第一の自然な言語としてのASL］

ASLを第一の自然な言語として学び，そしてそれを第二言語，つまり英語へと移行させる。子どもが，両言語で同じように流暢になることが目標である。1学

年で，ネイティブな ASL 使用者の2名は，ASL を通して多くの世の中の知識について会話することができた。彼らは，英語の語彙，シンタックスの豊富な知識を有しているので，年齢相当に独立した読み書きをする。

　[原理3　世の中の知識を発達させること]

　同校の教師は，常に世の中の知識を確立するための機会に注目してきた。彼らは，種々のクラス場面で偶然に，また一貫して情報を入れ込んだ。もし，世の中の知識が読み書きの成功への鍵であるならば，この知識に容易にアクセスできることが，聾児にとって重要である。共有する言語で，容易にやりとりすることなしには，知識は伝達されないし，拡充されえない。

　[原理4　ASL と英語のメタ言語的意識と知識を促進すること]

　同校の教師は，手話言語，指文字，書くこと，文字英語を指示することを続け，種々のやりとりを行って，明瞭に2つの言語の橋渡しをする。このプロセスは，1998年に Padden と Ramsey が「連鎖」と名づけたものである。

　[原理5　英語と ASL の両方に近づくことを評価する]

　教師は，子どもが英語から ASL へ，また ASL から英語への翻訳に近づくように励ます。教師は，英語の読み書き能力を促進する方法で，ASL と英語の間の結合を高める。

　観察の結果，クラスの会話は，容易に，素早いアクセスを有していることを示している。子どもらの反応は，ASL は教科内容と言語学習に積極的に関与するための，アクセス可能な方途であることを示している。ASL の使用は，英語の読み書き能力の達成という目標を，そこなうようにはみえなかった。

2.　ミシシッピ聾学校

　Schimmel ら (1999) によれば，ミシシッピ聾学校では，読みの能力を高める先導的プログラム（小学部5名対象）を，1996年春より開始した[6]。結果が良好だったので，その後1997～1998年度には小学部全体48名に対象を広げた。各児の指導は，毎週2回で，1回約20分であった。読みの能力を高めるために，5つの方策を設定している。その1つとして，ASL スキルの発達を目指している。

　同校は，ASL による指導を行っているが，経験から ASL を第一言語としている者は，小学部では両親聾者の3名のみで，あとの両親健聴者の子どもは，家庭手

話を有しているだけで多くの研究者が述べているように，ASL は聾児の第一言語ではない，と言う。教師によって ASL による一貫した言語受容を可能にすることが，英語の優れた能力を獲得させる上で前提条件であるとする。

　これらの子どもにとって，ASL はアクセスしやすいとはいえ，ASL 能力は低いことがわかっている。そこで，① ASL で自分の経験したことを表現する指導によって，その能力を高める，②書記英語を読んでいる時に，概念を一貫して ASL で表現する必要に気づくことによって，子ども（学習者）と教師のコミュニケーションおよび読みのスキルを改善することができる，③英語の句を理解するために，英語を ASL に翻訳（橋渡し）する必要があることを基に，指導を行った。

　とくに，①では，子どもが自分の経験話を ASL で表現する。ASL 教師は，適切な ASL でモデルを示しながら経験話を手話で表現する。教師は，その話を一語一語書記化する。子どもは，学年度の間，4 回手話での物語表現をビデオ撮りされ，分析された。加えて，教師は，1998～1999 学年度末に子どもが経験話を書いた作文を分析した。

　指導の結果は，予測されたように ASL スキルが向上するにつれて，書記英語のスキルが連動して改善することが確認された。また，教師は，1997～1998 年度の最初の対象児 51 名について，子どもの学力，クラスでの行動について評価したところ，このプログラムが子どもの自信，語彙の発達，読みへの態度に，最も大きな影響があったことを確認した。また，読解，スペリング能力，コミュニケーション能力，自己表現，クラスでの全般的行動においても向上が示された。

　結論として，同校は読書家に満ちた小学部になったと言う。教師の指導において，ASL と英語間の翻訳（対比）を用いることによって，子どもの両者の理解を促進することができるようになった。最後に「コミュニケーションと尊敬が，子どもと教師の間で育った。子どもと教師の自己評価が浸透し，コミュニケーションと学習に，より高い教育的価値をおくようになった。我々の読み・言語プログラムは，Johson ら（1989）によって公表された指導原理にかなうものである」と述べている。

3. テキサス州公立学校

　Andrews ら（1997）は，テキサス州ブライアン（人口約 55,000 人，聾社会は 75

名の成人聾者と53名の聾児より成る）の公立学校（統合状況）の二言語二文化プログラムに在学する，聾児7名の進歩の状況について報告している[7]）。

　1993年に4歳（就学前）の時に，6名の対象でスタートし，1994年に5歳（幼稚園），1995年に6歳（小学校1年）の3年間にわたり，進歩の状況を把握した。1994年に1名が新しく加わった。全員1994年と1995年の秋に，テストが行われた。

① 就学前二言語二文化プログラム（1993）は，週5日，半日授業で教師は毎日ASLで物語の本を読み聞かせた。グループ指導は，聾の教師が行った。本や掲示の英語文字を子どもが見ている時，教師，助手は指差してASLで説明した。スピーチ教師が，週2回30分の個人指導を行った。

② 幼稚園プログラム（1994）は，1日授業でASLスキル熟達の健聴の教師，通常幼稚園教師，ASLの助手が担当した。教師は物語の本をASLで読み聞かせを行った。家に対応した手話ビデオ付の物語本を送付した。

　統合クラスは，健聴児8名，聾児6名で，グループ指導では，健聴の教師がレッスンを音声で行い，その間聾児の教師が，情報をASLに翻訳する。健聴児は，聾児と交渉する中で手話言語，指文字の知識をえた。コミュニケーションの専門家が，毎晩1～2の家庭を訪問し，親に子どもの本をいかに読み，手話で表すかを教えた。

③ 小学校1年のプログラム（1995）では，前年度と同じ児童らを，健聴児の教師と聾児の教師の2名がレッスンを共に教えた。子どもは，また「自由作文」の活動をもち，物語の本を読んだあと，自分自身の物語を書いた。英語の習得を促進するための他の活動は，大きなポスター紙に書かれた毎週の詩である。子どもは，その詩をASLを用いて読んだ。手話言語で詩を読んだあとで，教師は英語のレッスンを始めた。

　親は，子どもが4歳で就学前プログラムに在学する時に，ASLを学んだ。殆どの親は，ASLの特徴をもったピジン手話英語に熟達した。

　さて，1994年と1995年秋のテストの結果は，次のようであった。

① 基本概念テストでは，5名は2年以上の進歩を示した。
② 聴覚理解テストでは，ASLの指導は聴覚スキルを減退させないことが，明らかになった。

③ 絵画語彙テストでは，3名は2年以上の進歩，3名は1年以上，1名は1年以下（幼稚園の時すでに最大得点に達していたため）の進歩であった。
④ 子どもの表現の単文レベルの文法的分析では，すべての子が名詞の修飾語，代名詞，主格名詞，目的格名詞，Wh疑問詞，動詞，前置詞などの知識を有していた。
⑤ スタンフォード学力検査では，1996年春，6名とも6つの下位検査（9つの下位検査中）の得点で，1学年相当以上の成績を示した。
⑥ そのほか，観察ノートを記録したり作文を集めたりした結果，1995年1月までにすべての子どもは，大文字，小文字の使用や単語の指文字表現，他の人の指文字表現の文字化，単語に対応する手話表現などが可能となった。
⑦ 子どもたち全員は，誕生してからASLに接してきたのではない。多くの子は早期に口話親子プログラムに在籍し，その後トータル・コミュニケーション・クラスに在学し，さらに，二言語二文化プログラムに入ってきている。

本研究の限界について，次の事柄が挙げられている。

① 上記の好成績は，我々のASLの介入がその第一の理由であると，確実に主張することは，多分できないであろう。教育的研究は，IQとか，教師のスキルと状況とか，様々な複合的要因で満ち満ちているからである。
② 二言語二文化の純粋主義者は，我々のプログラムは真に二言語二文化ではないと主張しつつ，否定するかもしれない。事実，我々の教師，スタッフ，子どもは，聾の家族からの聾者ではない。また，我々を支持する大きな聾社会をもっていない。

最後に，Andrewsらは，第一言語，第二言語の獲得について，次のような考察を行っている。

ある教師は，ASLは聾児の第一言語ではないと主張する。なぜならば，90％の子どもは，音声英語または英語ベースの手話で子どもに接する健聴の親をもつから。他の者は，たとえ聾児が乳幼児から英語（手話，音声，書記）に接しても，英語のネイティブな流暢さを獲得する者は非常に稀である，と言う。しかし，これらの子が獲得するものは，ASLのネイティブな流暢さである。なぜならば，たとえ遅くなって獲得されたとしても，それが子どもが十分アクセス可能な第一言語であるから。

聾児にとって第二言語としての英語の獲得は，第一言語の獲得に似たプロセス

において,言語獲得装置（生得的な知的メカニズムが言語獲得を可能とする）と環境からの意味あるインプットが関係してくる。英語は読み書き活動を伴って,英語の文字が ASL によって説明されるという,社会的文脈において最も良く学習されると,我々は信じている。

4. 要約

　二言語二文化教育の実践の成果に関する研究報告は,けっして多くはない。前述の2つの聾学校と公立学校の統合状況における実践の報告は貴重である。
（1）メトロ聾学校の実践は,ASL と英語の読み書きの関係を検討したものである。3名の教師は,ネイティブな ASL 使用者または ASL を第一言語として学んだ者であった。同校の方法は,「ASL と英語を統合した言語指導」と名づけられた。ASL が基本的な指導言語であり,ASL から英語への移行を目指している。そして両言語での流暢な能力を期待している。
　さらに,世の中の知識,情報を豊かにすることが,読み書き能力向上の鍵であると考えている。また,ASL を英語に翻訳したり,英語を ASL に翻訳したりすることが,読み書き能力の改善に重要であるとする。
　観察の結果,クラスのコミュニケーションは容易で,素早く行われており,ASL が教科内容と言語学習にとって,アクセス可能な方途である,と結論づけている。
　さて,この実践報告は,ASL と英語（読み書き）の関係についての基本的な原則と方略を説明しているが,その成果については観察に基づく記述しかなく,客観的データの提示はみられなかった。この点は,指摘しておかねばならないだろう。
（2）ミシシッピ聾学校は,読みの能力を高めるための1つの方策として ASL のスキルの発達を目指している。殆どの聾児にとって,ASL は第一言語ではないと考えているが,ASL による一貫した言語受容を可能にすることが,英語の優れた能力を獲得させる上で前提条件であるとする。
　指導は,自分の経験を ASL で表現する,英語を読んでいる時に概念を ASL で表現する,英語を ASL に翻訳（橋渡し）する,ことを中心に行われた。
　結果については,子どもの手話による物語表現をビデオで分析した。また,子どもの書いた経験話の作文を分析した。ASL の能力が向上するにつれて,書記言語のスキルが連動して改善することが確認された。このほかにも,子どもの自信,

語彙の発達，読みへの態度，読解，スペリング能力，コミュニケーション能力，自己表現，クラスでの全般的行動において向上がみられた，と報告している。

先のメトロ聾学校と同様に，ASLと英語の読み書きの関係を追求した実践報告であり，両言語を向上させるための方法についても検討している。ここでも，成果についての記述はみられるものの，客観的データの提示がなく，この点もやはり指摘しなければならないだろう。

（3）テキサス州の二言語二文化教育を実施している，公立学校（統合状況）における4歳から6歳までの3年間の子どもの進歩の状況について，Andrewsらが報告している。

教師はASLで物語の本を読んだり，本の英文字をASLで説明したりした。また，統合クラスではチーム・ティーチングにより，健聴の教師が健聴児にレッスンを音声で行い，その間，聾児の教師が情報をASLに翻訳する。子どもは，6歳で自分の経験を自由作文に書いたり，英語の詩をASLを用いて読んだりした。

テストの結果では，概念テスト，聴覚理解テスト，絵画語彙テスト，単文レベルの文法的分析，学力検査において，好成績を示した。また，観察ノートの記録や作文の収集によっても，いろいろな点で進歩がみられた。

この研究では，公立学校の統合状況でASLの能力と英語の読み書き能力の向上を3年間にわたって実践，究明している。公立学校の統合状況でのASLの使用は，第3章でみたように21.6％（1994）を占めており，けっして珍しいことではない。

本研究では，少数の子とはいえ，3年間にわたって実践を継続した結果を，テスト等の客観的データによって示している点は，説得力があると言える。Andrewsらが言うように，これらの好成績がASL介入のみに帰することはできないかもしれないし，このプログラムが，真の二言語二文化プログラムとは言えないかもしれないが，いずれにしても，この研究の成果は一応の評価を得ることができると考えられる。

第4節　二言語教育に関する諸研究

ASLまたは二言語教育の有効性に関する，いくつかの研究がみられる。次に，これらの研究についてみてみたい。

1. Evansの研究

Evans (2004) は、1992年より二言語二文化プログラムの実践をしている、カナダのマニトバ聾学校を対象に、子どものASL知識が、英語の読み書き能力の獲得にいかなる影響を及ぼすか、読み書き能力の発達に寄与する指導活動と方略はいかなるものか、を明確にすることを目的に、研究を行っている[8]。

方法は質的研究方法（フィールド・ワーク）を用い、家庭、学校、地域、社会システムの中で（いろいろな状況の文脈の中で）子どもや活動を観察する。対象は、小学部の4, 5, 6学年（9, 10, 11歳）の3名（2名は、4年と6年で、両親聾者で家でASL使用、1名は5年で、両親健聴者）で、3名の教師は、ASLと英語の能力がある。3名の子どもとも、ASLが第一言語で、書記英語が第二言語である。

研究のスタート時点で、子どものASLと書記英語のレベルを評価した。教師、両親に面接を行うとともに、家、クラスで観察が行われた。クラスでは、1名当たり週1回約2時間の言語指導が、9週にわたって観察された。クラス観察のねらいは、いかに教師、子どもとその活動が、ASLを書記言語に意味をもたせるために結びつけられているか、にあった。家の観察は、3回（初、中間、終）行われ、本読み、物語を話すなどでの読み書き活動を、明らかにすることにあった。

教師は、両言語（ASLと英語）を概念的に正確に翻訳することによって、ASLによる一貫した言語指導を行っている。話しことばは、一対一の個人指導でのみ使われるが、すべての児童が対象ではない。それは聴能または口話スキルよりも、むしろ文字についての情報を付加するために用いられる。

この研究の第一の目的は、理論と実践の間のギャップを埋めることであった。本研究で得られた知見により、教師、親、子どもによって採用された、聾児指導の二言語アプローチが支持され、またこのプログラムの制約が解明された。この結果は、理論を実践化するという目標に貢献するであろう。

なお、Evansは、以上の二言語二文化アプローチを支持するための指導方略について、次のように考察している。

① 対象となった3名の教師は、ASLと英語の翻訳は、両言語の概念、意味の翻訳であること、を指摘している。
② トータル・コミュニケーションで用いられる手指コード英語の問題は、それが

多くの場合子どもにとって意味のある手話に，音声または書記英語を結合させないことにある。1つのコード（手指）が，単に他のコード（音声・書記）に結合されるにすぎず，どちらも，基にある概念に結合されない。

③ 3名の教師は，読み書き能力の発達はスピーチまたは語音ベースである，と信じていた。このことは，二言語アプローチの方略とは一貫していない。

④ 本研究時点で，同校の幼稚部から6学年までの間に，聾の教師は1人もいなかった。このことが，健聴教師による聾学習の実施を困難にした。これも，二言語アプローチの方略とは一貫していない。

⑤ 二言語二文化アプローチに対する見方において，聾児は第一言語のASLの獲得において，しばしば一貫していないと指摘される。彼らの文化の伝達は，親からではなく，友達や地域社会を通して生起する。このことが，このプログラムを実施しない理由とされる。さらに，政治的，教育的システムによってもたらされている，外的な妨害がみられる。

⑥ 聾児にASLの能力を十分習得させるには，早期介入システムの再構築と就学前などの分野で，専門家を再教育する必要がある。

さらに，Evansは別の論文で，二言語二文化プログラムが成功するための条件として，次のように述べている[9]。

教師のASL能力が流暢であること，そして教師のコミュニケーションが快適であることが必要である。教師と子どもが，ASLで真に会話をし，学習に積極的参加をすることである。ASLと聾文化を，クラス内にもたらすことが重要である。親が健聴であるとか，聾のコミュニティが離れているとかではなく，子どもに第一言語としてASL（自然な手話言語）を獲得させることが基本である。

2. Humphriesらの研究

ASL（視覚様式）の言語スキルが，英語（音声様式）の読み書き能力の発達にどのような貢献をするのかは，大変重要な問題である。聾児の教育の第一の目標は，英語の学習と読み書き能力の発達にあるので，手話を使う聾児においてASLと英語の統合は，聾教育者にとって特別な関心事である，とHumphriesら（1999－2000）は述べ，次のような研究を行っている[10]。

本研究は，聾児の指導において教師が用いている，言語構造のタイプと言語の

形式に焦点をおいている。方法として2つのタイプの学校場面で，クラスのレッスン指導（読み，理科，スペリングなど）での教師を観察するため，90時間のビデオ撮りが，いくつかのクラスで行われた。

1つは，州立聾学校で二言語二文化アプローチの学校が選ばれた。もう1つは，大規模な都市公立学校区の1つが選ばれた。これは，聾・難聴児のための学校として指定されている（在学する大多数は健聴児）。聾・難聴児のある者は，固定学級に在学，またある者は健聴児のクラスに統合している（手話通訳者がいる場合といない場合あり）。トータル・コミュニケーションを理念としたクラスで，手話言語が使われる。殆どの教師は，ASLに流暢ではない。学校では，英語ベースの手話表現を奨励している。（表8－6参照）

本研究では，7名の教師が選ばれた。各教師について，15分間の6回のビデオ撮りがされ，合計42回（6回×7名）のビデオテープが分析された。15分間は，説明，討論，相互交渉，問答などを含む。どのようなやり方で，英語とASLを相互作用させるのか明らかにすることが，目標である。とくに，次の点を明らかにする。

① 手話と文字の結合
② 英単語についての導入と話しかけ
③ 指文字と「頭文字のついた手話」の使用
④ 新しい単語・概念の導入

表8－6　対象となった教師の特徴[10]

教師	聴力状況	学校配置	学年	ネイティブ言語
小学校：				
バーバラ	健聴	寄宿制校	3	英語
コニー	聾	寄宿制校	3	ASL
ルイス	聾	寄宿制校	5	ASL
アン	健聴	公立学校	4－5	ASL／英語
中学校：				
サラ	健聴	寄宿制校	7	英語
ビクトリア	健聴	公立学校	7－8	英語
タミー	聾	公立学校	7－8	英語

⑤ 新しい手話の導入
⑥ 文字と言語の結合をはかるために使うメディアの種類
⑦ 教師の用いる言語相互作用のその他のタイプ
　結果は，次のようであった。(表8－7，8－8参照)
① すべての教師は，似たやり方でクラス内で文字を使用していた。
② 聾の教師と健聴の教師の頭文字手話の使用頻度は似ていた。
③ ASLの使用者は，頭文字手話のあるもの（例："r"を頭文字とする手話"river"）については，"新しい"手話と見なしていた。
④ 指文字については，健聴の教師よりも聾の教師は2倍以上多い頻度で使用した。寄宿制聾学校の健聴の教師は，公立学校区の健聴の教師よりも，かなり多くの指文字を用いていることは，注目すべきである。
⑤ 本研究での最も興味ある知見の1つは，教師による「連鎖」の使用の違いである。連鎖は，手話，印刷・書記語，指文字語のような字句を統合させるためのテクニックである。たとえば，ある語を教えるのに「頭文字手話＋指文字＋頭文字手話」，「指文字＋書記語＋指文字」という連鎖で指導を行う。2～3の連鎖がみられるが，4以上の場合もある。
　聾の教師は，健聴の教師よりも多く連鎖を用いており，また，寄宿制校は，公立学校区よりも，より多く連鎖を用いている。
⑥ 新しい語彙を児童に教えるとき，連鎖がしばしば使われる。それを使う教師は，自然にそうしているようにみえる。子どもたちは，新しい語のいろいろな形式，つまり，文字，指文字，手話の形式で与えられる必要があると，教師は考えている。
　最後に次のような考察を行っている。
　公立学校の教師は，英語の語彙を教えるのに指文字や他のテクニックではなく，頭文字手話を可能な限り使う傾向がある。これは，教員養成の間にそのような信念を持つに至ったからかもしれない。

表8－7　頭文字の使用頻度[10]

聾の教師	94
健聴の教師	95.5
寄宿制校	89
公立学校	102

表8－8　指文字の使用頻度[10]

寄宿制学校場面		公立学校場面	
バーバラ	123	アン	44
コニー	268	タミー	146
ルイス	115	ビクトリア	31
サラ	102		

二言語二文化の理念を持つ寄宿制の教師は，指文字と連鎖を多く用い，ASLと英語の間に関連をもたせ，ASLを英語へ移行させることを方針としている。聾でASLがネイティブな教師は，指文字と連鎖を多く用い，ASLの語彙を英語に結合させることを意図している。

3. Strong らの研究

StrongとPrinz (1997) は，ASLスキルは，聾児の英語の読み書きの発達に関連があるか検証している[11]。

対象児は，寄宿制聾学校に在学する者で，表8-9に示す通りである。

方法として，ASLのテストは理解（ASLの物語の理解など）と表現（文法と物語の構成など），英語の読み書きテストは，理解（語彙，文，段落など）と表現（同意語，反意語，物語についての作文など）について実施され，子どもの反応（回答）は，ビデオ撮りされ，得点化された。両親は，家庭での言語使用について質問紙に回答した。

主な結果は，次の通りであった。
① 年少児群（8-11歳）および年長児群（12-15歳）で，母親が聾者の場合のみ，ASLスキルと英語の読み書き能力との間に相関はなかった。健聴の母親の場合，年少・年長群とも，両能力に相関があった。
② 上記を除いて，全対象児のASLスキルと英語の読み書き能力の間に相関がみられた。
③ ASLスキルの高い群，中位の群，低い群についてみると，8-11歳の群では，高い群は低い群よりもまた，中位の群は低位の群よりも英語の読み書き能力が優れていた。高い群と中位の群の間には，英語の読み書き能力で有意差はなかった。なお，12-15歳の群では，ASL能力の高・中位・低群の間すべてで有意

表8-9 対象児の年齢と母親の聴力状況[11]

	8-11歳	12-15歳	計
聾の母親	14	26	40
健聴の母親	42	73	115
計	56名	99名	155名

差がみられた。

④ 聾の母親をもつ聾児群は，全体でも，年長群でも，年少群でも，健聴の母親をもつ聾児群よりも，英語の読み書き能力，ASL 能力とも有意に成績が優れていた。

以上の結果より，次のような考察を行っている。

① 聾の母親の子どもでも，健聴の母親の子どもでも，ASL 能力の獲得は，英語の読み書き能力の促進をもたらす。中位の ASL 能力でも英語の読み書き能力の獲得に有効である。

② 研究結果は，指導言語としての ASL アプローチ（つまり，二言語教育）の価値を示唆している。

4. Watkins らの研究

Watkins ら（1998）は，聾幼児と家族のための「聾の指導者プログラム」の効果に関するデータを得るために，2 つのグループについて比較研究を行った[12]。

第 1 のグループは，定期的な家庭訪問の形式によって，聾の指導者プログラムを受けた子どもであり，これらの子どもはユタ聾学校の支援のもとで「ユタ親子プログラム」に在籍していた。

聾の指導者は，基本的に家庭訪問の間に，家族に ASL を教えること，ASL を使って子どもと交渉すること，家族に聾の文化について教え，地域の聾社会に家族を導入すること，の 3 点に焦点を当てた。聾の指導者は，子どもにとってモデルとしての役割を果たした。聾の指導者は家族のメンバーに，ASL と手指英語（singned English）の違いを教え，子どもと家族には，適切な方法で両方を用いた。子どもは，平均 17.6 ヵ月間，聾の指導者の指導を受けた。1 ヵ月当たり（月平均 4 回）平均 6.5 時間の指導を受けた。

加えて，子と親は定期的家庭訪問を，訓練された両親相談者から受けた。相談者は，親が補聴器とその管理について学ぶこと，子どもの早期の聴取スキルを促進すること，子どもとの早期コミュニケーションを確立すること，子どもが手指英語を学び，使用することを援助した。

第 2 のグループは，「テネシー親子サービス・プログラム」に在籍し，SKI*HI 両親相談者による家庭訪問のみを受けていた。ユタグループと同じく毎週家庭訪問を，1 回約 1 時間受けた。この相談者は，子どもとは英語（音声または手話）を

使用した。

　両グループは，聴力損失などでマッチさせられた（表8－10参照）。両グループとも，それぞれ18名より成り，テネシーの18名は，半分の9名が聴覚口話法を用い，あと半分の9名が手指英語法を用いた。

　方法としては，次の3つの仮説が設けられた。

① 早期の二言語二文化教育を受けた子ども（ユタ）は，SKI*HI プログラムのみを受けた子ども（テネシー）よりも，コミュニケーション，言語の評価で，優れた成績を示すか。
② 聾の指導者の指導を受けた，家族と子どもの間のコミュニケーションは，その指導を受けなかった，家族と子どもの間のコミュニケーションと違いがあるか。
③ 聾と聾児に対する意識と態度は，聾の指導者の指導を受けた親と受けない親の間に違いはあるか。

　こうした仮説に応えるために，各種のテストが選択され，6ヵ月毎に実施された。主な結果は，次の通りであった。

① 指導期間において，「SKI*HI 言語発達尺度」では，「ユタ聾指導者プログラム」の子どもは，テネシーの子どもよりも，理解・表現言語で，より大きな進歩を示した。平均6ヵ月進んでおり，統計的に有意差があった。
② 「導出言語の文法分析：文レベル以前」では，ユタの子どもは，平均獲得得点と最終得点は，テネシーの子どもの同じ両得点よりも，4つの下位検査（単語理解，単語表現，単語の組み合せ理解，単語の組み合せ表現）において高かった。

表8－10　両グループのマッチング要因 [12]

	ユタグループ	テネシーグループ
平均聴力レベル	97.4 dB （85－120）	84.9 dB （70－120）
プロジェクト開始時の平均年齢	27.2ヵ月	28.6ヵ月
SKI*HIプログラム在籍の平均期間 （プロジェクト開始前）	14ヵ月	12ヵ月
発達段階事前テストの平均	0.75	0.75

③「導出シンタックス・パターン検査」(英語の44の基本的文法構造を使用する子どもの能力を検査する)の事後テストにおいて, ユタの子どもは, テネシーの子どもよりも, より高い得点を示した。

④「コミュニケーション・データ用紙」(聾児と家庭のコミュニケーションに焦点を当てた親の報告)では, 研究の初めにユタの子どもは31〜51語の使用, テネシーの子どもは21〜30語の使用と同じようなコミュニケーション能力(語彙レベル)が, 報告された。研究の終りには, ユタの子どもはテネシーの子どもより, より高い言語レベルと語彙の多さを示した。また, ユタの親は, テネシーの親よりも, より高い割合で子どものコミュニケーション内容を理解でき, 同じように子どもが, 親の言うことを, より良く理解している, と報告している。

さらに, ユタの親は, テネシーの親よりも子どもとコミュニケーションするときに, よりフラストレーションが少ない, と報告している。

⑤ 3ヵ月毎のビデオ・テープ調査の分析から, プロジェクトが進むにつれて, ユタの親は, ASLと手指英語(「完全な」)を, より快適に用いるようになったことが明らかになった。その子どもらもプロジェクトの終りには, 親の表現(ASLと手指英語)に, より頻繁に反応した。

⑥ 聾についての「意識調査」では, ユタの親は, 聾文化, 聾社会の価値について, より堅実な意識をもっていた。その理由は, ユタの親は, 100%聾社会の活動に参加していたし, 100%聾の指導者とコンタクトをもっていたことによる。これに対し, テネシーの親はわずか15%が, 聾社会の活動に参加するにすぎなかった。

ユタの親にとって, 家族が手話言語を学ぶ, 子どもが読み書きを学ぶ, 手話の上手な教師をもつ, 子どもが聾の友達をもつことが, 最も重要なことであった。一方, テネシーの親にとっては, 子どもが読み書き・話すことを学ぶ, 公立学校に通う, 手話言語に頼ることなくコミュニケーションすることを学ぶことが, 最も重要なことであった。

以上の結果から, 次のようなことが考察され, 結論づけられた。

① ユタの子どもの場合, 17.6ヵ月間の聾の指導者の指導の結果, 二言語二文化の教育環境と家庭環境が成立し, 理解・表現言語の発達でテネシーの子どもよりも 6ヵ月早い成長がみられた。

② ユタの子どもは, 英語の文法構造の事後テストの際, テスト項目がASLの手話

で伝えられると，テネシーの子どもよりも，2.5倍以上の得点を示した。また，ユタの親は，手指英語使用のテネシーの親よりも，6倍以上の手話を知っており，使用した。
③ 本研究の結果は，聾の指導者プログラムが，聾幼児とその家族にとって，1つのプログラムの選択肢として有効であることを示している。

5. Galvanの研究

聾児が，最初に手話を学んだ年齢が重要である点に着目し，Galvan (1999) は，ネイティブな手話者と早期に手話を学んだ者との間に，ASLの形態素システムの発達パターンに違いがみられるか，検討している[13]。

対象児は，合計30名（6グループで各グループ5名）で，先天性の聾児（重度から最重度）である。ネイティブな手話者（生まれつきの手話者）は，3，5，7，9歳の各グループから成り，早期手話者は5，9歳のグループから成る。同じ州立寄宿制聾学校に在籍しており，多くの教職員は，ASL使用の聾者である。学校の正式なコミュニケーション方針は，トータル・コミュニケーション形式で，ASLと手指コード英語を用いている。

ネイティブな手話者は，聾の両親をもち，誕生から手話に接している。早期手話者は，健聴の親をもつ。このグループは，2～4歳の間に，ある種の手話言語が導入されている。対象児は，最初に絵本を通して見て，その後ストーリーを手話で表す（絵本を見てもよい）。その際に，その様子がビデオ撮りされる。すべてのビデオが記述され，コード化された。

ASLは，手話の動きの体系的変化によって，動詞に相（アスペクト）の情報を組み入れる。たとえば，「病気になる」の手話を短く通常の動きで繰り返すことで，反復の相（「なんべんも病気になる」）を表す。一方，長く通常の楕円で繰り返すことで継続の相（「長い間病気である」）を表す。

動詞の形態素の語形変化（手話の動作による）をみるために，call, look-atなど7つの動詞を選んで分析している。各児の得点は，最大7点となる。

結果は，ネイティブな手話者と早期手話者の間に，動詞の意味を変えるために動詞を使用する上で違いがみられた。図8－2では，各年齢グループの相（アスペクト）の語形変化の全体的頻度が，示されている。

① ネイティブな手話者は，早期手話者よりも各年齢グループで，動詞の相の語形変化の頻度が多かった。
② ネイティブな手話者は，5, 7, 9歳とほぼ同じ相の語形変化の頻度を示したが，早期手話者では，5歳の方が9歳よりも頻度が多かった。

7つの動詞に関係して産出した文の複雑さについて，両者の各年齢グループの結果が図8-3に示されている。つまり，1語手話（Fall），2語手話（Boy Fall），3語手話（Boy Fall Water）というように，手話の文が，いくつの手話で構成されているか，を各文について分析し，文の複雑さの指標（1文当たりの手話数の平均）として示したものである。

この結果，ネイティブな手話者の方が，早期手話者よりも文の複雑さが高いことがわかった。また，両者とも年齢が進むにつれて，文の複雑さが増していることがわかった。この結果は，両者の違いが量的なもので，質的なものではないことを示している。

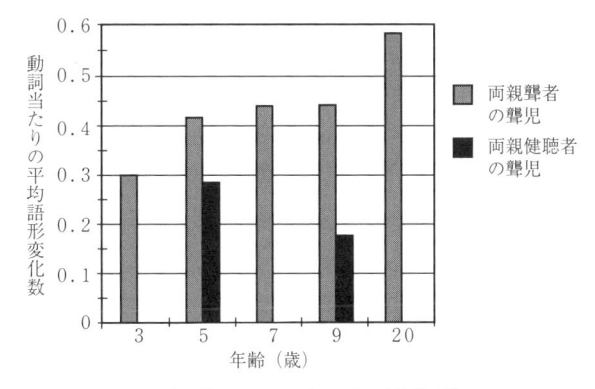

以上の研究から，生後6ヵ月までに手話でスタートし，乳幼児段階での早期コミュニケーションが，非常に重要であることが指摘された。子どもとコミュニケーションするために手話を使用し，その知識を有することが重要で，そのために教師のASLスキルの向上が不可欠で，教員

図8-2 相（アスペクト）の語形変化[13]

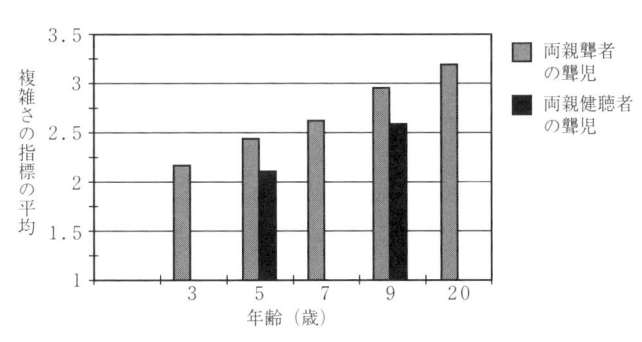

注：20歳の成人ネイティブ手話者2名が能力の基準として加わる

図8-3 文の複雑さの指標の平均[13]

養成や教員の研修に対して本研究は，大きな意義を有する，と結論づけている。

6. SchickとGaleの研究

　SchickとGale（1995）は，聾・難聴児における読みの学習，文字言語の学習は，重要な課題となっていると指摘し，物語の読み聞かせは，言語の意味のある文脈と相互交渉の機会を増加させるので，子どもの言語発達に有効であるという[14]。

　そして，コミュニケーション方法について，聾・難聴児の殆どのプログラムは，手指コード英語（MCE）の形式を採用している。それは，ASLではない。手指コード英語は，つまり音声言語をベースにしており，視覚コミュニケーションの原理に基礎をおいていない。ASLは，聾・難聴児にとってより自然な言語である。なぜなら，自然の視覚コミュニケーションの原理に従っているから，と述べている。

　従来の研究を引用しながら，①SEE2にもっぱら接した子どもは，ASLに似た構造を高い割合で示した（Supalla，1991），②SEE2のみを学んだ子は，その手話表現で英語のある面を省略する傾向がみられた。それは，きわめてピジン手話英語に似ていた（Schickら，1992）と指摘している。

　これに対し，ASLは子どもとの交渉で手指コード英語（MCE）よりもアクセスしやすいとすれば，これに期待がもてるであろうと考え，次のようなコミュニケーション方法の比較研究を行っている。

　研究の目的は，聾・難聴児がASL，MCE，ASLとMCEの併用の3種で読まれた同じ物語に，どの程度参加するのかを調べることである。もし，聾・難聴児が，自然視覚言語（ASL）を好むならば，物語の読み聞かせ活動の間に，その証拠を見出せるであろうと仮定した。ASL，MCEでの物語の読み聞かせ中の子どもの参加の量と質を検討することにより，この仮説を検証した。

　予想として，子どもは，ASLで話される物語の間，より多く参加を示し，彼らの交渉はASLの物語の間の方がMCEが使用されるよりも，より多い頻度で物語に関係するであろう，と予想した。

　通常の指導では，就学前プログラムの子どもに，指導ではSEE2が使われた。物語の読み聞かせは，ASLで行われた（週2回，約2年間実施された）。

　方法は，各4つの物語が，それぞれ①ASL，②ASL＋SEE2，③SEE2で，各2名の成人によって読み聞かせが行われた。上記の②は，殆どの手話は音声を伴な

い，英語の手話表現である。③は，SEE2 のより純粋な形であり，ピジン手話英語とは似ていない。

物語の読み書かせ中は，友達，成人と交渉することは許されるが，教師が質問して子どもが答える方法はとらない。子どもが望むときは，コメントすることを認めるが，語り手は集中して物語を話す。すべての物語が，ビデオ撮りされた。

対象は 4 児で，介入年齢は 4 ヵ月〜1 歳 11 ヵ月の幅があり，テープ録画時は 4 歳 7 ヵ月〜5 歳 1 ヵ月であった。聴力レベルは 98〜115dB，知能指数（動作性）は正常範囲であった。3 名の親は健聴で，手話ができる。1 名の親は聾で，ASL と SEE2 ができる。

各 10 分間の物語の読み書かせのビデオが，分析に使われた。子どもによる友達や語り手との交渉行動が分析された。子どもの行動とストーリーの関係については，次の 3 つに分類された。
① ストーリーと関係した行動
② ストーリーから連想した行動
③ ストーリーと関係ない行動

また，子どもから開始した交渉と成人から開始した交渉について分析した。子どものコミュニケーションは，音声または手話であったが，殆どは手話であった。

主な結果は，次の通りであった。
① ASL と ASL＋SEE2 の方が，SEE2 条件よりも，子どもの成人との，または友達との交渉の数量（頻度）が多かった。但し，違いに有意差はなかった。
② 子どもの行動とストーリーの関係では，「ストーリーと関係した行動」の数が最も多く，他の「ストーリーから連想した行動」「ストーリーと関係ない行動」は，きわめて少なかった。
③ すべての物語の条件（ASL，ASL＋SEE2，SEE2）において，子どもの交渉の相手は，読み書かせという場面から予想されたように，成人の方が子どもよりも圧倒的に多かった。

子どもと成人の間の相互交渉でどちらが先に開始したか（働きかけたか）をみると，子どもの開始の数が，成人よりも圧倒的に多いことが示されている。しかも，子どもの開始は，ASL と ASL＋SEE2 の方が，SEE2 よりも有意に多いことがわかった。この結果は，物語の話し手の相互交渉，物語の読み聞かせ，行動の管

理などのスタイルによるよりも，物語を読み聞かせている際の言語（ASL か英語か）の違いに，より多く負っていることを示している。

次の事柄が考察されている。

① 物語を話している間に，子どもが物語の本を見たいと求めたり，その本を指差したりする行動が，ASL の条件の時の方が，他の2つの条件の時よりも有意に多かった。これらのデータは，次の見解を支持している。つまり，ASL 手話表現は，物語の読み聞かせにおいて子どものアクセスをより可能にする。そしてASL が使われたとき，より多く子どもは交渉を行い，交渉を開始した。

② 子どもは英語手話表現の厳密な形式にはアクセスできない，という仮説は支持されなかった。本研究の子どもらは，大部分の学校，家庭環境で厳密な SEE2 を用いており，ASL を追加することはシステム計画者によって認められているが，ASL の使用は少ないと言える。

③ 本研究で子どもらは，物語が ASL と SEE2 の両方を含む（ASL + SEE2 のような）形式で伝えられるとき，最も物語に熱中しているようであった。SEE2 のみは，子どもにとって最も「興味がある」ものではなかった。

④ 週2回，成人の純粋な ASL 表現に参加し，楽しみ，交渉をもっていることから，ASL を十分学んでいるようであった。本研究は，カリキュラムに，ASL を含むことが妥当な方法であることを，明らかにした。

⑤ 残された課題として，「物語の読み聞かせ条件（3つの条件）の違いによって，どの位物語を理解したのか」，また「子どもは，交渉の中でどのタイプの言語を用いたのか」，を明らかにする必要がある。

7. DeLana らの研究

DeLana ら（2007）は，聾・難聴児の公立学校における，「ASL・英語二言語教育」（この用語は，古い「二言語・二文化教育」に代えて新しい呼称として使われている）の実際について研究している。この研究では，次の2点について検討している[15]。

① 公立学校における ASL・英語二言語教育の実施の一般的発展性。
② 公立学校の児童に使用された時の，その方法の効果。

研究方法として，1年間聾・難聴児のための公立学校プログラムを観察した。ま

た，1997〜2004年のスタンフォード学力検査（9版）の読解下位検査の読解の成績についての量的データが収集され，分析された。教師，スタッフとの面接も行った。2学年から12学年までの25名が対象となった（固定学級のみから完全統合まで幅がある）。家庭での基本的言語は，ASL 2名，音声言語19名，その他の音声言語4名である。教師は，6名（2004）で，すべて聾教育の学士の資格を有していた。通訳者は，8名であった。

このプログラムは，10年間のASLと英語の使用の歴史をもつ。教師は，クラス指導でASLを使うときは，音声の使用は控えている。同時コミュニケーション（手指英語，ピジン手話表現など）は，クラスの多数のグループ指導では使用せず，難聴児にASL（第二言語）への移行のために，一対一または小グループでのみ使われた。

主な結果は，次の通りであった。

① 読みの能力について，すべての子どもの進歩が7年間を通してみられた。24%（6名）が，学年相当の読みの能力を達成した。72%（18名）は，2学年の成績範囲内にあった。
② 子どものASL使用の年数と読解の関係について分析した結果，ASL使用の年数が多い方が，読解の成績が優れていた。
③ 家庭の言語について検討したところ，家庭で英語を使っている子どもの方が，ASLを使っている子どもよりも，やや毎年の平均の読解得点が高かった。

結論として，次の点を指摘している。

多くの学校区は，聾児の教師を少数しか雇用していないので，必要な専門性のレベルを欠くことになるだろう。加えて，学校区は十分な言語モデル（とくに聾者教師），適切なカリキュラム，診断検査，正式な訓練の機会，聾・難聴児の十分に必要な人数，資格あるスタッフの利用，に欠けているであろう。こうした点にも拘らず，とくに適切な計画と支援によって，ASL・英語二言語教育の実施は，不可能ではない。

8. 要約

二言語教育に関するいくつかの研究についてみてきた。また，ASLに関する研究も含まれている。ASLは二言語教育の基本的要素であり，ここで取り上げたASL

の研究は，ASLと読み書き能力の関係，早期よりのASLの導入の効果，コミュニケーション手段としてのASLの有効性に関するもので，二言語教育と非常に関係の深い研究である。

（1）Evansは，カナダのマニトバ聾学校を対象に，子どものASL能力が読み書き能力に及ぼす影響と，読み書き能力の発達に及ぼす指導方略について解明している。

子どもの活動と教師のクラス指導を観察する方法をとった。教師は，両言語を概念的に翻訳する，一貫した指導を行った。結果として，二言語アプローチの有効性と制約が明らかにされた。

この研究では，具体的なデータが示されていない点を指摘しなければならない。また，トータル・コミュニケーションに対する見解が，妥当と言えるか疑問が残る。さらに，読み書き能力の発達は，スピーチ（語音）をベースとしているという教師の考えは，二言語アプローチでは，ASLをベースとしている点と矛盾していると言える。

（2）Humphriesらも，ASLの能力が読み書き能力の発達に及ぼす影響について検討している。対象は，州立聾学校（二言語二文化アプローチ）と公立学校区（統合状況で，トータル・コミュニケーション）の教師7名である。

方法としては，教師の指導場面がビデオ撮りされた。ASLと英語の交互作用のやり方が分析された。結果は，聾の教師と健聴の教師の頭文字手話の使用頻度は，似ていた。指文字の使用については，聾の教師は健聴の教師の2倍以上の頻度を示した。また，聾の教師は健聴の教師よりも「連鎖」の方法を多く用いた。同様に寄宿制校の方が公立学校区よりも，多くの「連鎖」を用いていた。語彙を教えるのに，公立学校区の教師は頭文字手話を，可能な限り使う傾向があった。

これらのことから，二言語二文化の理念をもつ寄宿制校の教師は，指文字と連鎖を多く用い，ASLと英語の間の関連をもたせ，ASLから英語への移行を方針としていることが，明らかにされた。

この研究では，教師の指導活動を聴力状況（聾と健聴）および寄宿制校と公立学校区を対照させて検討している。しかし，ASL指導そのものの実際については，あまり明らかにされているとは思えない。

（3）StrongとPrinzは，ASLスキルと英語の読み書き能力の発達の間に関連があるか検証している。対象は，寄宿制聾学校在学の8～11歳（年少）と12～15歳

（年長）で，母親が聾者と母親が健聴者の4群（合計155名）に分けて比較している。各群の聾児に，ASL能力テストと英語の読み書き能力テストが行われた。

結果は，年長児の両親聾者の群を除いて，全対象児のASLスキルと英語の読み書き能力の間に相関がみられた。また，聾の母親をもつ，年少群，年長群は，健聴の母親をもつ，年少群，年長群よりも，ASL能力と読み書き能力において，成績が優れていた。

こうした結果から，聾児のASLスキルと読み書き能力の間に関連がみられ，ASLアプローチ（二言語教育）が指導言語として価値をもつことが示唆された。

（4）Watkinsらは，聾幼児と家族のための「聾の指導者プログラム」の効果に関するデータを得るために，2つのグループについて比較研究を行った。1つのグループは，この「聾の指導者プログラム」を受けた「ユタ親子プログラム」に在籍する18名である。他のグループはこのプログラムは受けない「テネシー親子サービス・プログラム」に在籍する18名（うち9名は聴覚口話法，9名は手指英語法）であった。

「聾の指導者プログラム」では，基本的に家庭訪問の間に，聾の指導者は家族にASLを教え，子どもとASLを使って交渉し，家族に聾文化について教え，地域の聾社会に導入することに焦点を当てた。ユタの親子は，平均17.6ヵ月間の聾の指導者の指導を受けた。

両グループに，種々のテストなどが行われた結果，次のことが明らかにされた。

① SKI*HI言語発達尺度では，ユタの子は，理解・表現言語でテネシーの子どもより，平均6ヵ月進歩していた。
② 「導出言語の文法分析：文レベル以前」では，ユタの子どもは，テネシーの子どもより，4つの下位検査で得点が高かった。
③ 「導出シンタックス・パターン検査」でも，ユタの子どもは，より高い得点を示した。
④ 親子のコミュニケーション・データから，研究の終りには，ユタの子どもはより高い言語レベルを示した。また，ユタの親子のコミュニケーションの成立は，テネシーの親子より良好で，親のフラストレーションも少ないことが報告された。
⑤ ビデオ分析の結果，ユタの親は，ASLと手指英語を快適に用いるようになったことが，明らかにされた。

⑥ 聾文化，聾社会の価値について，ユタの親は，堅実な意義を持ち，子どもが手話言語を学び，聾の友達をもつこと等を要望していた。

以上のことから，Watkins らは，聾の指導者プログラムが，聾幼児とその家族にとって1つのプログラムの選択肢として有効であることを示している，と結論づけている。

（5）Galvan は，最初に手話を学んだ年齢が重要な問題であると考え，ネイティブな手話者と早期（2～4歳で手話導入）手話者の間で，ASL の手話表現に違いがみられるか検討している。

方法は，子どもが絵本をみて，そのストーリーを手話で表すのをビデオ撮りして分析した。とくに，7つの動詞の相（アスペクト）の語形変化に着目して，解明している。

結果は，ネイティブな手話者は，早期手話者よりも動詞の相の語形変化の頻度が多かった。また，ネイティブな手話者の方が，手話表現の文の複雑さが高いことがわかった。さらに，年齢と共に両グループとも，文の複雑さが増すことがわかった。

以上の結果から，生後6ヵ月までに手話でスタートし，早期段階での手話コミュニケーションが非常に重要であることが，指摘されている。

なお，対象児は，トータル・コミュニケーションを方針とし，ASL と手指コード英語を使用する寄宿制聾学校に在学していた。早期手話者は，ASL または手指コード英語のどちらを，あるいは両方を使用していたのか，不明確である。この点が，結果の解釈に影響を及ぼすであろうことが，予想される。

（6）Schick と Gale は，ASL，ASL＋SEE2，SEE2 の3条件で成人（話し手）による物語の読み聞かせを行い，子どもの参加の量的，質的な程度をビデオ撮りして検討している。対象児は，就学前プログラムの4名であった。

結果は，ASL と ASL＋SEE2 条件の方が，SEE2 条件よりも，子どもの成人または友達との交渉の頻度が多かった。子どもと成人の間の相互交渉で，どちらが先に交渉した（働きかけた）かについては，ASL と ASL＋SEE2 の方が SEE2 よりも多かった。

こうした結果から，ASL の条件の方が，物語の読み聞かせにおいて，アクセスをより可能にすることがわかった。一方，子どもは英語手話表現の厳密な形式（ここでは SEE2）にはアクセスできない，という仮説は支持されなかった。

さて，物語の読み聞かせにおいて，ASL または，ASL ＋ SEE2 の使用が有効であることが示されたが，この就学前プログラムは，通常指導には SEE2 が用いられており，ASL での読み聞かせが約 2 年間にわたり，週 2 回実施されてきた。この点が研究結果にどう影響したと解釈すべきか，不明確である。

（7）DeLana らは，公立学校の統合状況にある聾・難聴に「ASL・英語二言語教育」を行った結果について解明している。対象児は 25 名（2 ～ 12 学年）で統合の程度は異なっていた。このプログラムは，10 年間の ASL と英語の使用の歴史をもつ。ASL は，多数のグループ指導で用いられ，同時コミュニケーション（手指英語など）は，難聴児に一対一または小グループでのみ使われた。

主な結果は，すべての子どもに読みの能力の進歩がみられた（1997 ～ 2004 年の 7 年間）。子どもの ASL 使用年数が多いほど，読解の成績が優れていた。

多くの学校区は，聾児のための教師の雇用，適切なカリキュラム，正式な訓練の機会など不十分な点があるが，適切な計画と支援があれば，統合状況において ASL・英語二言語教育の実施は不可能ではない，と結んでいる。

なお，DeLana ら（2007）は，従来の ASL・英語二言語方法に関する「実証的データ」を示している研究について，表 8 − 11 のように要約している。最近の研究も含まれており，今後の研究の発展が期待される。

第 5 節　ASL（二言語教育）の問題点について

ASL または二言語教育に対する問題点については，その議論，実践の開始以来，トータル・コミュニケーション支持者などから，批判や問題点の指摘がなされてきた。

ここでは，まず，ASL についての誤った神話を批判する立場からの主張と ASL の学習，指導上の問題について支援する立場からの見解についてふれたい。次に従来から批判，指摘されてきた ASL または二言語教育の問題点についてみてみたい。

1.　ASL の誤った神話について

カナダのヨーク大学の Mason と Ewoldt（1996）は，ASL に対する誤った神話について，次のように批判している[16]。

（1）ASL は，真の言語ではないという点。

表8-11 従来のASL・英語二言語方法に関する実証的データを示している研究[15]

研究	人数	結果
Andrew et al. (1997)	7	二言語・二文化プログラムは、就学前から1学年の子どもに、基本概念、絵画語彙、英文法読み、ASL能力、英作文、数学的スキルを含む、多くの領域において、有意な積極的なインパクトを与えた。
Hoffmeister (2000)	78	ASL知識と特別な読むスキルの関係が観察された。広範にASLに接触した子どもは、ASLへの接触が限られた子どもよりも、ASLと読解で高得点であった。また、ASL使用者はMCEの作業で、MCE（手指コード英語）使用者より高成績であった。
Kuntze (2004)	91	ASL文章のレベルは、英語文章の理解に関して、有意な予測力をもつ。両親聾者の子どもと、健聴両親の子どもの間で、ASLと英語の読み書きスキルで有意な差が示された。
Li (2005)	15	子どもの再話得点と科学概念の理解は、二言語技術の事前事後調査—事後調査によって有意に増加した。聾の二言語児は、健聴の二言語児に比べて、統計的に有意な利得を示した。
Mayberry (1989, 1999) Mayberry et al. (1999)	48	ASLの英語のストーリー理解測定、ASL物語とスタンフォード学力検査（9版）下位読み検査の得点、ASL文法スパンと英語物語理解の間で統計的に有意な関係がみられた。
Moores et al. (1987) Moores & Stwart (1990)	130	面接のASL言語能力と16〜18歳生使用の5つの標準英語読み測定（1組）の間に有意な関係はみられなかった。
Nover et al. (2002)	122	ASL・英語二言語の訓練を受けた教師をもつ子どもは、スタンフォード学力検査（9版）の英語語彙と言語下位検査得点で有意な向上がみられ、より若い8〜12歳は、同学力検査の英語語彙、読解、言語下位検査で、国内標準よりも有意に高得点であった。
Padden & Ramsey (1998)	31	親の聴力状況に拘らず、ASLテストの結果は、読解と相関があった。読みスキルとASL文の順序、ASL動詞の一致、ASLの模倣、指文字、頭文字化手話との間に、関係が見出された。
Prinz (1998) Prins & Strong (1998) Strong & Prinz (1997)	155	ASL能力と英語読み書きの間に、統計的に有意な相関がみられた。健聴の母親の子どもよりも、聾が聾の母親の子どもは、ASLと英語の検査においてのみ高得点であった。
Singleton et al. (1998)	80	ASLに接触した期間が、ASL能力を促進することがわかった。9歳以後、ASLがとくに流暢な子どもは、いくらかの英語記述検査で、ASLの流暢な友達よりも成績が低かった。
Smith (2006)	123	スタンフォード学力検査（9版）の英語読解得点が高い子どもは、また、ASLの音韻、形態素、シンタックス、意味、語用のASLテストでも好成績であった。

Stokoe と Belugi-Klima によって指導された研究 (1979) 以来，数えきれない多くの言語学者が ASL は実際に言語であることを確立してきた。最近のクラスの経験は，物語の本を ASL を使って共に読むことで，伝達の言語 (ASL) と本の言語（書記言語）の間に，早期の橋渡しを築くことができること，を示している。
（2）ASL の使用は，児童に学習の遅れをもたらすという点。
　聾の親の子は，健聴の親の子よりも成績が優れている。これは，生れて以来ネイティブな手話言語を使用している事実に，多くの研究は帰している。
（3）ASL の使用は，聾児のスピーチの学習を妨害するという点。
　両親聾者の聾児のスピーチは，両親健聴者の聾児と同等か，より優れているということを研究が示している。ネイティブな手話言語の使用は，実際に口話言語の学習を促進するという研究もある。
（4）ASL は，健聴両親に受け入れられないか，学習されないだろうという点。
　健聴両親は，ネイティブな手話言語を学習できるし，学習する（Mahsie, 1995）。
（5）ASL は，聾児の90％にとって，ネイティブな言語ではない。なぜならば，それらの子は，健聴両親を親にもつから，という点。
　ネイティブな言語とは，子どもが完全にアクセスできる最初の言語である，と定義される（二言語教育法）。また，それが親から学習される，されないに拘らず，子どもにとって自然に獲得され，使われるものである。
（6）手指英語は，書記英語により良く合致しており，それ故 ASL を使う時よりも聾児の読み書きのより良い学習を援助するという点。
　ASL に似た手話表現を行う聾児は，手指英語（これは理解や手話者に負担を増す）の使用よりも，書記言語のより良い理解を示していると Ewoldt (1977) の研究は明らかにしている。ASL は，英語の獲得を妨害するよりも，むしろ促進する。
（7）もし児童が ASL のみを使用し，手指英語を使用しなければ，プログラムは真に二言語使用ではないという点。
　聾者にとって，英語は書記形式で最も良く学習可能である。なぜならば，書記英語は真の言語であり，それは言語の口話形式よりも，聾の学習者にとって，より十分にアクセス可能である。手指英語は，言語の真の形式ではない。それ故，教育の言語としては，不適切であり，二言語使用状況において，言語の1つとしての資格を与えることはできない。

2. ASL 学習の問題点

　Kemp (1998) は，この論文の真の意図は，ASL の学習から人々の意欲を失わせることではなく，ASL 学習者が現実をチェックできるように援助することであると述べ，ASL の学習，指導上の問題点を，次のように説明している[17]。

　一般の人は，ASL を学ぶのは大変容易であるという，一般的印象をもっているが，それは事実ではない。ASL は，他の言語とは異なる独自の言語であることが，確立されてきた。ネイティブな英語の話し手が，他の音声言語を学ぶのに，いかに時間がかかるかを想像してみよう。

　Jacob (1996) によって議論されているように，ネイティブな英語の話し手が学ぶ，外国語の困難さのレベルは，4 段階に分類されている。英語の話し手が学ぶ上で，易しい順に①フランス語など，②インドネシア語など，③ギリシャ語など，④日本語などであり，Jacob は，ASL はカテゴリー④に相当する困難さがあると指摘している。そして，平均的英語の話し手は，ASL の能力レベル 2（日常の社会的要求は満たせるが，仕事上の必要には制約を受けるレベル）に達するには，1320 時間の指導（ASL クラスで約 8 年かかる）を受けなければならない，と強調する。

　Kemp は，ASL を学習する際に生じる様々な問題点を，次のように指摘している。

　(1) ASL 使用者（聾者）に対する文化，経済的地位などに関する優越感，または逆に劣等感や否定的態度（第二言語としての ASL の習得を成功させるには，相互の尊敬が必要）。

　(2) 第一言語（ネイティブな英語など）のルールを第二言語（ASL など）に誤って適用する問題（シンタックス，形態素，会話などのレベルでこの誤りが生じる）。

　(3) ASL を学ぶ健聴者は，聾者の文化が自分のネイティブな文化と違うという感情をもつ。また，ASL を学ぶには，自分の音声と耳を使うのではなく，目と手を使うコミュニケーションへの移行を強いられることになる。そして，自分が聾者とコンタクトしようと努める時，受け入れられていないと感じるかもしれない。

　(4) ASL でコミュニケーションするには，手を使用するが，手話と同時にスピーチを使ってはいけないと言われると，健聴者はこれに十分適応しなければならない。ところが，ある ASL 学習者は，同時に話し，手話する傾向があるという理由は，たぶんこのことにある。

　(5) ASL 学習の動機づけとして，2 つのタイプがある。1 つは，仕事を得たいた

めとか昇進，昇給のためとかであり，もう1つは，同僚，隣人，人生のパートナーとして，聾者の社会に入っていくために，ASLを学ぶというものである。前者のASL学習の結果は，ある所で留まってしまうが，後者の場合は，高いレベルの手話表現と文化的コンタクトを維持する。聾者と頻繁にコンタクトすることが，ASL学習者の言語獲得を促進可能とする。

　第二言語としてのASL学習者が，初歩のレベルから中級のレベルまで進むよりも，中級レベルから上級レベルまで進むのに，より長い時間がかかることをはっきりと知ると，意欲が失われるかもしれない。

　こうしたことは，意味するのだろうか——我々はASL学習者がどのレベルの能力を達成すべきかに関して，彼らに対する期待を低めるべきであるということを。私（Kemp）の意見では，答えは否であるべきだ。最低でも，ASL学習者と仕事をする聾の専門家，人々は，理論的観点から，第二言語の獲得のために必要となることについて，より良い理解をもつべきである。

　同時に，我々や第二言語としてASLを学んでいる人々に援助を提供し，学習のプロセスは全く挑戦的であることを認めるべきである。それにも拘らず，我々は学習者が能力（確実にレベル2以上）を達成することに，高い期待を維持しなければならない。

3.　二言語教育批判

　1980年代より二言語教育の提唱，提案が盛んになり，その後試行的実践が1990年前後よりみられるようになるにつれて，二言語教育についての批判がますます現れるようになった。その要点をまとめれば，次のようになる[18]。

（1）二言語教育の枠組では，アメスラン（ASL）は聾児のネイティブな第一言語と主張されている。これは，90％以上の健聴両親の聾児には当てはまらない。アメスランの使用は，聾児の話しことばの使用を妨害する。

（2）健聴の親に，手指英語方式に代えてアメスランを基本的，独占的なコミュニケーション様式として期待するのは，合理的ではない。

（3）教育の目標，カリキュラム，指導，学習について，殆ど全く議論がされていない。また，そのプログラムの研究や成果の評価について殆ど関心が示されていない。理論や実践が十分でないのに，急進的な主張のみが先行している。

（4）二言語教育において，英語について強力な学習が行われないと，英語学習が成功するかどうかわからない。子どもにとって，流暢な英語の獲得よりもピジン化が生じるかもしれない。また，英語をネイティブとする親は，自分の言語を捨てて，アメスランを受け入れるだろうか（Maxwell, 1990）。

（5）アメスランから書記英語への移行は，口話英語または手指英語からの移行よりも，困難が伴うだろう。

（6）英語を第二言語として十分獲得する前に，第一言語がよく開発されていなければならない。二言語教育の環境が必要で，教師はアメスランと英語の二言語使用能力をもたねばならない（Quigleyら, 1984）。

（7）多くの教師は，アメスランを学びたいと考えているが，主要な教育活動に役立つアメスランを学ぶことは困難であろう。学校においてアメスランの能力を十分に有する健聴の教師を配置できるのか。また，資格のある聾者教師を確保できるのか（Stewart, 1990）。

（8）アメスランは，広く用いられている正字法（書記方式）をもたない。語彙は英語よりも制限されている。健聴の両親は，アメスランを早く，上手に学ばねばならない。しかし，一般に，これらの親はアメスランに熟達せず，ピジン手話英語にはかなり熟達する場合がある。スピーチと聴覚活用の訓練は，二言語使用では，実際上遅延して扱われることになる。この結果は，望ましいことだとは考えられない（Bornstein, 1979）。

（9）アメスランを教師に教える効果的方法，聾児の学習におけるコード・スウィチングの有効性，教師と児童のアメスラン能力の評価については，殆どわかっていない（Stewart, 1990）。

（10）早期段階で，個人のニーズに応じたコミュニケーション方法の適用という点から，アメスランの集中指導は，選択肢をせばめることにならないか。親のニーズも異なっており，親によっては同時コミュニケーションや口話を用いる（Quigleyら, 1982）。

（11）アメスランから英語の読み書きへの移行は，スピーチを介さずに効果的に可能なのかどうか。アメスランによる認知，思考の発達を基礎に，英語の読み書きを導入していくことは，全く不可能とは言わないまでも，困難を伴わないだろうか。

4. 要約

　二言語教育の提唱,台頭以来,二言語教育および ASL に対する,様々な批判や問題点の指摘が行われてきた。

　このことに関連して,Mason と Ewoldt は,従来の ASL に対する批判的な神話を否定するという意図から,反論を行った。その見解は妥当な点もあり,全面的に首肯できない部分もあると考えられる。草薙(1996)が従来の二言語教育,ASLに関する批判,問題,課題について検討した内容は,Mason らの見解と対立する面が多くあり,ここでは,その１つ１つの正否を取り上げることはせず,最後の「総括」の節で最近の二言語教育の動向との関連で検討したいと考える。

　Kemp(1998)の論文は ASL 学習を促進する上での提言を含み,ASL 学習者の意欲を喚起する意図で述べたものであるが,内容的には ASL の学習は予想以上に困難であることを,はからずも示している。この問題は,二言語教育の発展にとって,１つの隘路となっている点である。今後,その解決策の検討と実践が必要であろう。

第 6 節　総括

　最近の二言語教育の実践,研究をふまえて,二言語教育の諸問題について総括したい。

1. 実践・研究報告の少なさ

　歴史的には,1960 年代末に台頭し,急速な発展をみたトータル・コミュニケーションが,二言語教育を導出した１つの要因となったと考えられる。二言語教育の提唱,主張は 1970 年代よりみられたが,1980 年代に入ってますます高揚し,1990年前後に二言語教育の先駆的実践が,いくつかの聾学校などで開始されたことは,前述の通りである。

　その後の二言語教育は(一般に二文化教育と一体となって二言語二文化教育と言われている),先にみた 2004 年の統計資料では,聾学校の 21％ が採用していることが示されている。しかし,本章でみてきたように,聾学校等での実践報告は,あまり多いとは言えない。

　トータル・コミュニケーション台頭後の 20 年間にみる,目をみはるようなトー

タル・コミュニケーションの実践・研究報告の多さに比べると，二言語教育に関してはいささか実証性に乏しいように思われる。

このことに関係して，Schirmer ら（2000）は，「聾児のための多くの教育プログラムが，二言語教育モデルと方略の特徴を取り入れてきたが，これらのアプローチの効果に関する研究が，今まで欠如している。文章は雄弁で，文献は，二言語教育を支持する多くの論文や文章を含んでいる。しかし，これらのアプローチを実施したプログラムは，他の人々が何が特徴であるか，何が効果的でないのかを知るのを助けるようなデータを，殆ど提供していない」と述べている[19]。

また，Bailes（2004）は「未だ聾児のための二言語プログラムで，実際の実践についての体系的研究に基づく証拠は，乏しい」と指摘している[20]。 同じく，Marschark ら（2006）は「不幸にも二言語教育が，指導の言語においても，または種々の内容教科の学業成績を促進する点でも，二言語の流暢さを提供することで成功している程度について，未だ殆ど評価がみられない」と述べている[21]。

こうした実状をどう解釈すればよいのだろうか。その理由の1つは，二言語教育のプログラムを実施する上で，ASL に熟達した教師や指導者が十分配置されていないのではないかと推測される。このことが，ASL から書記英語への移行とその成果（ASL 能力の習得と読み書き能力の発達）を明確な形で示しえていない原因となっていると思われる。また，早期からの ASL の発達，習得を記録する上で，ASL が書記形式をもたないことから，そのデータを収集，蓄積する上で困難があるのかもしれない。実証的なデータを示すよりも，記述的な説明にとどまってしまう，と言えるだろう。

なお，以上のような指摘はあるが，先に紹介した DeLana ら（2007）の最近の実証的なデータを示す研究において，ASL 能力の高さと英語の読み書き検査の高得点との間に関係がみられた，という結果がいくつか示されている。今後，こうした研究が蓄積され，ASL の早期導入が英語の読み書きへの移行を確立していく方略が，証明されることが期待される。

2. 二言語教育プログラムの意思統一

先の Strong の調査からは，トータル・コミュニケーションなどからの二言語プログラムへの移行，開始が必ずしも容易に，円滑に行われていない実状がうかが

える。学校内での意見の違い，親の説得，行政側からの圧力などいろいろ問題があるようにみえる。とくに，従来の教師，親の意識を変革し，意思の統一を図ることが実践開始の基礎となる。

　こうしたことは，聴覚口話からトータル・コミュニケーションへの移行では，それ程みられなかったことである。二言語教育の開始のための準備（理念・方針の設定，カリキュラムの編成，カリキュラムの手引の作成，ASLスキルの習得，具体的指導法，教材・テキストの準備など）に，かなりのエネルギーを必要とすると言える。

　このように，二言語教育を宣言しながら，実際にクラスで開始されるまでに時間的遅れが生じ，このことが先に指摘した実践報告，研究報告の少なさの一要因となっている，と言えるかもしれない。

3. ASLが基本のコミュニケーション

　二言語教育では，例外的に子どものニーズに応じて，聴覚口話ときには手指英語などを使用するが，原則としてASLのみを第一言語として使用する。このことによって，聴覚口話の発達は早期段階では不十分となり，一般的な音声英語から書記英語への発達への道筋は，閉されてしまうのではないか。こうしたことから，ASLから手指英語方式を橋渡しとして，書記英語への発達を主張する立場もある。

　また，二言語教育で健聴児の両親はASL能力に熟達せず，親の用いるASLは，ASLの特徴を有するピジン手話英語になっている，という指摘もある。そして，子どもにとっても流暢な英語の獲得よりもピジン化が生じるかもしれない，という見解もある。二言語教育では，ピジン手話英語や英語ベースの手話表現をどのように位置づけ，扱っていくのであろうか。ASLのみに限定し，子どもたちにピジン手話英語は全く認めないのか，不明確である。さらに，手指英語の使用や扱いをどう考えていくのかも，不明である。前述のように二言語教育を標榜する19の聾学校プログラムを対象としたLaSassoらの調査結果にみられる，約半数の聾学校が英語を伝達するために手指コード英語，ピジン手話英語などを使用しているという実態をどう解釈すべきか。今後の検討課題となっていると考えられる。

4. ASL の習得の困難さ

　トータル・コミュニケーションの場合は，それまでの聴覚口話法をベースに音声言語（スピーチ）に対応して手話を同時使用するという方法が，それまでの教師，親に比較的受け入られやすかったと言える。教師は手話の語彙を習得し，いくつかのマーカー（手指英語方式で創案されたもの）を習得すれば，スピーチの際，適切に英語に手話を対応させることが可能である。

　手話の一致度については，第2章などでみたように，本人の研修と熱意が十分あればかなり高い一致率を達成することができる。このことは，大多数の健聴の両親にとっても，ASL の習得に比べれば英語（第一言語）をベースに手話を用いるということで，受け入れられ易かったと言える。Schirmer ら（2000）は，親にとって ASL は第二言語または外国語である。二言語教育プログラムは，ASL への親の態度について，直接対処する必要がある，と指摘している[22]。

　二言語教育の提唱者が強調するように，ASL に流暢な教師と両親が不可欠であるということが，現在までの二言語教育の進展の中で確立されてきたのか，という疑問が残る。この点について実践報告の中でも，必ずしも十分確立していると評価されていない。

　Simms ら（2007）は，教員養成において，二言語教育についての知識，理解をもち，また，ASL の能力を持った教員の養成が十分行われておらず，依然聴覚・口話アプローチを基本にした教員養成プログラムが多いことを指摘している[23]。

　また，健聴の両親は，聾の両親に比べて，様々なハンディキャップをもつと Easterbrooks ら（2002）は，次のように述べている[24]。

　健聴の両親は，聾児をもつ可能性を全く考えていなかったし，まして子どものコミュニケーションの発達での自分達の役割について考えてはいない。子の聴力損失についての悲しみ，調整に加えて，健聴の両親は，医療，コミュニケーション，教育上の選択肢を選ぶという課題に直面する。また，多くの親は子どものコミュニケーションの指導者になることを，全く考えていなかったので，その責任に圧倒される。多くの親は，自分たちの子どもに，ネイティブな，または第一言語システム（ASL）を教え込む上で困難を有することは，疑問の余地がない。

　ASL の習得の困難さについては，本章で Kemp が論述しているように，健聴の教師，両親，家族にとって，不可能とは言わないまでも，それほど容易なことで

はない。こうした点をいかに解決していくのか，その方策を検討していくことが今後の課題となる。

5. ASLから読み書きへの移行

　二言語教育では，ASLを第一言語として習得させることにより，概念，認知，思考，コミュニケーションの発達などを図り，それをベース，あるいは橋渡しとして英語を第二言語として習得させていくことを，目標としている。英語は書記言語（読み書き）として導入することを原則としている。その移行の時期は，不明確であるが，子どもが文字の読み書きが可能になる時であり，早くても3～5歳頃が想定されている，と考えられる。

　こうした移行の実際については，あまり明確ではないが，ASLをベースに読み書き能力の習得がどの程度，どのように達成されているかについても，実証的なデータに乏しいように思われる。今後の成果が期待される。同じく学力の向上についても，十分検証されているとは言えない。また，ASLのカリキュラムの設定とその実施についても，その報告は少ないように思える。1990年頃から10数年を経た現在でも，こうした事情はそれほど変っていないと言える。

　こうした点についての実績報告の欠如は，二言語教育の方法に何か問題があるのか，あるいは，実績を報告するまでに，なお時間を要するということなのか，明確ではない。

6. 他の手指方式とASLの関係

　ASLは，歴史的にアメリカの聾者の間で用いられてきた，伝統的な，自然な手話言語である。聾者にとって，ネイティブな言語であると言われている。二言語教育では，聾児にとって習得が容易であると考えられている。ASL（第一言語）を可能な限り早期より使用することを目指している。

　トータル・コミュニケーションでは，方法的には，スピーチと手話の同時使用を基本に，英語（スピーチ）を手話（指文字，マーカーを含んで）と対応させて表現することを目指してきた。英語が第一言語である。

　これに対して，両者の中間型として，「英語ベースの手話表現」（「英語ベースの手話」）があり，これは「聾者の社会や聾児の多くの教師にみられる自然な表現」

と言われ，成人聾者の間で長い間存在してきた（これは，スピーチを伴う場合と無声で口形を伴う場合がある）。

Akamatsu ら（2004）は，従来の研究を引用しながら，次のように述べている[25]。

英語ベースの手話表現を聾者は，健聴者に対すると同じく，お互いの交渉で用いる。手話はいくつかの手指コード英語方式に厳密に固執してはいないが，手話の語順は明らかに英語の文法に類似していることが示されている。コンタクト手話の出現は，ASL の進行中の自然な改革の1つの側面である。それが，すでに聾者と健聴者のコミュニティ間の避けられないコンタクトの必然的な結果であるのと同じように。

また，Stewart（2006）は，次のように述べている[26]。

文献において，英語ベースの手話表現（English-based Signing）は，ピジン手話英語（Pigin Sign Englis, 1973, Woodward），コンタクト手話表現（Contact Signing, 1979, Lucas & Valli），近代的 ASL（Modern ASL, 1990, Bragg），手話英語（Sign English, 1990, Woodward），自然的手話システム（Natural Sign System）と，いろいろ名づけられてきた。

英語ベースの手話表現は，「英語の文法をモデルとしながら，英語と ASL の言語的特性の使用は種々であるところの手話の方法」であると定義する。これは，文法的に正しい英語の視覚的モデルを提供する最善の手段である。自然な方法で英語が学べる。概観したところ，ASL と英語ベースの手話表現の主張者のどちらも，自分の方を支持する研究，実績が乏しいことを認めている。そして，両方法とも学年相当の英語能力レベルを達成しているという研究証拠は，示されていない。

なお，Stewart は，トータル・コミュニケーションの手指コード英語は，長い間何らかの教育的使用上の欠陥を修正せずに，実行されてきた。手指コード英語は，30 年間存在してきたが，その評判は研究者，教師の間で衰えてきたように思う。対照的に，英語ベースの手話表現は，クラスで使われ続けている，と述べている。

7. 実践・研究から学ぶもの

前述のように，二言語教育の成果についての実践，研究の報告は乏しいが，本章でみてきたようにいくつかの示唆に富む内容がみられる。

次にいくつかの点について，記してみたい。

(1) 子どものASLによる経験話を，教師が一語，一語書記化する。その後，子どもは経験話を作文に書く。
(2) 英語を読んでいる時に，概念をASLで表現する（ASLに翻訳する）。
(3) 物語の本を子どもにASLで読み聞かせる。教師は，本の英語句をASLで説明する。
(4) 寓話をASLで要約して，生徒に手話で聞かせる。次に児童は英語の本（寓話）を読む。そして，児童はASLの要約から読み取ったことを，記憶しているすべてについて話す（手話する）。これは「ASL要約技法」と言う。
(5) 「連鎖」と言われる指導方法は，語句の指導にとって有効である。たとえば，ある単語を教えるとき，「文字」に書いて示し，その後，「手話」でその単語を表し，その後「指文字」で確認するような指導をする（文字＋手話＋指文字）。連鎖はいろいろな形で，適切に行われる。
(6) 聾者を指導者として聾幼児にASLを用いてコミュニケーションや指導を行い，親にはASLや聾文化について教え，地域社会への導入を図るというプログラムは，ASL能力の向上に有効である。
(7) 成人聾者が，聾児のモデルとしての役割を果たす。

　以上の指導方法は，ASLのみならず他のコミュニケーション方法においても有効である点が多いと思われる。
　さて，二言語教育の真価は，今後10年，20年の時を経て，様々な課題を克服して，聴覚障害児のコミュニケーション，言語，学力，社会性，情緒などの向上に実績をあげることができるかどうかにかかっている。今後の動向に注目したい。

引用文献

1) Strong, M. A. :Review of Bilingual/Bicultural Programs for Deaf Children in North America. A. A. D., 1995, 140 (2), 84-94.
2) 草薙進郎「アメリカ聾教育におけるトータル・コミュニケーションの発展」1996，イセブ印刷，284 - 287.
3) Luetke-Stahlman, B. :Using Bilingual Instructional Models in Teaching Hearing-Impaired Students. A. A. D., 1983, 873-877.
4) LaSasso, C. & Lollis, J. :Survey of Residential and Day School for the Deaf Students in the United States That Identify Themselves as Bilingual-Bicultural Programs. Journal of Deaf Studies and Deaf Education, 2003, 8 (1), 79-91.
5) Bailes, C. N. :Bridging Literacy: Integrating ASL and English into Language Arts. In Power, D. &

Leigh, G. (Eds) Educating Deaf Students: Global Perspectives. Gallaudet University, 2004, 127-138.
6) Schimmel, C. S. et al. :READING? ---- PAH! (I GOT IT). A. A. D., 1999, 144 (4), 298-308.
7) Andrews, J. F. et al. :What's up, Billy Jo? A. A. D., 1997, 142 (1), 16-25.
8) Evans, C. :Literacy Development in Deaf Students: Case Study in Bilingual Teaching and Learning. A. A. D., 2004, 149 (1), 17-27.
9) Evans, C. :Educating Deaf Children in Two Language. In Power, D. & Leigh, G. (Eds.) Educating Deaf Students :Global Perspectives. Gallaudet University, 2004, 139-149.
10) Humphries, T. & Mac Dougall, F. :"Chaining" and Other Links. Visual Antholopology Review, 1999-2000, 15 (2), 84-94.
11) Strong, M. & Prinz, P. M. :A Study of the Relationship between American Sign Language and English Literacy. Journal of Deaf Studies and Deaf Eduation, 1997, 2 (1), 37-46.
12) Watkins, S. et al. :The Deaf Mentor Experimental Project for Young Children Who are Deaf and Their Families. A. A. D., 1998, 143 (1), 29-34.
13) Galvan, D. :Difference in the Use of American Sign Language Morphology by Deaf Children: Implication for Parents and Teachers. A. A. D., 1999, 144 (4), 320-324.
14) Schick, B. & Gale, E. :Preschool Deaf and Hard of Hearing Student's Interactions During ASL and English Storytelling. A. A. D., 1995, 140 (4), 363-369.
15) DeLana, M. et al. :The Efficacy of ASL/English Bilingual Education: Considering Public Schools. A. A. D., 2007, 152 (1), 73-87.
16) Mason, D. & Ewoldt, C. :Whole Language and Deaf Bilingual-Bicultural Education-Naturality!. A. A. D., 1996, 141 (4), 293-298.
17) Kemp, M. :Why is Learning American Sign Language a Challenge?. A. A. D., 1998, 143 (3), 255-259.
18) 草薙進郎「アメリカ聾教育におけるトータル・コミュニケーションの発展」1996, イセブ印刷, 310-320, 330-332.
19) Schirmer, B. R. & Babara, R. :Language Literacy Development in Children Who are Deaf. Allyn & Bacon, 2000, 96.
20) Bailes, C. N. :Bridging Literacy. In Power, D. & Leigh, G. (Eds.) Educating Deaf Students: Global Perspectives. Gallaudet University, 2004, 128.
21) Marschark, M. et al. :Understanding Sign Language Development of Deaf Children. In Schick, B. & Marscshark, M. (Eds.) Advance in the Sign Language Development of Deaf Children. Oxford University Press, 2006, 9.
22) Schirmer, B. R. & Babara, R. :Language Literacy Literacy Development in Children Who are Deaf. Allyn & Bacon, 2000, 93-94.
23) Simms, L. & Thuman, H. :In Search of a New, Linguistically and Culturally Sensitive Paradigm in Deaf Education. A. A. D., 2007, 152 (3), 302-311.
24) Easterbrooks, S. R. & Baker, S. :Language Learning in Child Who are Deaf and Hard of Hearing. Allyn and Bacon, 2002, 84-85.
25) Akamatsu, C. T. et al. :Is it to Look Beyond Teachers' Signing Behavior? In Power, D. & Leigh, G. (Eds.) Educating Deaf Students :Global Perspectives. Gallaudet University, 2004, 48.
26) Stewart, D. A. :Instructional and Practical Communication :ASL and English-Based Signing in the Class. In Moores, D. F. & Martin, D. S. (Eds.) Deaf Learners, Developments in Curriculum and Instruction. Gallaudet University Press, 2006, 207-220.

第9章
結　語

　本書では，最近10数年のアメリカ聴覚障害教育におけるコミュニケーションの動向について記述した。最近の聴覚障害教育における変化は，コミュニケーション方法のみならず，いろいろな新しい動きとして生起している。まず，いくつかの分野について述べ，最後にコミュニケーション動向についてまとめたい。

第1節　最近の聴覚障害教育における動向

　Lucknerら（2005）は，最近の聾教育の分野において多くの変化が起きていると述べ，この点に関して次の事柄を指摘している[1]。
① 新生児聴力スクリーニングの広範な実施
② 人工内耳埋め込み込み手術を受ける乳児，幼児，児童の増加
③ 聴力損失の重度，最重度の子どもの減少
④ 通常教育の場で教育を受ける，聾・難聴児の増加と聾学校の閉鎖
⑤ 文化的に異なる背景をもつ聾・難聴児の増加
⑥ 聾・難聴児の学力向上に対する要求とすべての児童に対する説明責任の充実

　さて，以上の諸変化のうち，新生児聴力スクリーニングと人工内耳の問題は，第4・5章で取り上げているので，ここでは法律面での変化と統合教育の進展について述べたい。

1. 法律面の変化
1）　全障害児教育法

　1975年の「全障害児教育法」（The Education of All Handicapped Children Act）は，個別教育計画を伴った，無償の適切な公教育を障害児（3～21歳）に保障した。また，同法により統合教育が急速に進展をみせたことは，周知のことである。そこではすべての障害児は「最も制約の少ない環境」（The Least Restrictive

Environment)で，教育を受ける権利が認められた。

その環境とは何を意味するのかについては，統合教育の推進論者は一般に地域の通常学校における教育配置を意味すると主張してきた。一方，その環境はある子どもにとっては，むしろ聾学校であるという考えもあり，未だに決着をみているとは言えない。

2） 障害者教育法

全障害児教育法は，「障害者教育法」(1990，1997修正：The Individuals with Disabilities Education Act) へと発展した。ここでは，0〜21歳の障害児に「無償で適切な公教育」「個人と家族のための計画」「体系的テスト」のためのサービスを提供せよとの命令が出ている。連邦政府の要請の中で主要なものは，①さらに厳密な学習内容（通常カリキュラムの導入），②親の選択，③学業成績に関する体系的テストの実施，④優れた資格をもつ教師とスタッフである。しかし，連邦政府の州への財政補助は厳しいものがあり，連邦議会での予算の承認は，必ずしも十分行われているとは言えない。

Moores (2000) は，聾児が通常教育の州のテスト・プログラムに参加することの弊害について懸念を示している。つまり，高校卒業資格からの排除や大学進学，将来のキャリアへの進路の阻害などである[2]。

同法においても「最も制約の少ない環境」の方針が，引き継がれており，Siegel (2000) は統合の名のもとに，聴覚障害児のコミュニケーション・ニーズ（コミュニケーションのアクセスと発達）が認識されていない，つまりコミュニケーションの欠けた環境が，しばしば法律的に統合されたものとみなされている，と批判する[3]。

そして，システムが「コミュニケーション本位」（読み書き能力の獲得へ）となるまでは，聴覚障害児の独自のニーズは十分に理解，対処されないだろうと指摘している。また，同法は，聴覚障害児のコミュニケーションを他の命令よりも，二次的なものとしてとらえていることは疑いがないと述べている。

3） 遅滞児ゼロ法

2001年の「遅滞児ゼロ法」(The No Child Left Behind Act：アメリカのすべての学校に適用) について，Moores (2003) は，過去30年以上，特殊教育において連邦政府の関与が，教育サービスの向上や成果をもたらしたことは間違いないとし

つつ，連邦の命令の中ですべての子どもが3年生までに読めるようになる，という不可能な目標が挙げられていること，および連邦政府の財政的補助が不十分で州，地方の教育システムは財政的な負担を強いられていることに，懸念を表している。そして，聴覚障害教育について，次のように指摘している[4]。

30年以上前，殆どの寄宿制聾学校は学力コースと同様に，設備の良い職業訓練プログラムを有しており，一般に校内に職業リハビリテーション・カウンセラーがいた。今や，殆どの生徒は寄宿制校には入学しないし，以前と同等の職業訓練を受けていない。全く明らかに，これらの法律にも拘わらず，聾・難聴児は一貫した誕生から成人までのシステムに対して健聴児と同等のアクセスを有していない。

その理由の1つは，聴覚障害児は少数派（学校児童の約0.1％）であることと，もう1つは全国的に整合したサービス・システムを有していないからである。

また，Steffan (2004) と Cawthon (2004) が「遅滞児ゼロ法」の問題点について，次のような点を指摘している[5][6]。

同法において，不幸にも特殊教育，とくに聾教育は背後に置き去りにされている。この法律は6つの優先項目をもつ。①結果に対する説明責任，②親のより広範な選択，③優れた資格をもつ教師，④実証された教育方法の推奨，⑤州，地方のより大きな自由，⑥弾力的な補助金である。

この法律の鍵となる要素は「毎年の十分な進歩」（学業成績の改善）であり，「児童の評価」（評価データの報告）である。すべての学校は2014年に向けて，すべての子どもが読み，算数，理科で100％の能力の達成を実現することを求められている。つまり，学力の格差の解消によって遅滞児を出さないようにすることである。しかし，聾児を含む多くの障害児にとって，この非常に高い目標を達成することは困難であろう。障害児の場合，「毎年の十分な進歩」をどのように定義するのか。健聴児と同一のテストを実施するのが困難な場合，代替テストの開発をどうするのか。障害児の場合，不明確な問題がいろいろと残されている。

さて，最近の動向として，聴覚障害児においても通常教育のカリキュラムが導入され，学力の向上が求められている。毎年の進歩はテストの評価によって明らかにされる必要がある。結果に対しては，教育する側は説明責任を果たさねばならない。従来，確かに聴覚障害児の学力の可能性を低く評価してきた傾向が全くないとは言えないだろう。こうした意味で，通常教育の目標，カリキュラムの導

入は，新しいインパクトを与えることになるだろう。

　こうした通常教育のカリキュラムの導入がいかなる成果を示すのか，今後の大きな課題となっている。もう1つは，親の選択権の拡大であり，教育配置，コミュニケーション方法など，親の選択が重要とされている。また，統合教育は，1975年の全障害児教育法以来進展してきたが，今後もこうした傾向が持続するのか注目される。

2．最近の統合教育の進展

1）統合教育の経緯

　聴覚障害児の統合教育については，1950年代からその試みがみられ，インテグレーション（統合）と呼称されていた。1970年代に入ると，これはメインストリーミング（主流化）と言われるようになり，1990年代にはインクルージョン（包み込み）と称されるようになった。発展の過程の中で，単に聴覚障害児を物理的に通常学級に配置（統合）するのではなく，通常学級の中で能力を最大限に発揮できるようにすべきである（主流化）と主張された。これに対して，包み込み教育では，通常学級に存在することを利益とするものであり，特別な支援サービスを伴って，異なる到達目標と個別の教育計画を追求することとなった。

　Moores（2001）は，聴覚障害児の教育配置について，30％の子どもは，センターの特殊学校におり，残りは多い順に通常学級（45％），固定学級（30％），特別指導室（13％：リソース・ルーム）となっていると述べている（複数登録があるので，合計が100％を超えている）。また，最近聴力の損失が重度，最重度に比べて，軽度，中等度が増加している傾向を指摘している。こうしたことから，全体の44％の子どもが第一言語のコミュニケーション方法として，スピーチのみによる指導を受けている，と言う[7]。

　統合は，口話教育の最終目標であり，聾児が聞こえの世界へ統合（正常化）していくには，十分な口話能力が不可欠であると歴史的に主張されてきた。トータル・コミュニケーションの台頭までは，統合教育は口話主義，聴覚口話法と一体のものとして発展してきたことは事実である。ところが，トータル・コミュニケーションが急速に展開していく中で，地域の通常学級の統合状況の場面で，トータル・コミュニケーションが導入されるようになってきた。さらに，1990年代の二

言語教育の展開は，統合状況の中にASL，二言語教育の採用をもたらしてきた。以下，最近の動向の中で，特徴的な点について記述したい。

  2） 統合教育の形態

統合教育の形態については，次のように分類できるであろう。

① 聾学校（センター）での統合教育は，適切な児童が通常学校へ部分統合する（完全統合へ移行するケースあり），あるいは聾学校に通常学級の児童が逆統合（部分的にあるいは完全に）するものである。最近，統合教育の進展や財政上の面から，聾学校の閉鎖がみられる。

② 通常学校内に固定学級（聾・難聴児のみ）が設けられ，これは，聾・難聴児に特別な教育をするシステムである。部分的に通常学級と行事，昼食などで統合したり，協力学級方式を採用し，教科などで部分統合を行ったりしている場合もある。

③ 特別指導室（リソース・ルーム）のシステムは，通常学級に在学しながら，聴能・言語や必要な治療的指導，事前・事後指導を専門教師から受ける。

④ 包み込み（インクルージョン）として実践されているものは，通常学級に真の在学者として完全に包み込んで教育をするもので，目標達成に必要な特別なサービス（専門士による）を提供する[8]。

  3） 包み込み教育の進展

以上のような形態の中で，「包み込み教育」の進展が，最近注目されている。包み込みを推進する論拠として，次のことが挙げられている[9]。

① 障害児は，健常児が経験するのと同じ活動と環境への無償のアクセスを保障されるべきである。

② 障害児にとって障害のない子どもは，比較的進んだ社会的，言語的行動モデルとなるであろう。

③ 物理的に配置されるだけでなく，障害をもったすべての子どもが，学級，学校の社会の完全な一員となることである。そのために，通常学級が異なる学習者に適合するように，調整，変化する必要がある。

④ 教育上，通常のグループと「障害」「不能」というグループが別々に存在するわけではない。特殊教育の配置は，障害をもつ子どもに対する差別であり，教育配置の選択は，親と子どもの基本的な権利である。

⑤聾学校は，子どもの能力の可能性を低評価し，劣った学業成績しかもたらさない。

なお，包み込み教育の特別サービスとして，聴覚障害児の教師（時には巡回教師）が，子どもに補助的指導を実施したり，通常学級の教師にコンサルタントを行ったりする。その他，スピーチ言語治療士が加わることもある。ノート・テーカー（友達のこともある），通訳者（聴覚口話，手指英語，ピジン手話英語，ASL）が支援する。

設備面では，FM補聴装置，字幕付テレビ・映画，OHP，リアルタイムのスピーチの文字変換装置，文字表示電話などが必要である。

こうした教育の成果については，次の事柄が挙げられている。

① 聴覚障害児の社会適応や自尊心を向上させている。
② 学業成績の面でも，教科で在学学級生と同等な成績をおさめている者もいる。
③ 健聴児が手話言語のスキルを向上させ，聴覚障害児とコミュニケーションすることにより，相互に利益をもたらしている。
④ 固定学級（トータル・コミュニケーションを使用）の子どもよりも，通常学級に包み込まれている子どもの方が，成績が優れているという研究もある。
⑤ 成功をもたらす要因としては，聴覚障害児への社会的激励が最も重要な条件となっており，親の支援が進歩に貢献をもたらす。

一方，こうした包み込み教育の進展に対して，いくつかの批判や懸念が示されている。

通常学級に在学する聴覚障害児は，個人差があり，個人のニーズも異なる。コミュニケーション手段にしても，聴覚口話からASLまで幅がある。こうした子どもらに対応できる専門職の配置は容易ではない。

学年が進むにつれて，通訳者を配置しても，教科内容のレベルアップに対応していけなくなる。通訳者は情報，教示の一方通行であり，子どもがクラスの討論，活動に十分参加しているとは言えない。通常学級の教師，児童と十分なコミュニケーションが成立せず，豊かな社会的経験が保障されず，孤立化する傾向がある。健聴児の手話のスキルは十分ではなく，健聴児からの受け入れも欠けている[10]。

通常学級に聴覚障害児が1人という場合もあり，聾学校に比べて，聾者の社会，文化，言語，成人聾者のモデルに接する機会がなく，自己同一性が形成されにくい[11]。そのほか巡回教師の負担が重い（2～21歳を担当，個人差への対応，通常学

級の教師の時間的余裕の無さや「聾」の理解が不十分など），通常学級の教師は，重複障害，学習障害にどう対応するのか，通常学級の教師は，学級の組織変更，調整などのために必要な時間的余裕，訓練，資源をもたない，などの点が指摘されている[12]。

4） 共学の実践

最近，包み込み教育に関連したモデルとして，「共学」（Co-Enrollment）の実践が注目されている。Kirchner（2004）は，共学の実践について，次のように述べている[13]。

カリフォルニアのトライポッドが，共学の先導機関であり，過去16年間の実績がある。全米で22ヵ所に発展している。共学とは，聾・難聴・健聴の児童が，通常教育の学級に配置されることであり，学校区の指定のカリキュラム基準を使用しつつ，チーム・ティーチング（パートナーとしての通常教育教師と聾・難聴児の資格ある教師による）が実施される。

配置は全日制で，児童間および児童と教師の間の直接的コミュニケーションを認め，通訳者のサービスは含まない。手話の使える共同教師を採用する。トータル・コミュニケーションの環境で教育が行われる。学級の編成は，2／3が健聴児，1／3が聾・難聴児（あるいはその逆），または両者が半々である。小学校レベルの学級では，とくに2学年の幅で複式のグループを編成する。

乳幼児，幼稚園から高校まで，指定のキャンパスに教育の場（システム）を設立する。聾児の数の確保に問題がある。必要な人数を集めるために，種々の学校区から，児童が来ることを認めるための地域のプログラムを設立する。特別指導室の専門家プログラムと第二言語としての英語学級の開発もある。少数派ではあるが，伝統的な固定学級で，より良いサービスを受けられるかもしれないという認識が必要である。

こうした「共学」のプログラムの成果として，次の点が挙げられている。

① 聾・難聴児は，在学が長くなれば長くなるほど，学業で標準学年レベルに接近する。
② スピーチ，読話スキルが改善している。
③ 自信，自己同一性が高まり，活力ある雰囲気に満ちている。
④ 英語は，ASLと同等のパートナーとなる。

⑤ 受身的，強制的な学習よりも，問題解決が子どもの決まりきった学習の一部となっている。
⑥ 健聴児は，学級やいろいろな学校内外の活動で，音声を伴って手話を使用することが可能となっている。
⑦ 健聴児は，基本的通訳スキルを身につけ，キャンパスの特別教育活動の通訳として役割を果たすことができる。
⑧ 学業成績も，他の統合形態（特別指導教室，固定学級）の成績よりも優れた結果を示した。

さて，Kirchnerは，共学の成果について，次の2つの研究を紹介している。

1997年のCramptonとPiperの報告によれば，バーバンク統一学校区において1996年秋に実施された，2～10学年の学力検査（読み，言語，算数の下位検査）では，合計8,893名のうち45名が聾・難聴児であった。成績の優れた順位で，①トライポッドの子ども，②特別指導室の子ども，③固定学級の子どもの順序であった。

また，2000年のKreimeyerの研究は，共学の子どもの得点は，健聴児の全国標準より低かったが，読解レベルは，聾・難聴児の全国標準よりも優れていた。

さて，最近の包み込み教育の進展は，聴覚障害児をもつ親達の主張（advocacy）運動が1つの要因となっていると言われる[14]。地域の通常学級で健常の友達と共に通常の教育を受けさせたい，という親の願いは自然なもので，そうした教育配置，コミュニケーション方法の選択と決定の権利は，尊重されるべきだろう。

包み込み環境の中で，十分健聴児と対等に発達をとげている事例もみられる。しかし，「すべての聴覚障害児」を，こうした環境で教育すべきであるという主張は現実的でないことは，教師，関係者も認めていることである。つまり，区別をせずに無差別に等しい教育を提供しようとする試みは，成功するとは思われない。

聴覚障害児は，個性的な独自のニーズをもった存在であり，その能力を最大限に発揮させるには，どういう教育配置，どういうコミュニケーション・アプローチが適切であるかについては，困難な判断が求められる。その際，従来の統合教育の実績，評価などが役立つであろう。最近の聾学校の閉鎖にみるような，地域における教育配置の選択肢の縮小は，親と子にとって望ましいことではないであろう。また，いかなる教育環境においても，個人のニーズに対応して様々なサービスを提供していくということも，決して容易なことではない。聴覚障害児の教

育には，特別な訓練を受けた資格ある教師やスタッフが必要である。

今後，こうした問題にこたえて統合教育，とくに包み込み教育がどう進展していくのか，また統合教育についての研究がどう展開していくのか，注目されるところである。

第2節　聴覚口話法の展開と人工内耳装用児の現況

1. 聴覚障害の早期発見と介入

聴覚障害の生後早期における発見は，適切な発達早期からの介入に不可欠である理由から，聴覚口話か，トータル・コミュニケーションかといった立場の違いを超えて，その実現は，かねてより聴覚障害教育に携わる者の共通した関心事であった。こうした中，コロラド州における先駆的な取り組みに代表されるように，近年では新生児聴覚スクリーニング検査の普及により，従来ではおおむね生後1歳半から2歳半まで要した聴覚障害の発見が，平均して生後4ヵ月でなされ，さらに発見後2～3ヵ月で介入が開始されるようになっている。なお，こうした取り組みは米国全土に拡がっており，現在では聴覚障害の発見年齢が平均生後6ヵ月以下にまで早まったとされる[15]。

さらに，こうした聴覚障害の早期発見に続く早期介入については，「コロラド家庭介入プログラム」（コロラド州）や"SKI*HI"（ユタ州）などに代表される，手話言語を含んだ，家庭ベースの教育プログラムの実践と成果が報告されている。しかしながら，こうした取り組みが実際には州によって，時には州の内部にあってさえその質に差が存在することに加え，一般に家族と子どものための発見プログラムと教育システムの間に殆ど，あるいは全く連携が構築されていない問題点が指摘されている[4]。

2. 聴覚口話法の展開

米国の聴覚障害教育における聴覚口話法は，いずれも20世紀後半に生起した聴覚障害教育に関連した幾つかの動向，すなわちトータル・コミュニケーションの台頭や，統合教育の拡がり，二言語教育の登場，新生児聴覚スクリーニング検査の普及，人工内耳の小児への適応などの教育方法およびテクノロジーの影響を取

り入れつつ，今日まで歴史的な展開を遂げてきたと言えよう。

　Watson（1998）は，「早期発見される子どもの増加」「補聴器の高性能化」「人工内耳の装用可能性の増加」「言語獲得のメカニズムの解明」を挙げ，こうした諸条件に恵まれた現代は，我々が嘗て経験したことのない聴覚口話法にとっての適期であると指摘する[16]。

　他方，Marscharkら（2006）は，聴覚口話法の現状を概観する中で，近年のLingら（2002）による指導プログラムの存在[17]に触れつつも，その成果については懐疑的である。つまり，同年齢の健聴児と比較した場合，人工内耳装用児を含めて，先天的もしくは発達早期に失聴した子どもにおける音声言語の発達の遅れが，近年の研究成果によってむしろ顕在化していると警鐘を鳴らしている[18]。先述のWatson（1998）らは，近年における手話を導入する教育実践（トータル・コミュニケーションや二言語教育）について，聴覚口話法に立脚する専門家も意識せざるを得ないことに加えて，コミュニケーション様式の選択に関する意思決定が両親に委ねられる傾向が強まる中，一部において，手指を含む自然なジェスチャの使用が発達早期の家庭で取り入れられている現況を報告している。

　このように，聴覚口話法は上記した今日的な幾つかの動向と「現実」を踏まえる中で，多数派である健聴社会への同化を第一義として，「残存聴力を用いて聞くこと」と「声を使って話すこと」を目標としつつも，従来の「子どもに聴覚口話法を厳格に適用する」アプローチから，Beattie（2006）の『連続体』[19]からも理解されるように，個々の聴覚障害児の具体的ニーズに対応すべく，より柔軟かつ幅広い指導アプローチへと変容しつつあると理解されよう。

3．人工内耳装用児の言語およびその他の成績

　1990年代に入って先天聾を含む子どもへの適応が始まった人工内耳は，従来からの聴覚口話法に大きなインパクトを与えた。すなわち，先に述べた新生児聴覚スクリーニング検査の普及に伴う，補聴開始時期の低年齢化に加え，人工内耳埋め込みの早期化の可能性と有効性が議論されてきた。その結果，聴覚口話法における現実的かつ有力な新たなコミュニケーション手段として人工内耳が加わった経緯がある。

　ここでは，第5章で述べた研究成果に繰り返し言及することは避け，人工内耳

装用児の言語およびコミュニケーション，リテラシー，学力など，広範におよぶ研究の到達点と課題について検討を行いたい。

　1）研究の到達点

　Thoutenhoofdら（2005）は，この分野における研究の進捗について，「レベルa：確固たる結果が得られている」「レベルb：決定的ではない，もしくは見解の一致をみない」「レベルc：ほとんど，もしくは全く研究がなされていない」の3つのレベルに大別している[20]。

　そのうえで，スピーチの聴取や構音，聴性行動などは，今日までの研究を概観すると，人工内耳を装用した子どもにおける良好な予後が，概ね研究者の間で見解の一致をみておりレベルaに該当するとしている。

　他方，人工内耳装用児の言語発達や，就学先およびコミュニケーション様式の及ぼす影響については，未だ「b：決定的ではない，もしくは見解の一致をみない」の段階にあると述べている。教育関係者において最も関心が高いと思われる，学力や義務教育終了後の進路，家庭内の生活，両親の受け止め，生活の質（QOL）などの研究の現状は，いずれも「c：ほとんど，もしくは全く研究がなされていない」水準にとどまっているとされる。

　今日までの研究に散見される具体的な問題点として，Thoutenhoofdら（2005）は以下の事柄を指摘している。

　多くの研究においてスピーチの発話や聴取能を言語力としてみなしてしまう過誤が認められる。

① 人工内耳埋め込み前のコミュニケーション能力への考慮が不適切である。
② 手話を使用する子どもに配慮した研究が少ないため，手話の使用そのものが人工内耳装用児の話しことばの発達に与える影響を確定することができない。
③ 多くの研究においては，データ採取そのものが，日常の生活場面とはほど遠い「検査室」で行われており，このような状況下で得られた知見を日常生活に一般化（外挿）することには疑問が残る。
④ 使用される言語検査が聴覚障害児の諸能力の評価に必ずしも妥当なものではない。

　さらには，教育の場とコミュニケーション様式との関係については，インクルージョン（包み込み教育）への関心が高まる中，「時代」が通常学級への就学（統合）

を後押しする今日にあって，過去に比して統合する子どもが増えたことが，そのまま，人工内耳装用児の増加に起因するとは速断できないと批判し，就学先とコミュニケーション様式については，どちらが音声言語の発達における「影響要因（原因）」なのか，はたまた「成果（結果）」なのか不明であると指摘している。これは，後述するArchbold（2004）が『鶏と卵の誤り』と指摘する，理論的なモデル構築を行わずして，現象間の関連性を安易に「原因」と「結果」の関係に読み替えてしまう過誤に起因するものである[21]。

Thoutenhoofdら（2005）の研究成果は，1994年から2001年の間に発表された先行研究の精緻な分析に拠るものであるが，著者の本書における研究（第5章）に加えて，近年Belznerら（2009）により報告された2000年から2007年の間に発表された先行研究のレビュー論文からも，Thoutenhoofdら（2005）の指摘する状況は，今日においても大きく変化していないように思われる。

2）結果の一般化にあたっての留意事項

Belznerら（2009）は人工内耳装用児のコミュニケーションに関連する，縦断的研究による57篇の論文を分析した[22]。この中には，米国における代表的な大規模研究である，5章で紹介したGeersらによる一連の研究，すなわちMarscharkら（2007）[23]が「"Implant Camp" 研究」と呼ぶCID研究や，Finkら（2007）による"CDaCI"研究[24]も含まれていた。研究結果の一般化の可能性を検討する目的で，これら2つの研究における対象児の集団が，聴覚障害児母集団の人口統計学的な諸特性を十分に反映しているか否かを，カイ二乗検定で検討した。しかしながら，どちらの研究も①人種やエスニシティ，②社会経済的階層，③重複障害の有無への配慮を欠いていることが確認され，よって，これら「偏った」集団から導き出された研究成果を，多様な聴覚障害児に一般化する際には，慎重であらねばならないことが明らかにされた。

3）研究方法の選択に関する問題

次に人工内耳装用児の発達研究における，研究方法に関連した問題点を指摘したい。Marscharkら（2007）[23]は人工内耳装用児の読みと学力に関するレビュー論文の中で，Beadleら（2005）の指摘[25]を引用しながら，現在までの研究に散見される研究方法上の問題点として以下の事柄を挙げている。

①人工内耳を継続して使用できなかった子ども（中断・脱落）や低い学力しか示

さなかった者が対象から除外されている（選択バイアス）。
②全ての子どもの詳細な個別データが開示されていない。
③検査手続きにおけるバイアス（検査室で得られた結果の生活場面への過剰な一般化）が存在する。
④研究における経過把握が不適当である。
⑤貧弱な少なくとも制限された研究デザインが選択されており，加えて，前向き（prospective）な縦断研究が欠如している。

　この他，使用される研究方法に付随して，Moores（2002；2005；2008／2009；2010）は人工内耳装用児の発達研究においては，最新式のデジタル補聴器を装用する子どもの対照群が不可欠であると繰り返し指摘している[26)27)28)29)]。すなわち，両群の成績を比較せずして，最高性能の補聴器を装用した子どもよりも，人工内耳装用児の言語・リテラシーなどの成績が高位にあると速断することはできない，と批判するのである。さらには，人工内耳装用児の発達研究で使用される対照群の多くが，一部の研究[30)31)32)]をのぞいて，補聴器装用児ではなく健聴児を用いてきた実態について，そのことを根本的に疑問視する指摘がなされている[20)]。人工内耳装用児は「難聴児」なのだろうか？　それとも「健聴児」なのだろうか？

　Marscharkら（2007）は先行研究における人工内耳装用児のリテラシーの成績を概観する中で，読みと言語や認知能力の関連は複雑であるため，言語と読みのリンクも直接的な単純なものではない，と述べている。今日までの人工内耳装用児の言語・リテラシーに関する報告の多くでは，結果の解釈にあたり単なる関係を因果関係とみなす，Archbold（2004）が『鶏と卵の誤り』[33)]と批判する過誤が散見されるのである。因果関係の検証には先行研究の知見に基づく，妥当性のあるモデルの構築が不可欠である。筆者にはConnorら（2004）の共分散構造分析（SEM）を用いた研究[34)]に代表される，要因相互の〈関連の有無〉と〈その方向性〉〈順序性〉および〈関連の強さ〉を考慮した，モデル検証型の研究の必要性が益々高まっていると思われてならない。

第3節　手指コミュニケーションに関する結び

1. 個性化と多様化

　1960年代末に台頭したトータル・コミュニケーションは、それまでの聴覚口話法に代って、1970年代末にはその優位を確立した。こうしたトータル・コミュニケーションの発展を受けて、ASLの使用が1980年代に台頭し、1990年頃より二言語教育が開始され、現在に至っている。

　こうした背景には、聴覚障害教育における「伝統的医療モデル」から「文化モデル」への展開の影響をみることができる。つまり、前者は、聴覚障害は治療すべきもので、音声言語のコミュニケーション・スキルを促進、または回復することによって、健聴者の世界への統合を目指す。後者は、教育において聾者の手話言語、文化、伝統を尊重し、聾者と健聴者の社会への統合を目指す。「聾」は障害ではなく、個性であると主張する。

　前述のように、現在聾・難聴児のための様々なプログラムが存在し、そこでは様々なコミュニケーション・アプローチがみられる。その様相は、個人のニーズに応じたコミュニケーション方法とプログラムの方針、指導内容による様々な方法の使用という現状からみて、コミュニケーション方法の「個性化と多様化」という概念が当てはまるかもしれない。

　つまり、個人のニーズによって様々なコミュニケーション方法が用いられる。また、個人をみたとき、一つの方法のみではなく、各発達段階において様々なコミュニケーション能力を身につける事例がみられる。また、指導場面においても、そのねらいによっていろいろな方法が使用される場合がある。各発達段階において、子どもは必要に応じて様々なコミュニケーション方法を習得することは、有益なことである。

　こうした状況は、すくなくとも20世紀初めから1960年代末までの聴覚口話法の優位な時代には、あまりみられなかったことである。現在は、前述のように手指関係では、トータル・コミュニケーション、ASL、二言語教育という、3つのアプローチが存在する。これらのアプローチには、適切な指文字の使用が含まれる。トータル・コミュニケーションは、スピーチと手話の同時使用に特徴がある。二

言語教育は，早期からのASLの導入を経て，英語（読み書き）への移行を目指す。実践上は，この両者は相入れないアプローチであり，前述のように互いにいろいろな論争，批判がみられる。

　ASLは，二言語教育では当然基本であるが，トータル・コミュニケーションの中でも，個人のニーズや指導内容，コミュニケーション場面などで適宜用いられているのが最近の状況と言える。さらに，ASLと手指英語の中間型として，英語ベースの手話表現やピジン手話英語が用いられる場合がある。その意味では，トータル・コミュニケーションの概念が，初期の実践でみられたよりも幅広くなってきたと言えるだろう。

　なお，聴覚障害児のコミュニケーション方法の「個性化と多様化」について注意すべき点は，コミュニケーション方法の違いによって，個々の子どもの教育活動を分離し，孤立化させてはならないということである。あくまでも，子どもの集団の維持，活動を保障しなければならないと考える。

2．トータル・コミュニケーションの経緯

　トータル・コミュニケーションは，その台頭以来，手話（指文字を含む）とスピーチの同時使用に特徴があり，当初は英語のスピーチをいかに忠実に手話で表すかという意図で，いろいろな手指英語方式が創案され，実践されてきた。教師による英語と手話の対応は，訓練を積めばかなりの程度一致が可能であるという研究もみられ，親においてもある程度使用可能であることが示されてきた。

　しかし，スピーチと手話の一致，対応を厳密に図るあまり，コミュニケーションの内容が貧弱になったり，スピーチの速度が遅くなったり，教師は熟達したスキルを要求されたりすることから，次第に指導目標によっては，弾力的に柔軟に対応を図る実践がみられるようになってきたようである。つまり，英語の語順にしたがって，手話を表現する「英語ベースの手話表現」あるいは「英語モデルの手話表現」（SEE2などのようなマーカーを殆んど使わず，自然に手話を用いる）やピジン手話英語がみられるようになった。さらに，指導目標によって，ASLの使用やASLと手指英語のコード・スウィッチングも適切に行われるようになった。

　トータル・コミュニケーション関係の実践報告，研究報告において，1970年初めから1990年代初めの20年間は，手指英語方式に基礎を置いたものが，圧倒的

に優位を占めていた。それが，1990年代中頃より最近までの報告では，手指英語方式以外にも，英語ベースの手話表現やピジン手話英語，時にはASLを扱ったものがみられるようになった。

こうしたことから，トータル・コミュニケーションは，方法的にはいろいろな手段を用いた幅広いものとなってきた，と言えるだろう。早期介入による，親子のコミュニケーションにおいて，トータル・コミュニケーションを選択した場合，ASLに比べて習得がより容易で自然に快適に用いることができると主張されてきた。

手指関係の3者の中で，トータル・コミュニケーションは，現在でも優位を占めている。前述のように，聴覚口話との関係ではトータル・コミュニケーションの使用の結びつきが多く，トータル・コミュニケーションを軸として，ASLや二言語教育の使用が聴覚口話と結びついていることが明らかになった。また，手指関係同士をみても，トータル・コミュニケーションを軸として，ASL，二言語教育が結合して使用されていることがわかった。こうした点から，当初のトータル・コミュニケーションの圧倒的優位は失われたものの，現在でもトータル・コミュニケーションは，重要な中心的な役割を果たしていると言える。

なお，聴覚口話を補完するものとして1967年にCornetによって創案，開始されたキュード・スピーチは，当初大きな関心を呼んだが，現在に至るまで教育の場でほとんど影響力をもたずに経過してきた。

3．二言語教育の展開

1990年頃より，二言語教育の先駆的実践が開始され，その実践は徐々に広がりをみせてきた。とはいえ，トータル・コミュニケーションの当初の急速な普及，展開に比べると，それは実質的には緩やかな歩みと言えるだろう。

二言語教育では，早期からASLに接することにより，通常の自然な言語獲得が可能になると主張している。早期の手話言語（ASL）の確立を基礎に，読み書きによる英語の習得を目指す。つまり，ASLから書記英語への移行をねらっている。ASLと英語の関係は，概念，意味の翻訳を通して成立する。このことによって学年相当の学力の達成が可能となるとする。

二言語教育に関する実践・研究報告は，量的にみてトータル・コミュニケーションの発展の中でみられたものに比べて少ないと指摘されている。また，質的にみて

も二言語教育の成果についての報告は，記述的で実証性に乏しいという指摘もある。

その理由の1つは，トータル・コミュニケーションが方法的に教師，両親に比較的容易に受け入れられたのに比べ，二言語教育の場合，ASLは多くの教師，両親にとって第一言語ではなく，成人してからそれを学ぶというハンディキャップを有していることにある。このため，ASL習得の研修が不可欠とされ，二言語教育の実践開始にかなりの準備が必要とされた。また，真にASLの流暢なスキルを有する教師が，十分配置されているのか，両親は十分なASLスキルの習得が可能なのかという疑問が提起されている。

さらに，二言語教育実施についての意思統一，基本方針の設定，カリキュラムの整備，指導法の開発などかなりの準備期間が必要とされ，クラスの実践の開始が遅れる傾向がある。とくに，ASLの導入から文字を通しての英語の読み書きへの移行は，具体的にどのように指導されるのか，その方略が不明確であるように思われる。また，ASLの記述（表記）方法が未だ共通のものとして確立されていないことも，実践報告の少なさに関連しているかもしれない。とはいえ，ASLの確立から書記英語の習得への移行は，全く不可能であるとは思われない。

トータル・コミュニケーションでは手話を伴った聴覚口話の発達を意図し，それをベースに英語能力の確立を図ることを原理としている。スピーチから英語への移行は，健聴児では自然のプロセスであり，聾児にとってもそのプロセスをたどることが可能と考えられている。しかし，二言語教育での早期の聴覚口話の欠落は，発達上取り返しのできない制約をもたらすと批判される。つまり，読み書きへの円滑な移行を困難にすると指摘される。

さて，二言語教育ではASLの使用が基本であるが，聾学校の調査や実践・研究報告の中で，一部にASL以外に，手指英語，手話とスピーチ，ピジン手話英語などの併用がみられた。これは，厳密には二言語教育から逸脱したものと言えるかもしれない。こうした点に関して，今後実践・研究報告を通して明確にしていく必要があるだろう。

4. 手指コミュニケーションの今後の課題

トータル・コミュニケーションでは，前述のように様々な手段を幅広く使用する状況が生まれつつある。それは，個人のニーズ，プログラムの方針，指導のね

らい，指導内容，指導場面によって，各手段が多様な用いられ方をしているとも言える。こうした状況の中で，どのような場合に，その指導が有効であるのか，検討していく必要があるだろう。子どもの反応，成績をみながら，トータル・コミュニケーションの原点である「方法に子どもを合わせるのではなく，子どもに方法を合わせる」実践を展開していくことが求められる。同時に，様々なコミュニケーション手段についての熟達したスキルが，教師に必要とされる。

一方，二言語教育の実践については，ASLをベースに読み書き能力の向上がどのように行われるのか，また読み書き能力はどの程度達成されるのか，実証的データによって明らかにされる必要があろう。単なる主張や期待だけでは，二言語教育の発展は望めない。教師，両親のASL能力の養成も不可欠である。二言語教育の優れた実践モデルの確立が期待される。

さて，コミュニケーションの成立なくして，教育活動は存在しえないことは事実であるが，コミュニケーションのみにて教育の成功がもたらされるわけではない。コミュニケーションを基礎にして，言語・学力の向上，情緒・社会性の向上，モチベーションの涵養などの達成を図ることが重要である。

トータル・コミュニケーションが，それ以前の聴覚口話独占の時代に比べれば，いろいろな面でかなりの成果を上げてきたことは間違いない事実である。しかし，それは期待したほどの実績を上げていないという批判もある。二言語教育についても，その理念，方針は盛んに主張されるが，実績についてはあまり報告がなく，実証性に欠けるという指摘もある。

今後は，トータル・コミュニケーションにせよ，二言語教育にせよ，聾・難聴児の学力の向上を中心に，様々な面での改善が期待されており，実践の成果を示すことなしには，今後その存続は不可能となるだろう。今後の展開に注目したい。

引用文献

1) Luckner, J. L. et al. :An Examination of the Research and Training Needs in the Field of Deaf Education. A. A. D., 2005, 150(4), 358-368.
2) Moores, D. F. :High Stakes Testing :Are the Stakes too High? A. A. D., 2000, 145(3), 235-236.
3) Siegel, L. :The Educational and Communication Needs of Deaf and Hard of Hearing Children. A. A. D., 2000, 145(2), 64-77.
4) Moores, D. F. :The Quest for a Seamless Education. A. A. D., 2003, 148(4), 277-278.
5) Steffan, Jr. R. C. :Navigating the Difficult Waters of the No Child Left Behind Act of 2001. A. A.

D., 2004, 149（1）,46-50.
6 ）Cawthon, S. W. :School for the Deaf and the No Child Left Behind Act. A. A. D., 2004, 149(4), 314-323.
7 ）Moores, D. F. :Demography is Destiny. A. A. D., 2001, 146（5）, 383-384.
8 ）Stinson, M. S. & Kluwin, T. N. :Educational Consequences of Alternative School Placements. In Marschark, M. & Spencer, P. E.（Eds.）Oxford Handbook of Deaf Studies, Language, and Education. Oxford University Press, 2003, 53-64.
9 ）Spencer, P. et al. :Communicative Interactions of Deaf and Hearing Children in a Day Care Center. A. A. D., 1994, 139（5）, 512-518.
10）Carson, W. et al. :The Classroom Communication Ease Scale. A. A. D., 1994, 139（2）, 132-140.
11）Carson, H. J. & Stuckless, E. R. :Special Programs, Full Inclusion,and Choices for Students Who are Deaf. A. A. D., 1994, 139（2）, 148-171.
12）Ramsey, C. L. :Deaf Children in Public School. Gallaudet UniversityPress, 1997, 38-39.
13）Kirchner, C. J. :Co-Enrollment. In Power, D. & Leigh, G.（Eds.）Educating Deaf Students :Global Perspeotires. Gallaudet University, 2004, 161-173.
14）Giorcelli, L. R. :Making Inclusion Work. In Power, D. & Leigh, G.（Eds.）Educating Deaf Students: Global Perspectives. Gallaudet University, 2004, 150-160.
15）Yoshinaga-Itano, C. :Early Intervention, Communication Modality, and the Development of Speech and Spoken Language Skills :Patterns and Consideration. In Spencer, P. E. & Marschark, M.（Eds.）Advances in the Spoken Language Development of Deaf and Hard-of-Hearing Children. Oxford University Press, 2006, 283-327.
16）Watson, L. :Oralism: Current Policy and Practice. In Gregory, S. et al.（Eds.）Issues in Deaf Education. David Fulton, 1998, 69-76.
17）Ling, D. :Speech and the Hearing-Impaired Child :Theory and Practice（2 nd Ed.）. Alexander Graham Bell Association for the Deaf, 2002.
18）Marschark, M. & Spencer P. E. :Spoken Language Development of Deaf and Hard-of-Hearing Children: Historical and Theoretical Perspectives. In Spencer, P. E. & Marschark, M.（Eds.）Advances in the Spoken Language Development of Deaf and Hard-of-Hearing Children. Oxford University Press, 2006, 3 -21.
19）Beattie, R. G. :The Oral Method and Spoken Language Acquisition. In Spencer, P. E. & Marschark, M.（Eds.）Advances in the Spoken Language Development of Deaf and Hard-of-Hearing Children. Oxford University Press, 2006, 103-135.
20）Thoutenhoofd, E. D. Archbold, S. M. Gregory, S. Lutman, M. E., Nikolopoulos, T. P., Sach, T. H. :Pediatric Cochlear Implantation: Evaluating and Outcomes. Whurr, 2005, 241-268.
21）齋藤友介 「人工内耳装用児における言語・リテラシー研究の動向 ―米国と英国の研究成果を中心に―」．人文科学（大東文化大学人文科学研究所）, 2010, 第15号, 173-191.
22）Belzner, K. A. & Seal, B. C. :Children with Cochlear Implants :A Review of Demographics and Communication Outcomes. A. A. D., 2009, 154（3）, 311-333.
23）Marschark, M., Rhoten, C., & Fabich, M. :Effects of Cochlear Implants on Children's Reading and Academic Achievement. Journal of Deaf Studies and Deaf Education, 2007, 12（3）, 269-282.
24）Fink, N. E., Wang, N. Y., Visaya, J., Niparko, J. K., Quittner, A., Eisenberg, L. S., & Tobey, E. A., CDACI Investigative Team :Childhood Development after Cochlear Implantation（CDaCI）Study: Design and Baseline Characteristics. Cochlear Implants International, 2007, 8 （2）, 92-116.
25）Beadle, E. A., McKinley, D. J., Nikolopoulos, T. P., Brough, J., O'Donoghue, G. M., & Archbold, S. M. :Long-Term Functional Outcomes and Academic-Occupational Status in Implanted Children

after 10 to 14 years of Cochlear Implant Use. Otology and Neurotology, 2005, 26(6), 1152-1160.
26) Moores, D. F. :Action Have Consequences Cochlear Implants: An Update. A. A. D., 2002, 147(4), 3-4.
27) Moores, D. F. :Cochlear Implants: An Update. A. A. D., 2005, 150(4), 327-328.
28) Moores, D. F. :Cochlear Failures. A. A. D., 2008/2009, 153(5), 423-424.
29) Moores, D. F. :Cochlear Implants :A Perspective. A. A. D., 2010, 154(5), 415-416.
30) Archbold, S. M., Nikolopoulos, T. P., Lutman, M. E., & O'Donoghue, G. M. :The Educational Settings of Profoundly Deaf Children with Cochlear Implants Compared with Age-Matched Peers with Hearing Aids :Implications for Management. International Journal of Audiology, 2002, 41(3), 157-161.
31) Baudonck, N., Dhooge, I., :D'haeseleer, E., Van Lierde, K. :A Comparison of the Consonant Production between Dutch Children Using Cochlear Implants and Children Using Hearing Aids. International Journal of Pediatric Otorhinolaryngology, 2010, 74(4), 416-21.
32) Most, T., Rothem, H., & Luntz, M. :Auditory, Visual, and Auditory-Visual Speech Perception by Individuals with Cochlear Implants Versus Individuals with Hearing Aids. A. A. D., 2009, 154(3), 284-92.
33) Archbold, S. :Cochlear Implantation and Children. In Power, D. & Leigh, G.(Eds.), Educating Deaf Students :Global Perspectives. Gallaudet University Press, 2004, 106-113.
34) Connor, C. M. & Zwolan, T. A. :Examining Multiple Sources of Influence on the Reading Comprehension Skills of Children Who Use Cochlear Implants. Journal of Speech, Language, and Hearing Research, 2004, 47(3), 509-526.

著者

草薙 進郎(くさなぎ しんろう)
筑波大学名誉教授
東京教育大学特殊教育学科卒業
教育学博士〔専攻：聴覚障害教育学〕
主著：
　「聴覚障害児の教育」1972　明治図書
　「聴覚障害児の語い・読み・作文指導」（共著）1982　明治図書
　「聴覚障害児の教育と方法」（編著）1996　コレール社
　「アメリカ聾教育におけるトータル・コミュニケーションの発展」1996　イセブ印刷
担当箇所：
　序言，第1～3章，第4章1・2・5節，第6～8章，第9章第1・3節

齋藤 友介(さいとう ゆうすけ)
大東文化大学文学部教育学科准教授
筑波大学大学院心身障害学研究科修了
博士（教育学）〔専攻：障害児教育学〕
言語聴覚士
主著：
　「聴覚障害児の読話に関する実験的研究」1999　風間書房
　「チャレンジ介護等体験」（編著）2002　ナカニシヤ出版
　「大学生のための福祉教育入門」（編著）2009　ナカニシヤ出版
担当箇所：
　序言，第4章第3・4節，第5章，第9章第2節

アメリカ聴覚障害教育におけるコミュニケーション動向
2010年8月1日　初版第1刷発行

著　者　　草薙進郎
　　　　　齋藤友介
発行者　　石井昭男
発行所　　福村出版株式会社
〒113-0034　東京都文京区湯島 2-14-11
電話 03-5812-9702 FAX 03-5812-9705
http://www.fukumura.co.jp
印刷　　モリモト印刷株式会社
製本　　有限会社高地製本所

© S. Kusanagi, Y. Saito 2010
Printed in Japan
ISBN978-4-571-12112-8　　C3037
乱丁本・落丁本はお取替えいたします。
定価はカバーに表示してあります。

福村出版◆好評図書

中野善達・伊東雋祐 著
新 手話を学ぼう 短文篇
◎1,200円　ISBN978-4-571-12079-4　C1037

日常生活での具体的な会話文を主体に構成し，手話の形を簡潔な絵で示し，わかりやすい文章で解説する。

中野善達・伊東雋祐 著
新 手話を学ぼう 生活篇
◎1,000円　ISBN978-4-571-12080-0　C1037

教育，くらしを中心に，抽象的表現を表す手話を収録する。見やすいイラストに手の動きを平易に解説する。

中野善達・伊東雋祐 著
新 手話を学ぼう 社会篇
◎1,200円　ISBN978-4-571-12081-7　C1037

医療，スポーツ，経済に関する手話を収録し，慣用句の手話表現や長い文の手話表現についても解説する。

藤野信行 著／長野雅男 手話助言／東樹美智子 絵
手話で歌おう PART2
●手あそびの世界
◎1,600円　ISBN978-4-571-12077-0　C1037

子どもたちの好きな曲をわかりやすい手話で表現。幼稚園や保育所のお遊戯に手話を取り入れてみてください。

神田和幸 編著
基礎から学ぶ手話学
◎2,300円　ISBN978-4-571-12106-7　C3037

手話の特性や文法，学習方法のあり方，聴覚障害者の現状などを最新の知見に基づき解説。手話学習者必読の書。

土谷道子 著
しっかり学べる アメリカ手話（ASL）
◎1,800円　ISBN978-4-571-12109-8　C1037

20の生活場面の会話からアメリカ手話を文法に沿って体系的に学べる待望の入門書。関連単語も多数収録。

神田和幸 著
手話の言語的特性に関する研究
●手話電子化辞書のアーキテクチャ
◎7,500円　ISBN978-4-571-12111-1　C3037

手話の文法構造などの言語学的研究成果を詳説。工学的応用として手話電子化辞書のアーキテクチャ等を示す。

◎価格は本体価格です。

福村出版◆好評図書

石部元雄・柳本雄次 編著
特別支援教育
●理解と推進のために
◎2,500円　ISBN978-4-571-12102-9　C3037

学校，学級，通級各々の役割の中で，障害児一人ひとりのニーズに対応した，特別支援教育のあり方を読み解く。

梅永雄二 著
自立をめざす障害児者教育
◎1,900円　ISBN978-4-571-12093-0　C3037

障害をもった人が，就労でき，自立した社会生活を送るための教育がいま求められている。その最適なガイド。

石部元雄・柳本雄次 編著
ノーマライゼーション時代における障害学
◎2,600円　ISBN978-4-571-12099-2　C3037

障害児教育のあり方，特に自立と社会参加を主眼において，福祉と教育の立場から考察する。

中野善達・守屋國光 編著
老人・障害者の心理〔改訂版〕
◎2,400円　ISBN978-4-571-12100-5　C3037

高齢者・障害者理解の心理を多角的に探り，具体的な対応を提示。統計資料・法律・行政用語を全面改訂。

田中農夫男・木村 進 編著
ライフサイクルからよむ障害者の心理と支援
◎2,800円　ISBN978-4-571-12103-6　C3037

障害者のライフステージに即した心理を解説。生活者である障害者への支援とは何かを理解するための入門書。

J. ライクリー 他 編著／望月 昭 他 監訳
ビギニング・コミュニケーターのためのAAC活用事例集
●機能分析から始める重い障害のある子どものコミュニケーション指導
◎6,800円　ISBN978-4-571-12104-3　C3037

重い障害のある子ども（ビギニング・コミュニケーター）の対話指導の基本論理とAAC実践研究事例を網羅。

長田 実・宮崎 昭・渡邉 涼・田丸秋穂 著
障害者のための絵でわかる動作法
●はじめの一歩
◎2,600円　ISBN978-4-571-12092-3　C3037

動作特徴のモデルパターンを選択して，自分が覚えたい訓練だけを追える，ナビゲーション形式の図説書。

◎価格は本体価格です。

福村出版◆好評図書

斎藤秀元 他 著
子どもが喜ぶ感覚運動あそび40選
● 障害の重い子のために
◎1,900円　ISBN978-4-571-12101-2　C3037

養護学校の教師スタッフが障害の重い子どもたちのための「感覚運動あそび」40種類をわかりやすく紹介。

徳田克己・遠藤敬子 著
ハンディのある子どもの保育ハンドブック
● 初めて障害児を担当する保育者のために
◎1,800円　ISBN978-4-571-12088-6　C1037

経験の少ない保育者を対象に，ハンディのある子どもの保育の方法を平易に説明し，ガイドラインを示す。

徳田克己・田熊 立・水野智美 編著
気になる子どもの保育ガイドブック
● はじめて発達障害のある子どもを担当する保育者のために
◎1,900円　ISBN978-4-571-12110-4　C1037

気になる子どもの入園前〜就学援助に至る保育と保護者支援を園内外との連携も含め具体的にわかりやすく解説。

池田由紀江・菅野 敦・橋本創一 編著
新 ダウン症児のことばを育てる
● 生活と遊びのなかで
◎1,900円　ISBN978-4-571-12107-4　C1037

ダウン症児が持つことばの問題の基本的理解と，早期からのことばの指導法を発達段階の生活と遊びから解説。

菅野 敦・池田由紀江 編著
ダウン症者の豊かな生活
● 成人期の理解と支援のために
◎2,000円　ISBN978-4-571-12090-9　C1037

家庭や職場・施設で，成人ダウン症者と共に生きていくためのポイントをまとめる。急速退行の問題も解説。

梅永雄二 著
発達障害者の理解と支援
● 豊かな社会生活をめざす青年期・成人期の包括的ケア
◎1,500円　ISBN978-4-571-42027-6　C3036

発達障害の特性を正しく理解し，青年期・成人期発達障害者の教育と就労支援について，そのあり方を考える。

石井哲夫 著
自閉症・発達障害がある人たちへの療育
● 受容的交流理論による実践
◎2,300円　ISBN978-4-571-12105-0　C3037

自閉症研究の草分けである著者が，具体的事例を紹介し，自閉症の人たちへの理解や支援のあるべき姿を考察する。

◎価格は本体価格です。